U0582679

中国时尚产业发展蓝皮书(2020)

THE BLUE BOOK ON THE DEVELOPMENT OF FASHION INDUSTRY IN CHINA (2020)

马胜杰 ◎ 主编

经济管理出版社
ECONOMY & MANAGEMENT PUBLISHING HOUSE

图书在版编目（CIP）数据

中国时尚产业发展蓝皮书（2020）/马胜杰主编．—北京：经济管理出版社，2020.12
ISBN 978－7－5096－7552－6

Ⅰ．①中…　Ⅱ．①马…　Ⅲ．①轻工业—产业发展—研究报告—中国—2020　Ⅳ．①F426.8

中国版本图书馆 CIP 数据核字（2020）第 265324 号

组稿编辑：杜　菲
责任编辑：杜　菲
责任印制：黄章平
责任校对：王淑卿

出版发行：经济管理出版社
（北京市海淀区北蜂窝 8 号中雅大厦 A 座 11 层　100038）
网　　址：www. E－mp. com. cn
电　　话：（010）51915602
印　　刷：北京玺诚印务有限公司
经　　销：新华书店
开　　本：787mm×1092mm/16
印　　张：13.75
字　　数：347 千字
版　　次：2020 年 12 月第 1 版　　2020 年 12 月第 1 次印刷
书　　号：ISBN 978－7－5096－7552－6
定　　价：198.00 元

《中国时尚产业发展蓝皮书》（2020）编委会

前　言

2020年既是收官之年，亦是开局之年。

2020年是全面建成小康社会和“十三五”规划的收官之年，收官之年既是“十三五”规划目标圆满实现，我国经济社会取得全面发展，也是“两个一百年”目标的历史交织；开局之年则意味着为“十四五”规划着手准备，为迈向2035年远景目标进行前瞻性布局。“十三五”时期，我国时尚产业基本保持平稳发展态势，时尚产业格局基本形成，时尚设计与创新能力不断增强，时尚品牌效应逐步提升，时尚产业集群日益壮大，时尚城市建设步伐明显加快，为“十四五”时期我国时尚产业高质量发展奠定了坚实基础。

一、选题背景与意义

当今世界正在经历百年未有之大变局，新一轮科技革命和产业变革的影响逐步深入，国际贸易保护主义盛行，新冠肺炎疫情影响深远，全球时尚产业被迫进入深度调整阶段。展望未来，“十四五”时期我国经济社会高质量发展的主题未变，满足我国人民美好生活向往的目标未变，我国时尚产业要高质量发展的历史趋势定然不会变。

回顾“十三五”，要求我们全面总结我国时尚产业发展的成就与经验，直面时尚产业发展不充分不平衡的问题，研判我国时尚产业各个领域的发展态势与主要特征，剖析科技创新、消费升级、国际贸易摩擦等外部因素对时尚产业发展的影响，总结经验与教训。

展望“十四五”，要求前瞻性地谋划未来我国时尚产业高质量发展的战略目标与发展路径。高质量发展是未来一段时期内我国经济社会发展的主题。我国时尚产业要高质量发展，必须认清当前高质量发展的紧迫性和重要性，深刻理解时尚产业高质量发展的内涵，明确时尚产业高质量发展的战略目标与对策。

放眼 2035 年，时尚产业发展要以人民为中心，满足人们美好生活向往的需求。立足全球化发展格局，推进我国时尚制造的数字化、智能化改造，推动时尚服务的标准化、规范化发展，促进时尚设计人才向国际化、专业化迈进，不断提升时尚产品的品质，最大限度地满足人们美好生活向往的新需求，实现时尚产业的绿色发展和可持续发展。

二、研究框架

本报告以应对世界百年未有之大变局，以时尚产业高质量发展为主题，首先回顾与评价了“十三五”时期我国时尚产业发展的成就与问题，深刻剖析了时尚产业高质量发展的内涵与要义，从行业展望、区域创新、协同策略三个维度明确提出“十四五”时期我国时尚产业高质量发展的战略目标与具体对策。报告共分为六篇十三章。

第一篇主报告。综述 2018 ~ 2019 年我国时尚产业发展的总体态势，剖析了八个细分行业的运行情况，直面当下时尚产业发展环境的不确定性与不稳定因素，围绕高质量发展的时代主题，展望未来中国时尚产业的发展势态。

第二篇主题报告。选择中国时尚产业“十四五”时期高质量发展研究为年度主题，系统分析了当前时尚产业面临的复杂形势，客观评价“十三五”时期我国时尚产业发展所取得的主要成就和存在的问题，提出时尚产业高质量发展的基本内涵和重大意义，进一步提出“十四五”时期我国时尚产业发展的路径与举措。

第三篇专题研究。选择新冠疫情与全球时尚产业发展为研究专题，重点分析疫情全球性不断蔓延对于全球时尚产业发展的影响，反观非常态下时尚产业的产业韧性，展望未来全球时尚产业发展的方向与趋势。

第四篇“十四五”时期中国时尚产业发展研究。报告在提出时尚产业总体高质量发展的基础上，深入探讨服装服饰/家用纺织产业、奢侈品、工艺美术、消费电子、时尚传播、智能制造、非物质文化遗产七大时尚细分行业发展的总体思路和具体路径，展望各个细分行业高质量发展的前景与动向。

第五篇“十四五”时期中国时尚产业区域发展研究。以北京、上海、深圳和青岛时尚城市为样本，具体分析中国时尚城市推进时尚产业高质量发展的优势与瓶颈，明确提出各个时尚城市时尚产业高质量发展的思路与建议，推动中国时尚之都向世界时尚城市迈进。

第六篇“十四五”时期中国时尚产业发展策略研究。在时尚产业高质量发展进程中，区域协同发展将在推进创新发展、协调发展、绿色发展、开放发展、共享发展五个方面发挥重要作用，通过大量数据分析和案例研究，深入剖析时尚产业高质量发展的区域协同创新模式，探讨绿色发展背景下促进时尚产业高质量发展的政策和机制。

三、创新与特色

本报告创新与特色体现在以下三个方面：

（一）紧扣重要战略机遇期的历史背景

世界正处于百年未有之大变局中。刚刚破局的我国时尚产业不仅面临着全球经济、政治变局的复杂形势，而且面临着新一轮科技革命与产业变革的机遇与挑战，“十四五”时期我国时尚产业将处于重大的战略机遇期。

经济变局。世界经济增长普遍面临下行压力，随着贸易摩擦的升级，全球贸易增速锐减，我国时尚产业国际贸易更是受到严重影响。新冠疫情全球性蔓延加剧世界经济不稳定性格局。我国时尚产业在直接面对全球经济变局的同时，更需要立足国内强大内需拉动，融入以国内大循环为主体、国内国际双循环相互促进的新发展格局，形成时尚产业高质量的新动能。

政治变局。经济普遍低迷加剧贸易保护主义，地缘政治冲突不断深化。我国时尚产业不仅面临着全球贸易政策的深远影响，而且受到全球产业供应链的限制。未来我国时尚产业发展需要加快突破产业核心技术瓶颈，完善国内时尚供应链体系，重塑全球时尚产业分工格局。

趋势变化。在新经济环境下，时尚产业的生产格局、消费格局和技术范式产生新的变动趋势。在生产领域，全球价值链脱钩日益明显，推动我国时尚产业供应链的本土化成为当务之急；在消费领域，国际贸易疲软将成为常态，未来时尚产业需要强化区域贸易市场和内需市场；在技术领域，数字经济发展将逐步引起时尚产业生产流程数字化变革、设计创新的智能化变革、价值创造方式的资本化变革。

（二）紧紧围绕经济高质量发展的时代主题

中国经济由高速增长阶段转向高质量发展阶段，围绕“高质量发展”这一主题，明确时尚产业高质量发展的内涵，提出我国时尚产业高质量发展的路径与举措，有效推进我国时尚产业的质量变革、效率变革、动力变革。

质量变革。高质量发展直接要求时尚产品具有高质量、高标准。随着时代变迁，高质量不再单独由技术推动，而是由品牌与技术联合推动，时尚产品高品质将具有品牌与质量双重标准，时尚产品的高品质追求还将更多地依赖品牌延伸与文化融合。

效率变革。随着新经济时代的不断深入，时尚产业的竞争优势逐步由以劳动力为主的成本优势向以科技为主的技术优势转变，智能制造将引发时尚制造行业的效率变革。这种变革不仅停留于时尚产品生产和管理的流程塑造，而且会逐步延伸到产品设计、服务体验等时尚产业链的各个环节，引发时尚产业链全方位的效率变革。

动力变革。技术创新是经济增长和产业发展的原动力，科技赋能时尚产业，提升时尚产业设计创新能力，优化时尚创新发展生态环境，加快推进传统时尚企业数字化转型，孕育时尚新模式、新业态、新潮流，有效融入国内大循环，时尚产业内生动力不断增强。

（三）满足人们美好生活向往的根本目的

以满足人民日益增长的美好生活需要为根本目的，顺应经济社会消费升级的发展趋势，满足人们美好生活向往对于时尚消费内涵品质化、消费结构多元化、消费体验个性化的需求，巩固传统消费模式，培育新型时尚消费业态，促进时尚消费产品的有效供给。

消费升级。消费升级与时尚产业发展具有统一性，消费升级带动时尚产业发展，时尚产业良性发展又进一步促进消费升级。时尚消费不仅满足消费者高层次、高水平的消费需求，而且有助于我国产业结构转型升级和服务质量的不断提升。

消费自信。时尚产业的发展目标在于不断提升人们时尚消费的品质，不断改善人们对时尚消费的服务体验。时尚消费注重以用户体验为中心，建立场景化、情景化的消费体验，同时加强文化与时尚的融合，通过文化渗透增强国产品牌消费自信和文化自信。

绿色消费。绿色发展是当今中国经济发展的主基调，时尚产业发展也离不开绿色发展。促进时尚产业发展需要广泛运用绿色环保材料，更多应用新型生产技术和生产工艺，倡导时尚产品理性消费，打造绿色时尚产业链，不断增强时尚产业的可持续发展能力。

综上所述，本报告力求对当前中国时尚产业发展的进程进行全面剖析，推动中国时尚产业的高质量发展，探索未来中国时尚产业的发展道路，为人们全面认知中国时尚产业发展提供全方位观察视角，并希冀有一定的参考价值。

本报告由北京服装学院中国时尚研究院组织，在编委会统一指导下编写。撰写过程中得到北京服装学院、中国纺织联合会有关领导与同行的大力支持，特别是从架构设计到成文、完善、定稿全过程得到北京服装学院有关领导的悉心指导，也得到兄弟单位很多同仁的扶持与帮助，在此一并表示感谢！同时，我们恳请广大读者提出宝贵意见，以利于不断完善。

目 录

第一篇 主报告

第一章 **2018～2019** 年中国时尚产业发展综述与未来展望 …………………… 003

第二篇 主题报告

第二章 中国时尚产业“十四五”时期高质量发展研究 ………………………… 033

第三篇 专题研究

第三章 新冠疫情与全球时尚产业发展………………………………………………… 047

第四篇 “十四五”时期中国时尚产业发展研究

第四章 中国服装服饰和家用纺织产业“十四五”时期发展展望 ……………… 067

第五章 中国奢侈品产业“十四五”时期发展展望 …………………………… 084

第六章 中国智能制造产业“十四五”时期发展展望 ………………………… 099

第七章 中国纺织类非物质文化遗产发展及“十四五”时期展望 ……………… 109

第五篇 “十四五”时期中国时尚产业区域发展研究

第八章 北京市时尚产业“十四五”时期发展展望 …………………………… 133
第九章 上海市时尚产业“十四五”时期发展展望 …………………………… 145
第十章 深圳市时尚产业“十四五”时期发展展望 …………………………… 161
第十一章 青岛市时尚产业“十四五”时期发展展望 ………………………… 171

第六篇 “十四五”时期中国时尚产业发展策略研究

第十二章 绿色发展背景下的我国时尚产业发展…………………………………… 185
第十三章 “十四五”时期我国时尚产业区域协同发展策略研究 ……………… 197

第一篇　主报告

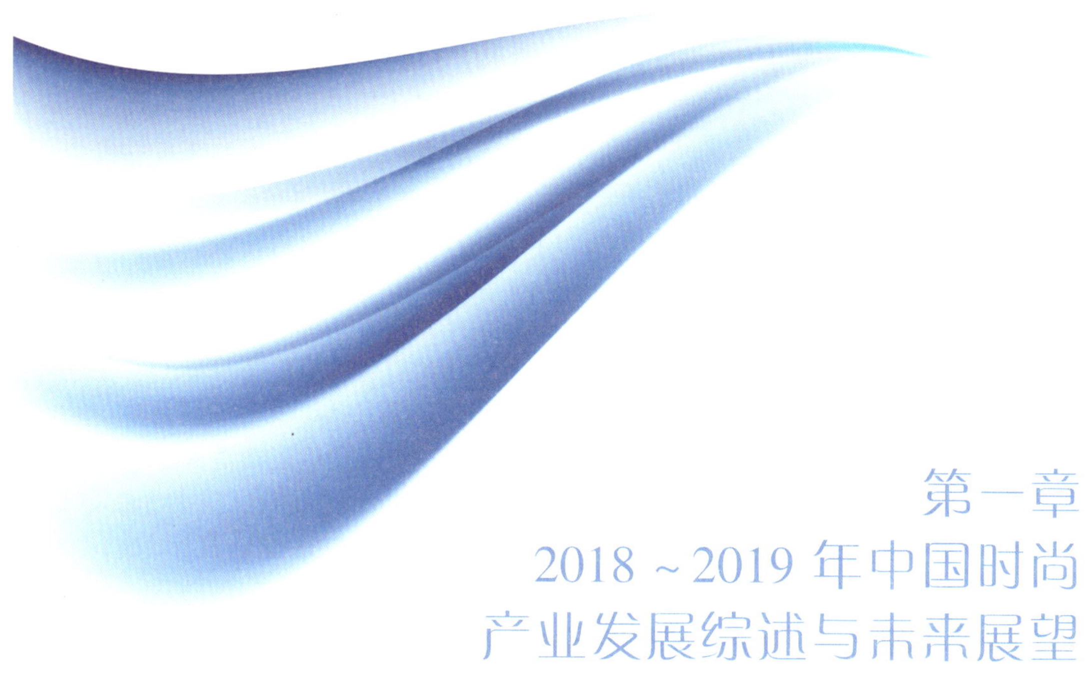

第一章 2018～2019 年中国时尚产业发展综述与未来展望

当前，我国时尚产业发展来到世界格局变换的风口与新一轮科技变革的浪尖。经济贸易环境及地缘政治冲突的不确定性加剧全球经济百年未有之变局。2019 年我国时尚产业直面变局，砥砺前进，依托新一轮技术革命的创新动力和国内消费升级的强劲推力，时尚产业整体保持平稳发展态势。

一、2018～2019 年中国时尚产业发展回顾

2019 年，我国时尚产业虽然受到全球经济增长乏力的普遍影响，但在时尚创新的引领下，我国时尚产业基本保持平衡发展，时尚经济氛围日渐浓厚，时尚产业链不断完善，时尚生态环境逐步形成。

（一）时尚制造扭转回升

当前，我国已经建成了全球最大、最完备的纺织服装工业体系。面对全球经济增长放缓和中美贸易摩擦，我国纺织服装行业坚持“科技、时尚、绿色”的新定位，以科技创

新为动力，扭转自 2016 年以来纺织服装行业产能持续下滑的态势，整个行业产能开始回升，并且在部分细分市场表现优异。根据国家统计局数据，2019 年，我国服装行业规模以上企业实现服装产量为 244.72 亿件，同比增长 3.28%。同时，我国服装行业规模以上企业实现营业收入为 1.601 万亿元，却同比下降 3.45%。受到全球新冠疫情影响，未来我国纺织服装产业外部发展环境仍然不容乐观。未来立足国内细分市场需求，坚持创新引领，不断更新设计理念，我国纺织服装产业仍旧发展前景广阔。

（二）时尚消费品牌凸显

2019 年，时尚消费更加青睐于品牌消费，运动品牌价值凸显。随着全民运动健康需求的不断增加，李宁、安踏等中国运动服装品牌逐渐走出一条特色转型发展之路，甚至在部分细分领域已经开始与国际品牌对标，国内运动品牌借助国内运动消费需求升级的机遇，步入快速发展时期。2019 年，安踏体育营业收入达到 339.3 亿元，同比增长 40.8%，连续两年增速超过 40%；营业利润达到 86.9 亿元，同比增长 52.5%，公司净利润创新高，为 53.4 亿元，增长 30.3%，连续三年增长在 30% 以上。在业绩利好推动下，安踏、李宁等中国品牌股价连续走强，说明中国品牌越来越受到资本市场的认可，国内服装品牌也正由数量扩张走向品质提升，创新是时尚运动企业发展的生命力。

（三）时尚创新层出不穷

随着新一轮科技革命与产业变革逐步深入，科技创新不断孕育时尚产业的新工艺、新技术、新设计和新模式。技术创新层出不穷，新型材料反复迭代，新型纤维材料具备多功能、智能化、高性能等多种特征，使得纺织服装的功能不断丰富、价值日益提升；人工智能、产业互联网等新型共享技术开始颠覆时尚产品的设计模式和生产流程，如如意纺织等纺织服装企业引入人工智能设计生产理念，设计与生产效率显著提升；大数据、云计算、区块链等新技术正在引发数字化变革，智能制造持续推进，传统行业的自动化水平和柔性化生产能力大幅提升。同时，生物技术、节能环保技术的发展也不断推动时尚企业的可持续发展。

（四）时尚投资备受青睐

金钱永不眠，越来越多的资本在寻找好的产业、好的项目，资本对时尚企业转型升级的促进作用愈加明显。在时尚投资市场中，法国奢侈品巨头路威酩轩（LVMH）以 162 亿美元正式收购美国珠宝品牌蒂芙尼。国内时尚市场也备受投资青睐，时尚企业重组兼并活动十分活跃。2019 年 4 月，中信资本宣布完成对杭州悠可的收购，既看中美妆行业是当前中国消费品行业中增长最快的品类，同时电商也是时尚品牌在中国成长的发展引擎。12 月，红杉资本增资入股百秋网络，时尚市场的战略投资为企业注入新活力，有助力于促进时尚企业外延式突破性发展。

（五）时尚城市方兴未艾

2019 年，青岛、西安等城市以时尚为城市发展理念，加入时尚之都建设行列，全国时尚城市建设方兴未艾。深圳、青岛、温州等城市相继出台一系列时尚创意城市建设举措，时尚城市建设步伐加快。《青岛国际时尚城建设攻势作战方案（2019～2022 年）》明确提出，到 2022 年将青岛打造成为国际时尚城。《西安高新区时尚之城建设三年行动方案》提出，把西安高新区建成大西安的时尚核。深圳发布《时尚产业高质量发展行动计划》，将深圳定位于亚洲领先、全球知名的新锐时尚产业之都。《浙江省大都市区建设规划》将温州都市区定位于以国际时尚智造为特色的中国民营经济之都。诸多二三线城市加入时尚之都的发展与建设中，这不仅说明我国时尚产业已经进入快速发展阶段，继而向高质量的时尚经济升级已迫在眉睫，而且也表明时尚文化与我国传统文化更加契合，传统文化在时尚经济中得到广泛传播，时尚文化也需要根植于传统文化而不断发展壮大，传统文化与时尚文化完全融合正是时尚城市建设的真正魅力所在。

二、2018～2019 年中国时尚产业细分市场发展情况

（一）服装服饰产业运行情况

当前，我国服装服饰产业虽然出口贸易受到国际环境的严重影响，但国内部分细分市场表现出色，促进整个产业产能稳步增长。

1. 服装产量逐步回升

我国服装生产规模逐步回升，但服装产值并未同步上升。根据国家统计局数据，2019 年，我国服装行业规模以上企业实现服装产量 244.7 亿件，与 2018 年产量 222.7 亿件相比，增长 3.28%（见图 1－1）。然而我国服装行业规模以上企业实现营业收入 1.601 万亿元，与 2018 年营业收入 1.658 万亿元相比，下降 3.45%。我国已经建成了世界最全面的纺织服装产业体系，作为规模最大的传统产业，纺织服装行业不仅面临转型升级的巨大压力，而且需要面对消费升级的严峻挑战，近年来产业规模增速不断下降，行业整体承压，虽然服装产业略有反弹，但仍需要加快全行业产业提质升级，推进高质量发展。

2. 出口规模逐步下滑

我国服装出口金额逐步缩小。据中国海关统计，2014～2019 年，中国服装出口规模逐步下滑。2019 年，我国完成服装及附件出口 1513.7 亿美元，同比下降 4.08%。从出口国家分布来看，我国对韩国、菲律宾服装出口保持增长，对其他主要市场均下跌明显。据中国海关统计，2019 年 1～11 月，我国对欧盟、美国、日本、东盟四大主要市场的服装出口金额分别为 339.80 亿美元、330.52 亿美元、154.32 亿美元和 100.68 亿美元，同比

分别下降5.94%、6.89%、5.39%和4.31%，以上四大主要市场合计出口金额925.32亿美元，占服装出口总额的60.30%（见表1-1）。

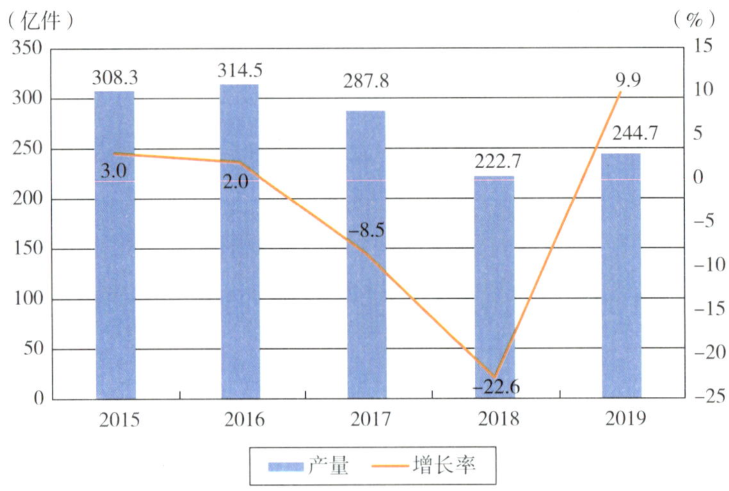

图1-1　2015~2019年中国服装行业规模以上企业产量及增速趋势

资料来源：《中国纺织发展报告》。

表1-1　2019年1~11月我国对主要国家（地区）服装出口金额情况

国家（地区）	出口金额（亿美元）	金额同比（%）	占比（%）
欧盟	339.80	-5.94	22.14
美国	330.52	-6.89	21.54
日本	154.32	-5.39	10.06
东盟	100.68	-4.31	6.56
俄罗斯	69.24	-7.26	4.51
韩国	60.36	16.16	3.93
中国香港	47.73	-31.20	3.11
澳大利亚	38.30	0.02	2.50
菲律宾	31.01	20.55	2.02
加拿大	28.18	-17.52	1.84

资料来源：中国海关、《中国纺织发展报告》。

3. 网络渠道影响力上升

2014~2019年，我国服装零售额整体稳中趋缓。根据国家统计局数据，2019年我国社会消费品零售总额为411649亿元，其中限额以上单位服装类商品零售额累计9778.1亿元，同比增长2.6%。在消费升级背景下，我国服装类商品消费增长速度明显低于电子消费、文化体育等商品消费。同样我国服装市场的发展也得益于电子商务的迅猛发展，服装电商市场规模持续扩大，2019 年，我国服装电商市场规模达 10133.7 亿元，突破万亿元大关，随着移动新媒体快速发展，文字图片、视频、VR 的快速应用，用户带入和场景体验将助力服装电商渠道继续快速发展（见图 1－2）。

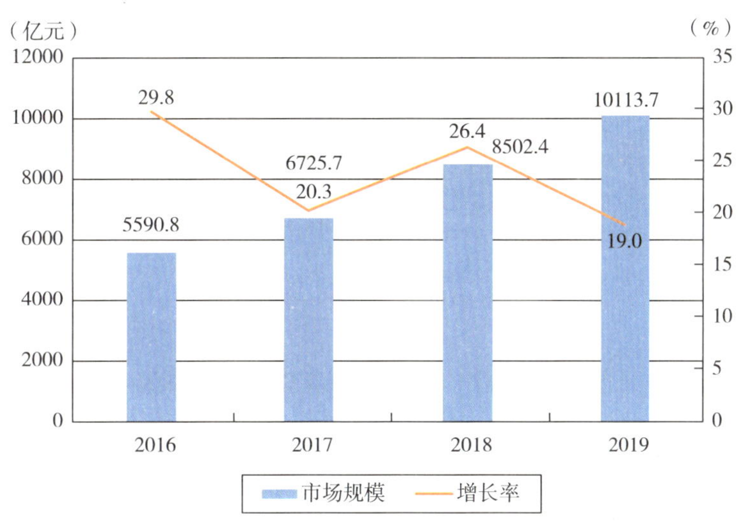

图 1－2　2016～2019 年中国服装电商行业市场规模及增速

资料来源：前瞻产业研究院。

4. 个别领域市场独树一帜

受全球市场低迷影响，服装行业整体承压严重，但童装、体育等部分市场却独树一帜。随着“80 后”、“90 后”开始为人父母，潮孩儿概念加速童装市场进入时尚领域，无论设计、剪裁，还是配色、面料，童装行业实现了跨越式发展。2016 年，中国童装市场销售规模仅为 1455 亿元，2019 年，中国童装市场销售规模达到 1783 亿元（见图 1－3），据预测，2020 年中国童装市场规模有望突破 2000 亿元，童装行业供应链不断完善，整个行业进入快速扩张阶段。

体育运动服装销量持续加快。一方面，由于新冠疫情，全民运动健康意识持续增强，健康消费在家庭消费比例中逐步增加；另一方面，体育运动品牌已经兼顾了专业化和时尚化的需求，新科技、新材料、新设计在运动商品中广泛应用，整个行业持续保持较快增长。

5. 海外并购热度不减

2016 年，我国服装行业国际并购开始起步，龙头企业逐步介入全球化运营，海外并购热度依旧不减。仅 2019 年一年就发生海澜之家对英氏婴童的控股、歌力思收购法国品牌 IRO、珂莱蒂尔并购 Keenreach 并更名赢家时尚等系列案例。海外并购是我国服装企业做大做强，走国际化的必然路径，我国服装龙头凭借国内市场优势、多年积累的品牌运营管理能力，增强市场集中度，扩大品牌影响力，海外并购热度只增不减。

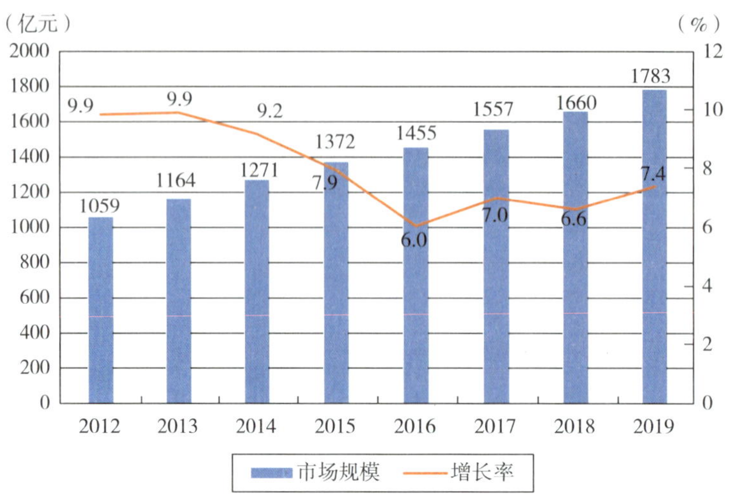

图 1－3　2012～2019 年中国童装市场规模情况

资料来源：前瞻产业研究院。

（二）纺织行业运行情况

2019 年，我国纺织行业面临内需不足、贸易恶化以及综合成本上升的挑战与风险，整个行业增长乏力，各项指标逐步放缓，但是行业发展的积极因素仍在，数字化变革与集群式发展将促进传统纺织行业做大做强。

1. 市场增长速度开始放缓

我国纺织服装市场增长速度呈现放缓趋势。根据国家统计局数据，2019 年，我国限额以上服装鞋帽、针纺织品类商品零售额为 13517 亿元，同比下降 1.4%（见图 1－4）。长期以来，低准入门槛和低附加值是我国纺织工业大而不强的重要特征，虽然近年来在某些领域有所突破，但并未从根本上改变纺织业大而不强的特点。我国建立“纺织强国”之路依旧面临诸多挑战，在外需紧缩、内需不足的情况下，我国纺织业亟须加快提高自主创新能力，主动适应数字化的时代变革，促进产业全面提质增效，不断夯实产业自身发展基础。

2. 行业出口形势逐步严峻

受到国际地缘政治和经济贸易摩擦的双重影响，以及突如其来的新冠疫情全球蔓延，我国纺织行业依然面临十分严峻的出口形势。根据中国海关数据，2019 年，我国纺织品服装累计出口金额为 2807.0 亿美元，同比减少 1.5%，与 2018 年相比增速放缓 5.3 个百分点，纺织服装出口贸易深受全球经济疲软影响（见图 1－5）。从产品结构来看，纺织品和服装出口金额分别为 1272.5 亿美元和 1534.5 亿元，纺织口出口同比增长 1.4%，而服装出口同比减少 3.7%，纺织产成品出口下降最为明显。2020 年，受到全球性新冠疫情影响，我国纺织行业出口形势将更加严峻，虽然全球消费性行业进入调整周期，但是全球消费趋势与格局未变，我国纺织行业应当充分利用全球疫情影响与国内政策扶持机遇，做好自身功课，加快企业转型升级，迎接即将来临的潜在社会消费需求的重新爆发。

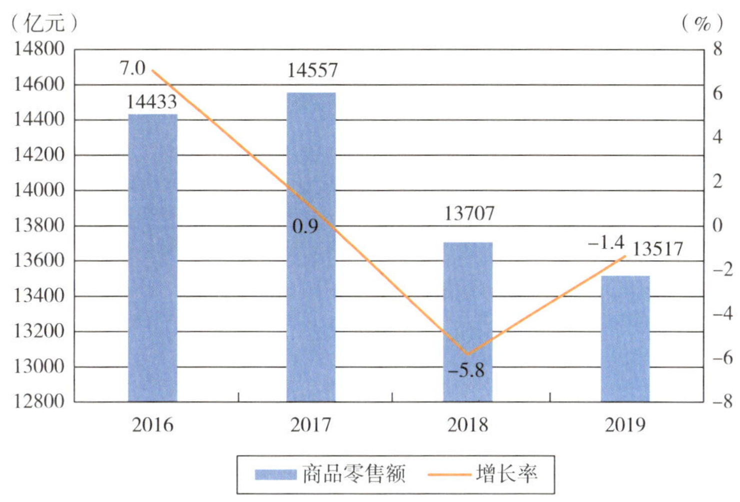

图1-4 2016~2019年我国限额以上服装鞋帽、针纺织品类商品零售额及增长率

资料来源：国家统计局。

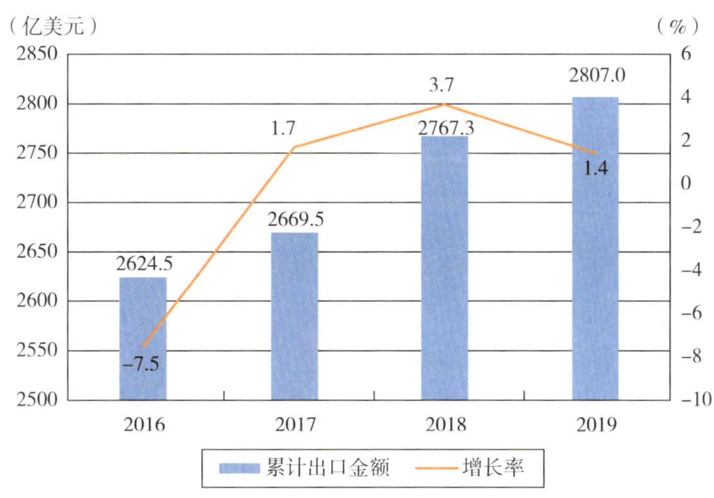

图1-5 2016~2019年我国纺织品服装累计出口情况

资料来源：锐观咨询报告。

3. 行业发展承压严重

虽然我国纺织行业生产保持相对稳定态势，但是整个行业承压严重。

2019年，纳入中国纺织工业联合会统计的我国纺织行业规模以上企业为3.5万户，共实现营业收入49436.4亿元，同比下降1.5%，比2018年放缓4.4个百分点，行业规模增长速度明显放缓（见表1-2）。同时，共实现利润总额2251.4亿元，同比下降11.6%，增速收窄19.6个百分点，一方面，受到国际贸易摩擦的严重影响，出口形势较为严峻；

另一方面，也与我国纺织工业企业自身企业管理能力密切相关，2019 年，我国纺织行业产成品周转率和总资产周转率分别为 14.9 次/年和 1.2 次/年，均呈现放缓趋势，而行业销售费用、管理费用和财务费用占营业收入的比重为 6.9%，增长了 0.1 个百分点，整个行业承压逐步严重，企业运营压力明显上升。

表 1－2　2019 年纺织行业经济指标完成情况汇总（规模以上全行业）

序号	指标	1～12 月累计（万元）	上年同期累计（万元）	同比（±%）
1	企业单位数（家）	34734	34734	—
2	亏损企业数（家）	5864	4643	26.3
3	亏损面（%）	16.88	13.37	—
4	营业收入	494364484	501738746	－1.47
5	营业成本	433725742	440378126	－1.51
6	销售费用	11262132	11369648	－0.95
7	管理费用	17598978	17649374	－0.29
8	财务费用	5109636	5208711	－1.9
9	其中：利息费用	4337955	4494314	－3.48
10	利润总额	22514034	25481624	－11.65
11	亏损企业亏损额	2987685	2056102	45.31
12	资产总计	406724292	403481203	0.8

资料来源：国家统计局。

4. 产业转移愈加明显

产业转移是我国纺织产业优化产业布局的重要途径，我国纺织行业呈现由东向西、由内向外的产业转移路径。在国内，新疆是东部纺织行业产业转移的重点地区，基于新疆是我国最大棉花产区，借助“一带一路”发展机遇，极大地推进了新疆纺织工业的发展进程，加快建设了新疆丝绸之路经济带核心区。我国对“一带一路”沿线国家纺织服装出口业绩明显好于美国、日本和欧盟三大传统市场，2019 年我国纺织服装行业对“一带一路”沿线国家出口金额同比增长 3.7%，而对美国、日本和欧盟三大传统市场的纺织品出口金额同比分别减少 6.6%、4.6% 和 4.4%。与此同时，纺织企业也加快向东南亚等海外地区产业转移力度，转移规模不断扩大，进行垂直产业链布局，逐步形成“中国＋周边国家”的发展模式，推进国内纺织工业向产业链高端迈进。

5. 产业集群发展步伐加快

产业集群化发展是我国产业集聚化发展的高级产业形态，也是纺织服装产业的竞争优势所在。2019 年，与中国纺织工业联合会建立产业集群试点共建关系的地区达 198 个，其中纺织产业基地市（县）29 个，纺织产业特色名城 73 个，纺织产业特色名镇 96 个。

从地区分布来看，主要分布于浙江、江苏、广东、山东和福建等东部沿海地区（见图1-6）。当前，我国纺织服装产业集群已成为纺织行业现代化发展的重要代表，不仅体现了我国纺织服装产业的总体规模和整体制造水平，而且是我国纺织工业推进科技创新和品牌建设的重要载体。

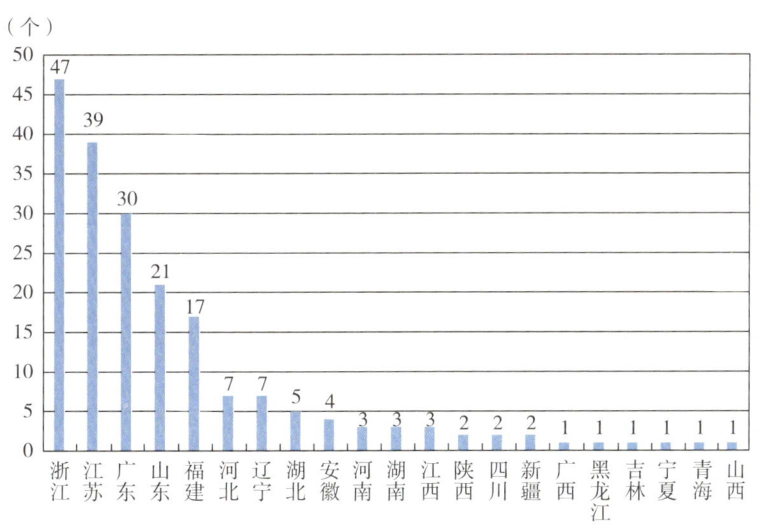

图1-6 我国198个纺织服装产业集群分布情况

（三）珠宝首饰产业运行情况

当前，我国珠宝首饰行业市场规模呈稳定增长态势，黄金首饰仍是我国黄金消费的主要渠道，国内品牌的国内市场占有率逐步上升，然而高端领域仍被国际品牌垄断。

1. 珠宝首饰行业规模稳定增长

我国珠宝首饰行业市场规模呈稳定增长态势。2019年，我国珠宝首饰市场零售规模达到7503亿元，同比增长3.8%，我国珠宝首饰行业高速增长态势逐步放缓，整个行业进入稳步增长区间（见图1-7）。从全球市场格局来看，我国珠宝行业总体规模仍居世界首位，2019年我国市场规模约占世界市场规模的33%，其后依次是美国、印度、日本和中国香港，市场规模全球比重分别为22%、20%、3%和3%，未来我国仍是全球珠宝首饰的消费大国，高端市场发展潜力巨大。

与发达国家相比，我国人均珠宝消费量仍处于较低水平。2019年我国人均珠宝消费金额为535.91元，同期美国人均珠宝消费金额为1568.20元，约为美国人均珠宝消费的1/3，随着我国消费结构升级，未来我国珠宝首饰消费规模和质量仍会进一步提升（见图1-8）。

2. 黄金首饰消费仍是黄金消费主要渠道

我国黄金消费量仍保持在1000吨以上，进入稳定消费区间。2019年，我国黄金实际消费量1003吨，同比下降12.9%，2017年，我国黄金实际消费量超过1000吨，黄金消费进入稳定发展阶段（见图1-9）。2019年，上海黄金交易所全部黄金品种累计成交量

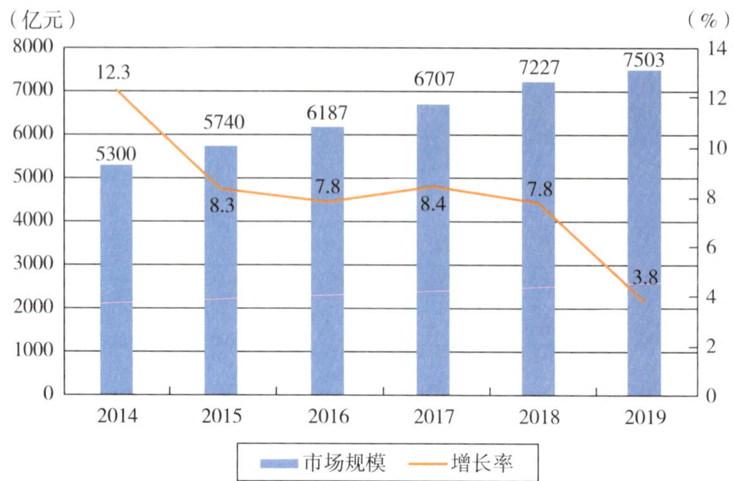

图 1－7　2014～2019 年我国珠宝首饰行业市场规模情况

资料来源：前瞻产业研究院。

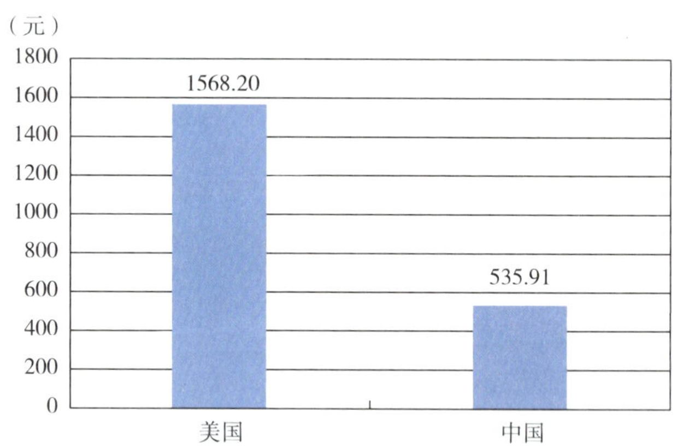

图 1－8　2019 年中国与美国人均珠宝消费对比

资料来源：中商产业研究院。

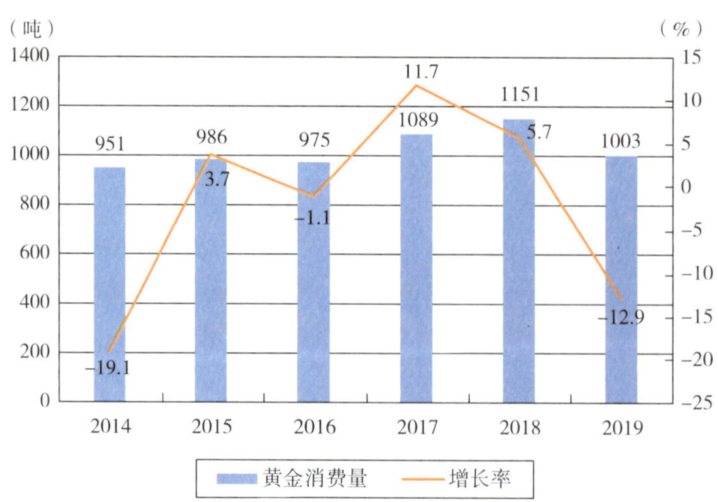

图 1－9　2014～2019 年我国黄金实际消费情况

资料来源：中国黄金协会。

6.86 万吨，成交额 21.49 万亿元，黄金投资需求正在逐步被国内消费者重视。随着 2019 年底上海期货交易所黄金期权正式挂牌交易，黄金消费和黄金交易为国内消费者投资与避险提供更多选择。

从黄金消费结构来看，黄金首饰消费依旧是我国居民黄金消费的最主要品类。2019 年我国黄金首饰消费 676.23 吨，占比 67.4%，金条及金币消费 225.80 吨，占比 22.5%，工业及其他消费 100.75 吨，占比 10.0%，黄金首饰消费仍是我国黄金消费的主要渠道（见图 1－10）。随着黄金价格持续上升，金条及金币的储存投资需求下降明显。

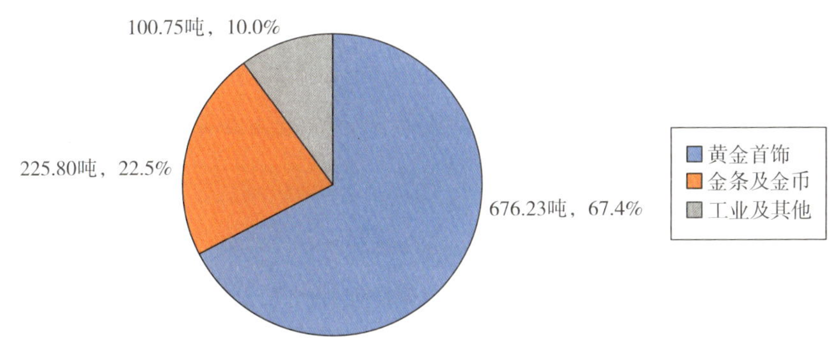

图 1－10　2019 年我国黄金实际消费结构情况

资料来源：中国黄金协会。

3. 国际品牌占据高端市场

我国珠宝首饰行业总体依然处于初级发展阶段，外资品牌、港资品牌与国内品牌群雄混战，国内品牌难以突围。外资品牌依托国际化的产品设计能力，保持品牌议价，垄断国内高端市场，如 Tiffany、Cartier、Bvlgar 等国际知名品牌，品牌文化历史悠久，具备较强的产品设计和营销能力。中端市场竞争激烈，以周大福、周生生为代表的港资品牌与老凤祥、潮宏基、周大生等为代表的国内品牌占据中端市场。面对国民品牌意识不断增强，国内龙头企业，凭借品牌知名度和渠道管理能力，加快市场向二三线城市下沉，增强品牌竞争力。

4. 行业市场集中度较低

总体而言，我国珠宝首饰行业集中度较低。从市场结构来看，全球约有 18000 家珠宝零售企业，门店数量总计约为 64000 家，企业规模相对较小。国内经营的珠宝首饰行业前五大品牌市场占有率总计为 18.1%，与香港地区的 42.7% 相比，我国珠宝品牌集中度较低，市场竞争较为激烈（见图 1－11）。未来有望进一步提升品牌市场集中度，增强行业竞争优势。

（四）化妆品行业运行情况

我国化妆品行业市场规模平稳发展，已经形成国际品牌、香港品牌和本土品牌三足鼎立的竞争格局，全球第二大化妆品消费市场的地位不断巩固，随着电商平台的助力与推动，化妆品市场开始下沉到二三线城市，覆盖的消费群体更加广泛。

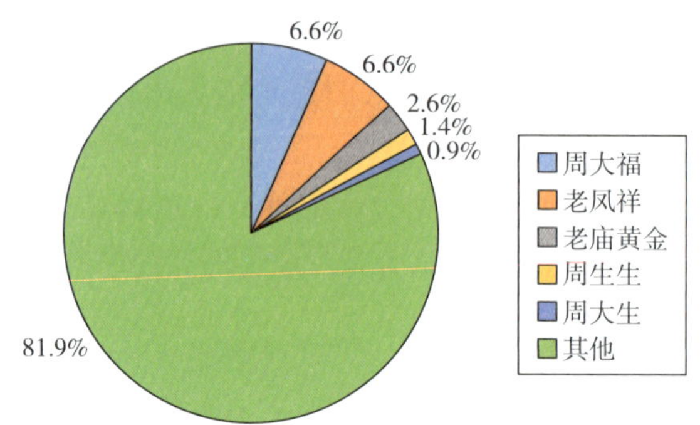

图 1－11　国内珠宝首饰中高端市场占有率情况

资料来源：中商产业研究院。

1. 市场规模平稳增长

我国化妆品行业市场规模平稳发展。据国家统计局数据，2019 年，我国限额以上化妆品类零售总额达 2992 亿元，相比 2018 年的 2619 亿元，同比增长 14.24%（见图 1－12）。从产量方面来看，自 2017 年起我国国化妆品行业产量开始明显上升，2019 年，化妆品行业产量达到 124 万吨，同比增长 6.98%（见图 1－13）。我国已经成为仅次于美国的全球第二大化妆品消费国，未来中国依旧是全球最具潜力的化妆品消费市场，随着全面进入全民消费时代，国际国内品牌的市场竞争将推动化妆品行业再次消费升级。

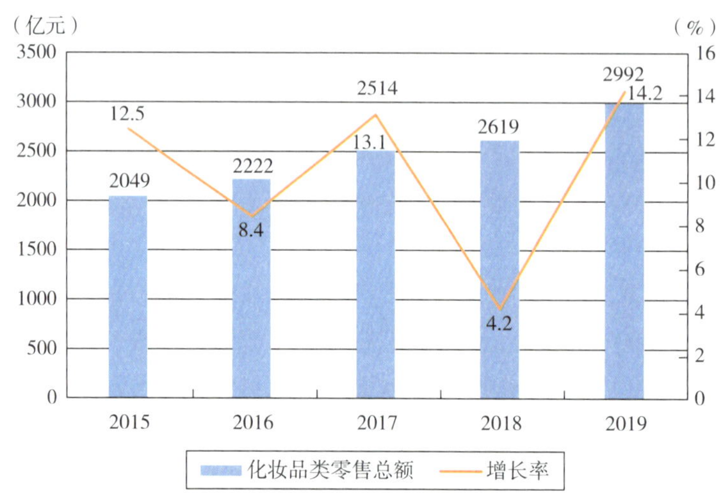

图 1－12　2015～2019 年中国化妆品类零售总额情况

资料来源：中商产业研究院。

2. 进出口维持高速增长

我国美容化妆品及护肤品进出口依旧维持高速增长趋势，特别是我国化妆品行业的进口增长幅度较大。从化妆品进出口市场来看，2019 年，中国美容化妆品及护肤品进口数量为 227400 吨，同比增长 11.7%；出口数量为 210118 吨，同比增长 0.6%（见图 1-14）。相比于出口量而言，我国化妆品行业的进口量大幅度增长，这源自我国强大消费升级所带来的巨大市场消费潜力。

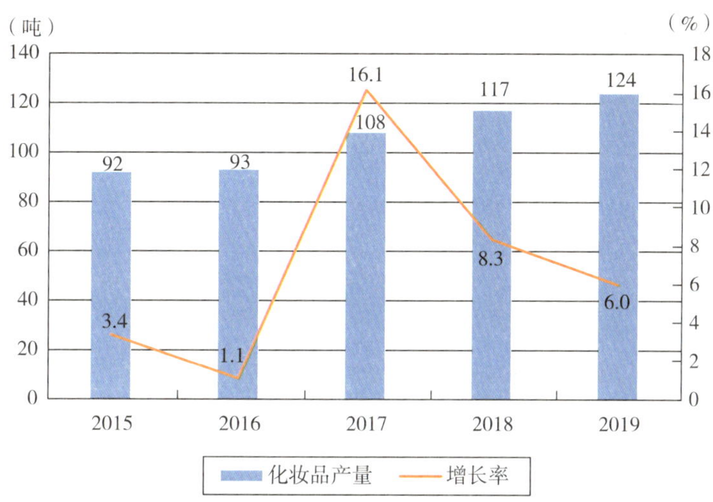

图 1-13　2015～2019 年中国化妆品产量情况

资料来源：中商产业研究院。

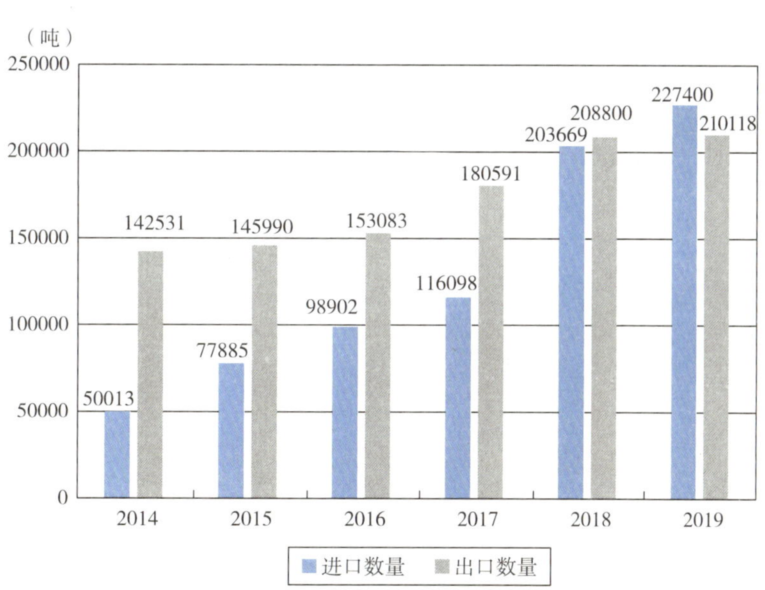

图 1-14　2014～2019 年中国美容化妆品及护肤品进出口数量情况

资料来源：中国海关。

我国化妆品行业进口金额增长幅度远大于进口。据中国海关数据，2019 年，我国美容化妆品及护肤品进口金额为 13227 百万美元，同比增长 33.3%；出口金额为 2774 百万美元，同比增长 12.4%（见图 1－15）。消费升级背景下我国进口化妆品市场规模不断扩大，在国际品牌占据主导地位的情况下，国内本土品牌将面临残酷的市场竞争，产品升级和技术创新压力巨大，同时国内品牌走出去依旧面临重重困境。

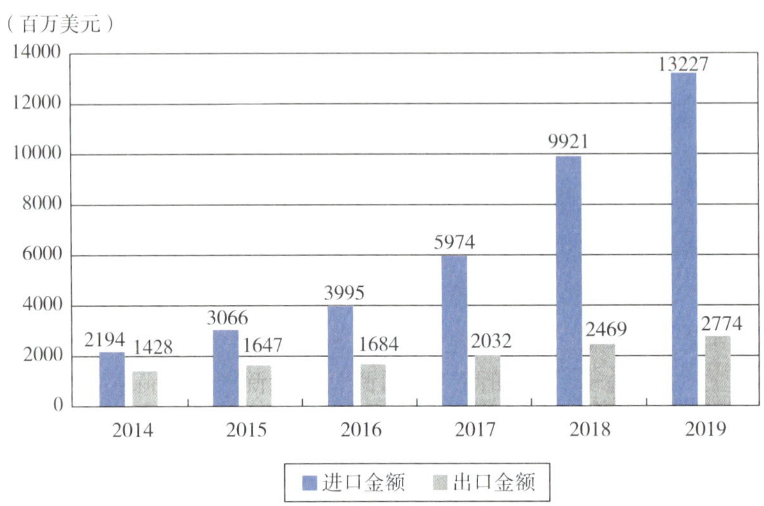

图 1－15　2014～2019 年中国美容化妆口及护肤品进出口金额统计情况

资料来源：中国海关。

3. 彩妆类市场增长迅猛

当前，护肤品市场是化妆品行业规模大的细分市场，彩妆市场发展迅速。2018 年，我国护肤类市场规模为 2121.85 亿元，占化妆类市场规模的 51.7%（见图 1－16）。近年彩妆类市场高速增长，市场规模比重达到 10.4%，彩妆类销售的迅猛增长，更适应于当前“颜值经济”的时代需求，未来定制化产品将成为护肤品行业的重要发展趋势。

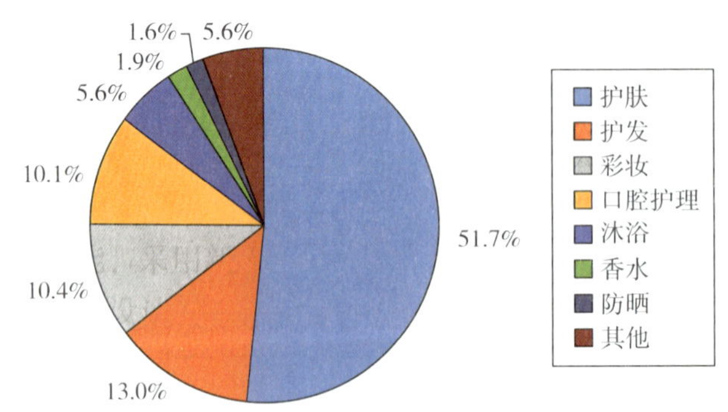

图 1－16　2018 年中国化妆品市场分品类市场份额

资料来源：中商产业研究院。

4. 化妆品线上渠道增长强劲

我国线上化妆品市场规模增长较为强劲，化妆品网购渗透率不断提升。2019 年，我国化妆品网络购销售额达到 2177.3 亿元，同比增长 9.2%（见图 1－17）。随着互联网经济不断深化，我国化妆品线上线下渠道加速融合，网络销售规模持续增长，化妆品线上渗透不断提升，化妆品网购的渗透率从 2014 年的 53.4% 提升至 2019 年的 74.2%，线上销售已经成为化妆品销售的主要方式。随着“90 后”、“00 后”新生代群体逐步成为时尚消费的主力，以及网络直播等新型媒体平台发展成为时尚化妆品营销的热点，我国化妆品线上渠道将持续保持强劲增长态势。

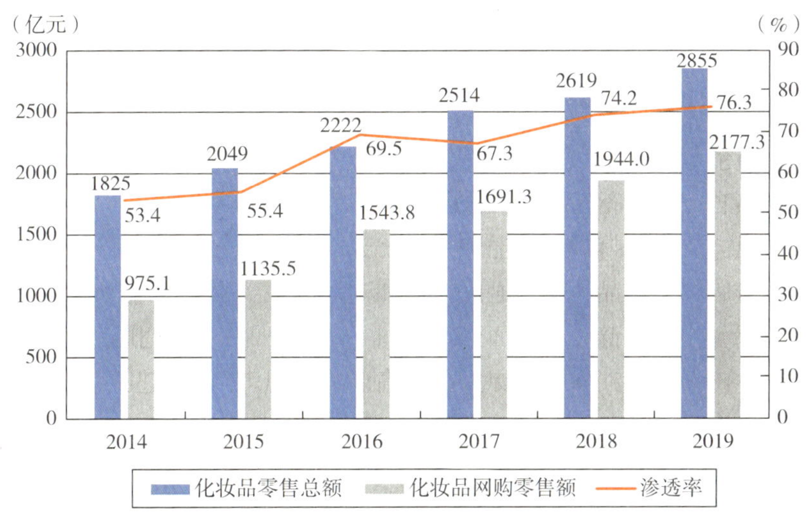

图 1－17 2014～2019 年中国化妆品网购销售额及渗透率情况

资料来源：中商产业研究院。

5. 国际品牌占据市场主导

我国化妆品消费依旧以欧美、日韩国际品牌为主，特别是高端市场几乎被国际品牌垄断。2019 年，我国消费者最常用的化妆品依旧是欧美国际品牌（见图 1－18）。虽然国内本土品牌销售渠道、营销模式等商业模式创新，已经在部分细分领域不断突围，但相对于国际品牌而言，科技研发投入相对较低，从根本上制约国内企业进军化妆品市场高端领域。

（五）文化创意产业运行情况

当前，我国文化产业持续保持良好发展态势，文化产业发展规模稳步上升，产业空间布局持续优化，科技创新催生新兴业态，文化与旅游融合成为亮点。

1. 产业保持良好发展态势

我国文化产业持续保持良好发展态势，文化产业发展规模逐步上升。据国家统计局数据，2019 年，我国规模以上文化及相关企业实现营业收入 86624 亿元，同比增长 7.0%[①]。排除统计口径因素，近年来，我国文化创意产业规模不断壮大，整个产业持续保持良好发展态势。

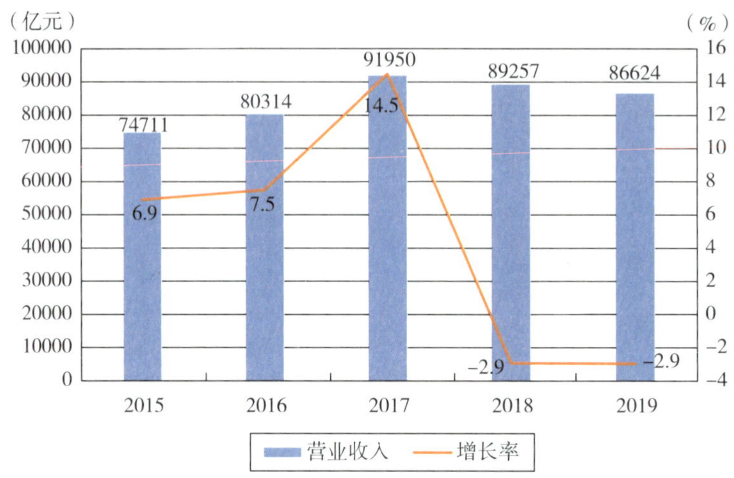

图 1－18　2015～2019 年中国文化及相关产业规模以上企业营业收入情况

资料来源：国家统计局。

2. 细分行业均实现正增长

从细分行业来看，2019 年，文化产业九个细分行业的营业收入均实现正向增长。新闻信息服务依旧保持较快的行业增长速度，同比增长 23%；创意设计服务和文化投资运营两个细分行业的增长速度超过 10%，同比增长分别为 11.3% 和 13.8%。与 2018 年相比，文化投资运营行业增长率开始逆转，而且实现快速增长态势，文化与金融融合发展逐步成为新增长点（见图 1－19）。

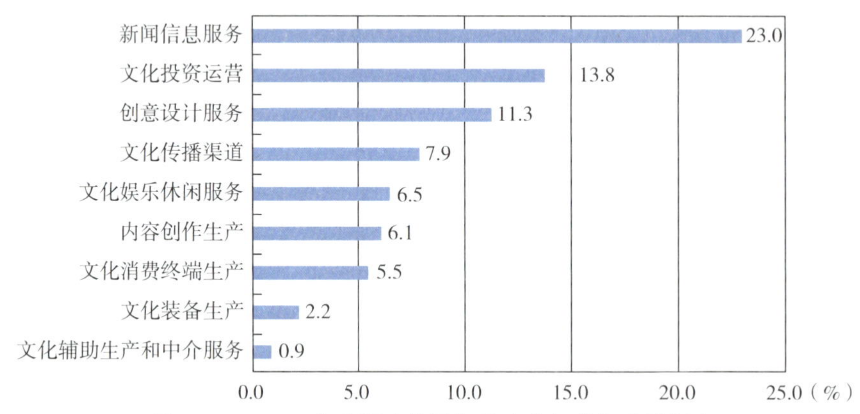

图 1－19　2019 年我国文化及相关产业细分行业增长率

资料来源：国家统计局。

① 由于统计范围等因素调整，按可比口径计算，2018 年，全国规模以上文化及相关产业企业营业收入调整为 80986 亿元。

内容创作生产和文化消费终端生产是文化创意产业最大的两个细分行业。2019年，内容创作生产和文化消费终端生产行业的营业收入分别为18585亿元和16532亿元，所占比重分别为21.5%和19.1%（见图1-20），随着新一轮科技革命，科技创新加速文化创意产业变革的同时，文化创意产业的核心、文化内容生产的重要性再次凸显，整个产业链的两端，文化生产和文化消费成为当前我国文化产业发展最快的两个领域。

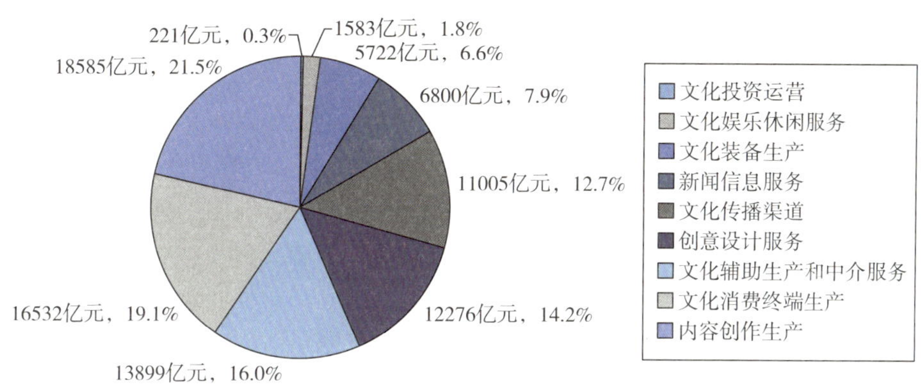

图1-20　2019年我国文化及相关产业细分行业营业收入

资料来源：国家统计局。

3. 产业空间格局逐步优化

我国文化创意产业发展空间格局逐步优化，中西部地区发展速度快于东部地区。2019年，我国东部地区文化及相关产业规模以上企业实现营业收入63702亿元，同比增长6.1%，中部、西部地区文化企业营业收入分别为13620亿元、8393亿元，同比增长分别为8.4%、11.8%，均高于东部地区文化产业增长速度（见图1-21）。从所占比重来看，中西部区域文化产业比重稳步上升，2019年，中部地区、西部地区文化企业营业收入所占比重分别为15.7%和9.7%，较上年分别上升0.2和0.4个百分点，中西部文化创意产业快速发展不仅是中西部地区摆脱贫困，加速产业转型升级的重要举措，而且是开发和保护我国传统文化遗产的重要内容。

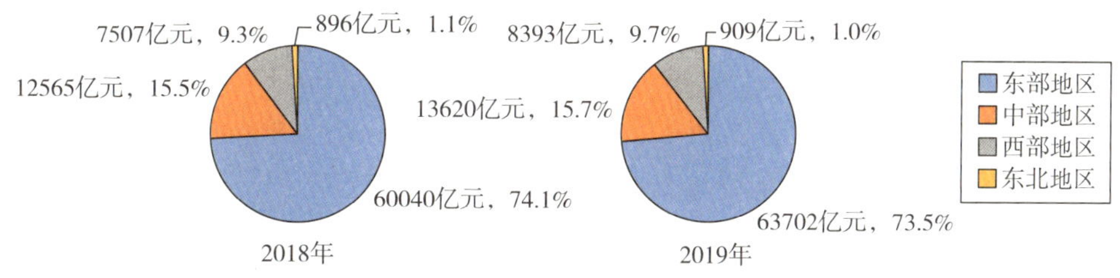

图1-21　2018年和2019年我国不同区域文化及相关产业营业收入

资料来源：国家统计局。

4. 文化消费亮点层出不穷

新一轮科技革命的产业渗透效应不断深入，互联网经济加快与内容性文化互动发展，新模式、新业态、新产业不断涌现，传统文化产业日渐活跃，满足新生代群体对于时尚文化消费的需求。科技创新驱动下，文化产业加快与其他相关产业融合发展，与体育产业融合，从体育场馆到文体综合场地的转变；与传统餐饮产业融合，从咖啡厅到精品书店的转变，从工作室到文化餐厅的转变；与大众服务业融合，一个个涵盖娱乐互动、健康休闲、艺术体验、教育培训、文创办公等多功能的新文化业态聚集区受到市场消费者的青睐，文化消费亮点层出不穷。

5. 文化与旅游融合不断深入

自2018年文化和旅游部设立以来，我国文化与旅游融合进程向纵深发展。文化和旅游融合不仅体现在文旅资源、产品供给、公共服务等方面融合发展，而且在发展理念、体制机制、经济社会效应等方面进行深度融合。通过倡导全域旅游发展模式，打造一种文化和旅游融合发展的新兴业态，全域旅游成为城市文化旅游产业发展重要支撑。全域旅游不仅体现文化要素的有效融入，而且强调服务与消费过程的整体性、智能化，打造文化经济与旅游消费的新体验，形成一种各个产业融合发展的产业生态环境。

（六）工艺美术产业运行情况

文化遗产保护和文化传承逐步被社会各界广泛认可，工艺美术行业蓄势待发，未来需要积极拓展国内消费市场，加快材料革新和技术进步，保持全行业快速健康发展。

1. 行业发展稳中向好

我国工艺美术行业整体运行平衡，行业发展稳中向好。根据国家统计局统计数据，2019年，我国规模以上工艺美术企业共计4870家，实现营业收入8275.4亿元，同比增长1.1%，利润总额404.6亿元，同比增长4.8%，整体保持平衡发展态势。随着个性化消费需求来临，人们对于工业美术产品的审美水平不断提升，而且绝大部分工艺产品极具收藏价值，未来国内消费升级仍将拉动产业快速发展。

2. 工艺品市场仍处于深度调整

受国际贸易限制和内需不足的双重影响，我国工艺品市场依然处于深度调整时期。“十二五”时期我国工艺品爆发式增长，2016年，工艺品销售收入1.1万亿元，随后步入调整状态，2019年，我国工艺品销售收入8842.61亿元，同比增长4.7%（见图1-22）。虽然增长速度出现逆转，但整体销售收入不足9000亿元，整个行业仍处于深度调整状态。未来中美贸易摩擦和新冠疫情防控进入常态化，工艺美术行业的产业深度调整状态仍将持续。然而，在整个行业深度调整背景下，行业细分领域的市场拓展是企业维持生存和提升核心竞争力的重要途径。我国市场范围广泛，可以在地域、年龄、职业等领域进行深度挖掘，特别是“80后”、“90后”等一代新消费群体逐步成为市场消费的主力，如何做好细分市场的开拓将是未来工艺美术企业脱颖而出的关键。

3. 进出口贸易逐步恢复

自2018年我国工艺美术行业一改进出口贸易低迷态势以来，全行业进出口贸易逐步向好。据海关数据显示，2019 年，我国工艺美术行业出口贸易总额保持增长状态，天然植物纤维编织工艺品、金属工艺品、人造花类工艺品主要行业的出口金额分别为 107416.3 万美元、140572.0 万美元、476428.2 万美元，主要产品进出口贸易持续向好，贸易状态逐步恢复（见表 1－3）。

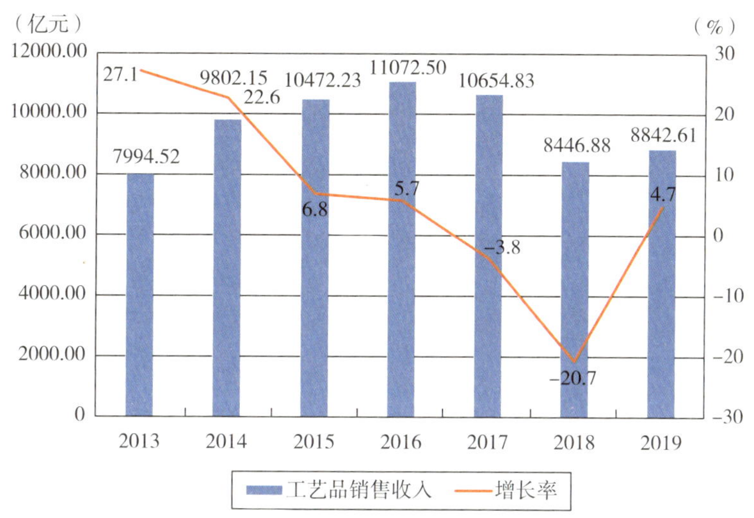

图 1－22　2013～2019 年中国工艺品销售收入及增速

资料来源：中商产业研究院。

表 1－3　2019 年主要类别工艺美术品进出口贸易情况

产品类别	进口数量（吨）	进口金额（万美元）	出口数量（吨）	出口金额（万美元）
天然植物纤维编织工艺品	2403.4	1362.1	142129.9	107416.3
金属工艺品	2035.1	2992.6	186882.1	140572.0
人造花类工艺品	1703.3	896.3	328156.4	476428.2
其他工艺品	9781.5	26567.5	599814.7	554836.9

资料来源：中国海关。

4. 新媒体助力传统手工艺营销

2019 年，抖音、快手强势介入工艺美术行业，为工艺美术行业营销注入新活力。3 月快手在北京召开“快手非遗带头人计划”发布会，4 月抖音推出“非遗合伙人”计划。快手、抖音两大短视频平台助力传统非遗文化的推广与扩散，并将蜡染、旗袍、珐琅、泥塑等传统工艺推向社交网络，受到广泛点赞与转发，不仅为非遗传承人提供新的展示渠道，而且将中国传统手工艺术与时尚传播完美结合，既增强传媒平台的文创水平，也扩大了传统工艺美术的影响力。

（七）时尚传播产业运行情况

2018 年，我国传媒产业规模突破 2 万亿元，约占全球传媒市场的 1/7，我国传媒行业整体实力逐步增长，作为时尚传播的重要渠道，以文化为基础，以传媒为手段，在互联网经济下，不断拓展我国时尚产业的影响力和传播力。

1. 传媒行业增速继续放缓

我国文化传媒行业总体规模持续扩大，但近年来增长速度有所放缓。据《中国传媒产业发展报告（2020）》数据，2019 年，中国传媒产业规模为 22625.4 亿元，同比增长 7.9%，其增速再次放缓 2.6 个百分点（见图 1－23）。文化传媒行业在保持平衡发展的同时，面对国内外复杂的经济政治环境，整个产业进入深度调整时期，为更好地面对数字经济变革背景下新媒体、新渠道、新模式的竞争与冲击。

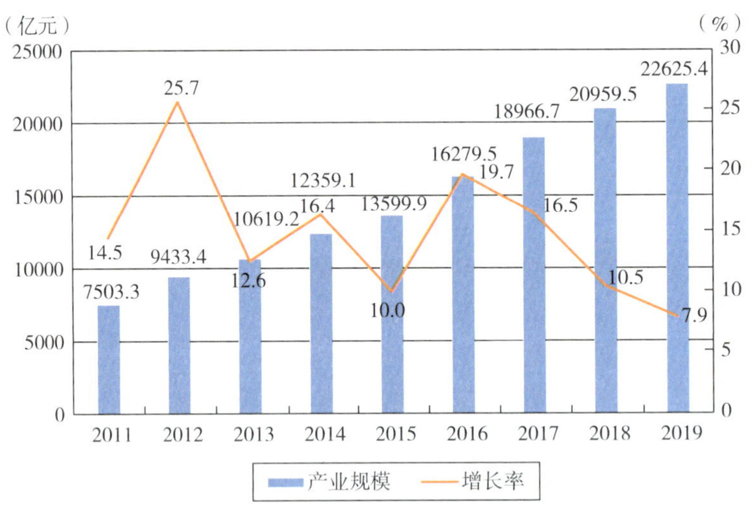

图 1－23　2011～2019 年中国传媒行业产业规模

资料来源：《中国传媒产业发展报告（2020）》。

2. 移动互联依旧稳居最大的细分市场

移动互联网保持良好发展态势，依旧是传媒行业核心领域最大的细分市场。从传媒行业细分市场发展状况看，超过千亿级别的细分市场一共有五个，从高到低依次是移动数据及互联网业务、网络广告、网络游戏、广播电视广告、图书销售收入。前四大传媒领域与当前互联网生活密切相关，也是新生代群体获取时尚信息的重要渠道。2019 年，我国图书零售市场规模首次突破千亿元，并且保持持续增长趋势（见图 1－24）。图书销售行业破除新华书店传统式的销售方式，线上线下不断融合，业态创新层出不穷。例如，知乎线下书店“言几又”，不只是书店，而是将咖啡、文创产品、画廊等多种服务功能融为一体，集成多种时尚空间设计，汇聚诸多时尚元素，打造出极富想象力和创造力的创新空间。自 2014 年，在北京中关村开启第一家“言几又”门店以来，线下门店网络已经遍布全国各大城市。

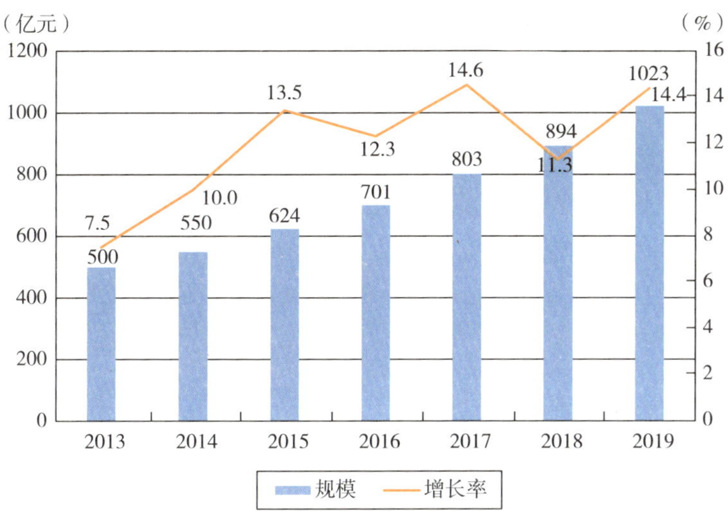

图1－24 2013～2019年图书零售市场规模

资料来源：《2019中国图书零售市场报告》。

3. 传媒行业并购规模不减

我国传媒行业并购重组事件数量明显下降，但并购规模并未减少。2019年，传媒行业重大重组并购事件12起，同比减少11起，继续呈下降趋势，但全年并购金额达到999亿元，同比增长76%，呈高速增长趋势（见图1－25）。我国传媒企业由计划经济下报社、杂志社发展而来，经过多年改制发展，虽然小、散、乱的产业业态有所改善，但与国际大型传媒集团相比，我国传媒企业规模仍然较弱小。未来我国传媒行业走向国际化的过程，必须通过重组并购做大做强传媒企业规模，重组并购仍是未来我国传媒行业发展的重要趋势。

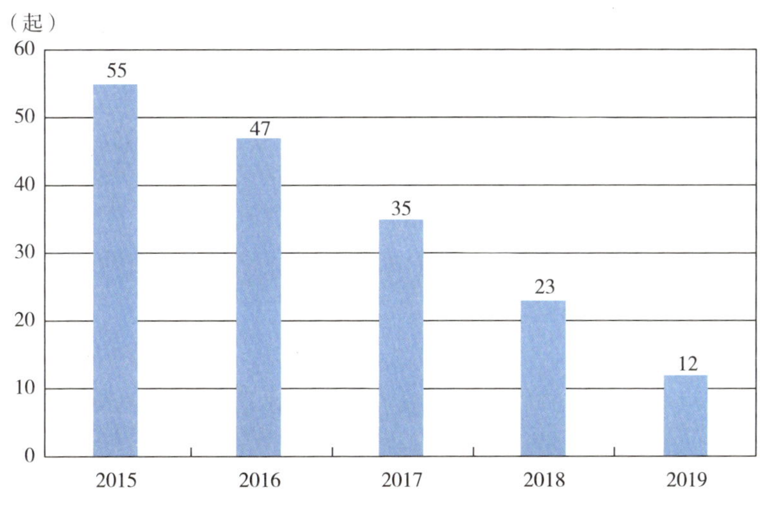

图1－25 2015～2019年我国传媒行业重大并购重组事件情况

资料来源：中商产业研究院。

4. 新媒体正在强势崛起

随着互联网网民人数飞速增长，我国新媒体行业的市场规模也持续扩大。2018 年，我国新媒体行业市场规模首次突破 9000 亿元，新媒体行业的快速发展正在促进传统媒体全面转型升级，资讯渠道、传播方式和媒体形式均在不断丰富、不断创新，传统媒体向新媒体转型升级步伐加快。2019 年，我国规模以上互联网企业营业收入达到 12061 亿元，同比增长 21.4%，连续两个保持 20% 以上的高速增长（见图 1－26）。未来随着“5G＋人工智能”技术的广泛应用，我国新媒体行业将迎来再次腾飞的发展机遇。

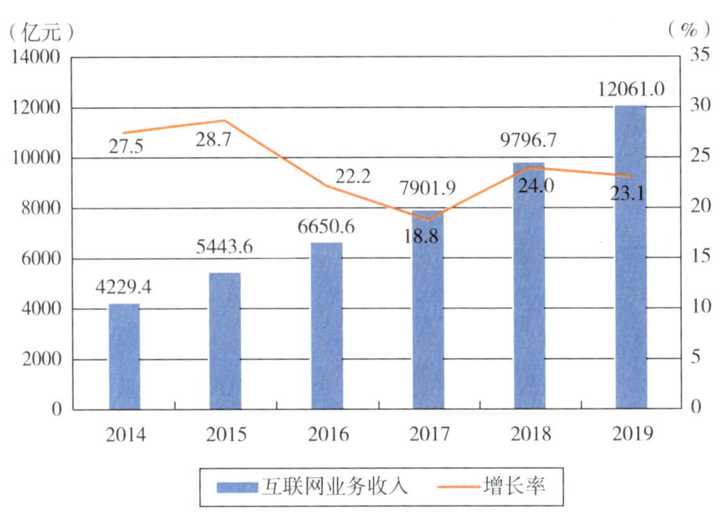

图 1－26　2014～2019 年中国互联网业务收入情况

资料来源：中商产业研究院。

5. 直播行业和短视频行业快速崛起

互联网已经成为中青年群体的主要生活方式，近两年直播行业和短视频行业快速崛起，成为新媒体传播的主流。据艾媒咨询数据，2019 年，我国新媒体在线直播、短视频和移动社交三大领域的用户规模分别为 5.0 亿人次、6.3 亿人次和 7.8 亿人次（见图 1－27）。短视频出现爆发式增长，这与视频类营销的高精准性和互动性密切相关，营销效果显著。未来新媒体仍是中青年群体娱乐、社交、资讯获取的重要方式，业态创新仍将以精准传播时尚内容为变革方向，新媒体行业仍具有广阔的增长空间。

（八）消费电子产业运行情况

我国依然是世界上最大的消费电子产品消费国、生产国和出口国，虽然 2018 年全球消费电子市场整体疲软，但是 2019 年作为 5G 元年，我国消费电子市场将面临新一轮技术变革所引发的电子消费浪潮。

1. 成熟类消费电子产品增长乏力

我国开始进入 5G 时代，在智能手机、数码相机、平板电脑等成熟型产品市场，我国

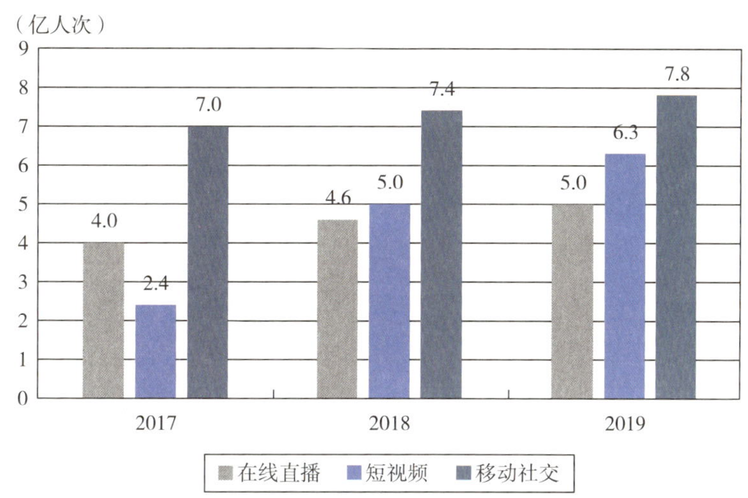

图 1－27　2017～2019 年我国新媒体不同领域用户规模情况

资料来源：艾媒咨询数据。

无论是产销出口的市场规模和结构，还是技术创新和品牌建设均表现出明显优势。2019 年，我国智能手机出货量 374 百万部，同比下降 6.0%（见图 1－28）。与全球智能手机出货规模相比，我国智能手机出货量占比 27.2%，是全球重要的智能手机生产国和出口国。然而 2019 年，我国智能手机出货量增长率低于全球增长率，较全球收窄 4 个百分点。智能手机作为成熟型消费电子产品，带动整个消费电子行业增长乏力。一方面，由于 2013 年 4G 业务普及所形成的换机浪潮，已经接近尾声；另一方面，受到 2018 年中美贸易摩擦的影响，全球贸易保护主义盛行，放缓全球贸易速度。同时，经过多年积累，华为、小米、OPPO、VIVO 等国内品牌表现优异，国内品牌市场占有率持续提升，产品研发创新能力和品牌影响力不断增强。

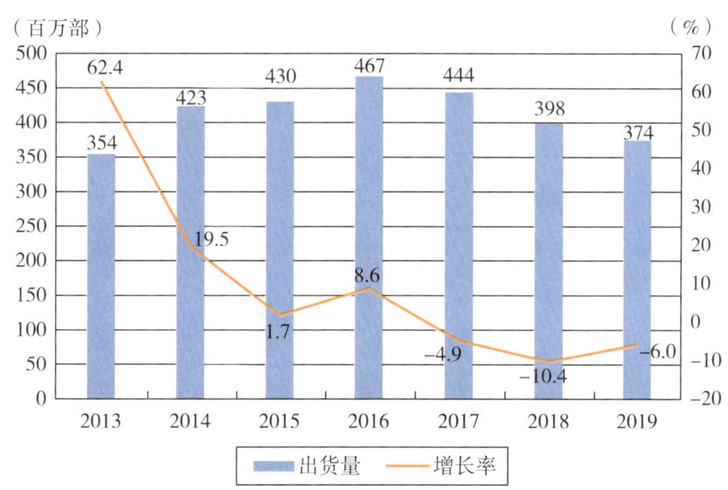

图 1－28　2013～2019 年中国智能手机出货量和增长率

资料来源：中商产业研究院。

2. 成长类产品规模保持高速增长

智能手机大规模普及后，智能手表、健身跟踪设备等智能可穿戴设备成为消费电子产品时尚浪潮的又一热点。有数据显示，2018 年、2019 年我国可穿戴设备出货量分别为 7147 万件、8961 万件，同比增长分别为 38.5%、25.4%（见图 1－29）。智能可穿戴设备已成为当前消费电子产业成长型产业的代表，保持高速增长态势，市场规模不断扩大，随着人们对于健康和品质生活的追求，未来智能可穿戴市场仍具较大成长空间。

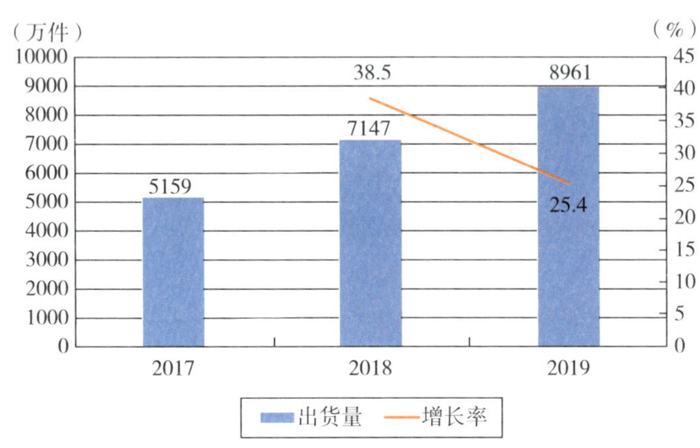

图 1－29　2017～2019 年我国可穿戴设备出货量及增长率

资料来源：艾媒咨询。

3. 5G 创新引领产业进入快车道

2019 年 6 月，工信部正式发放 5G 商用牌照，9 月，华为发布全球首款旗舰 5G 芯片麒麟 990 芯片，10 月，银隆新能源推出 5G 公交车，2019 年被誉为 5G 元年。5G 指的是第五代移动通信系统或第五代移动通信技术，具备超高速、低延时、海量连接、泛在网和低功耗五大核心优势，是未来万物互联的重要基础。随着 5G 应用不断渗透，以 5G 为代表的智能终端将迎来一轮新的换机浪潮，激发新一轮智能终端的消费升级，未来消费电子行业也将步入快车道。与此同时，利用 5G 技术会让家居、家电等白色家电产品产生智能化变革，促进智能产业产生高速增长。

4. 人工智能推动消费电子产品迭代

人工智能是一门新兴的技术科学，已经在汽车、金融、零售、大健康、教育等领域广泛涉及，同样，人工智能和消费电子结合已经推动了传统的消费电子产业向新兴的消费电子产品迭代升级，即由传统电脑、平板、手机、数码相机等硬件设备，向智能手表、智能手环等可穿戴设备、VR/AR 设备终端、机器人、智能家居、无人机等新型电子设备升级。人工智能推动消费电子产业迭代升级，不仅明显增强用户体验，满足个性化产品需求，而且改变了传统消费电子产品的消费习惯，促进了成长型消费电子产品的快速崛起。

5. 国内消费电子企业异军突起

国内消费电子品牌快速崛起，华为成为中国消费电子领军企业。根据《2020 胡润中国10强消费电子企业》，华为以1.1万亿元估值，成为最具影响力的消费电子企业。其后，依次是小米、VIVO和OPPO，估值分别为4340亿元、1750亿元、1700亿元。当前，我国10强本土消费电子企业中包括前四强共5家企业生产手机，5家公司2019年智能手机出货总量6.2亿部，占全球40%。从区域分布来看，以深圳和东莞为主的大湾区占十强中七席，大湾区仍是当前消费电子产业创新创业最具活力的地区。

三、中国时尚产业的未来趋势与展望

国际贸易摩擦对我国时尚产业的影响短期内难以逆转，百年一遇的新冠疫情更使部分时尚企业雪上加霜。未来我国时尚产业仍将砥砺前行，唯有加快时尚企业自身的技术创新、产品创新、品牌创新，才能主动适应个性化、多元化、定制化的时尚消费变革，推进我国时尚产业的循环发展、绿色发展、可持续发展。

（一）时尚消费愈加趋于理性

历次时尚潮流由年轻人引领，逐步被全社会所接受。当前，年轻的新一代社会群体已经成为社会消费主力。“90后”、“00后”消费群体往往被标注个性化、多元化和品牌化的标签，然而受到新冠疫情的影响，这类消费群体开始逐步成熟，时尚消费趋于理性。未来时尚产品价格和样式将成为新一代消费者最关注的要素。当前，社交网购和直播带货新商业模式已经成为网络营销的新领域，这种商业模式有效地降低了生产者与消费者之间的信息不对称，随着物流服务效率提升，退换货售后服务快捷高效，时尚消费的理性选择将成为可能和趋势。同时，理性消费趋势背后也意味着进一步的市场细分，不仅基于消费者类型进行市场细分，而且需要兼顾消费用途、消费方式进行全面市场细分，准确的目标市场定位和精准的网络营销方式将成为未来时尚产品竞争的关键。

（二）智能制造赋能产业升级

新一轮技术变革已经开始引发一系列网络化、数字化、知能化变革，智能制造将赋能产业升级，促进传统纺织服装行业全面数字化转型。国内的天元服装、如意集团已经加快向智能制造转型，从服装原料、纺织、面料、色染全产业链进行技术工艺变革，智能化生产线和智能工厂，是智能制造赋能时尚产业升级的重要体现。未来人工智能将是技术创新最活跃的领域，也是时尚制造行业变革的技术方向。我国时尚制造企业既要加快制造各个环节数字化、智能化转型，也要加快推进时尚设计、时尚营销的智能化布局，让时尚服务全面进入智能化时代。

（三）业态融合形成消费新引擎

当前，移动社交与电子商务快速发展，新兴业态不断涌现，并且跨界融合趋势明显，移动社交、电子商务与线下实体融合发展，催生时尚消费新引擎。移动社交是基于用户“口碑”所产生裂变式的传播方式，与电子商务融合发展，形成短视频电商，增强时尚品牌的渗透程度和用户信任感，更好地连接品牌产品与用户需求。加强线上与线下渠道融合，线下增强用户体验感，同时线上活动也加快为线下引流，如优衣库线上线下发展模式，引导消费者不要局限于线上选购，线上线下同步已经受到消费者认可，店铺覆盖范围开始向国内二三线市场下沉。

（四）5G 普及引导消费热点

2020 年，我国 5G 技术开启大规模商用，将引起消费技术市场的重大变革，同时也将加快新一代信息技术与时尚产业的业态融合。5G 技术将首先引导消费电子行业进入消费热点，新一轮换机潮伴随 5G 时代逐步到来。基于 5G 技术，增强现实/虚拟现实技术将会加快硬件产品创新，未来借助增强现实/虚拟现实技术，时尚产品的购买过程将会是丰富的场景体验和使用体验，全景体验的市场消费将被激活。

（五）国潮时尚助力品牌突围

全球性危机往往蕴含新的时代商机，随着我国疫情防控工作率先好转，国内消费将首先被激活，国产品牌消费复苏，“国潮”成为当前流行消费的新时尚。国潮风起将助力国内品牌突围，国内企业普遍复工复产，研发水平、产品能力和时尚程度更是为国人定制，融入现代时尚元素的时装产品、化妆品、工艺品已经逐步被国人接受，并深受年轻消费群体喜爱。例如，汉服市场成为当前女装的新蓝海，兼顾中国传统文化和现代时尚的双重特色，不仅在国内流行，而且也得到了全球消费者的认可。

（六）循环时尚推进可持续发展

随着时代进步，循环时尚不仅成为可能，而且科技创新推进时尚回归绿色、回归自然，时尚源于自然，必然回归自然。全球性危机下，Outerknown、Coyuchi 等一些品牌加快时装材料的重复利用，发展循环时尚，实现转“危”为“机”。近年来，时尚企业的社会责任和企业可持续发展备受关注，未来循环式发展模式和大规模可持续采购是促进时尚产业可持续发展的关键。据麦肯锡《时尚产业新要素：大规模可持续采购》报告显示，未来时尚企业使用可持续材料、减少企业碳足迹、提高供应链透明度，是未来时尚产业发展的主流，而当前所有的时尚单品中可持续商品不足 1%。未来促进时尚产业可持续发展，在促进时尚材料和技术工艺变革的同时，需要通过大规模可持续采购赢得市场竞争成本优势，践行时尚企业的社会责任。

（陈文晖　北京服装学院中国时尚研究院）

本章参考文献

[1] 徐宪平. 新基建：数字时代的新结构性力量［M］. 北京：人民出版社，2020.

[2] 孙松林. 5G 时代经济增长新引擎［M］. 北京：中信出版社，2020.

[3] 腾讯研究院，中国信息通信研究院互联网法律研究中心，腾讯 AI，Lab，腾讯开放平台. 人工智能：国家人工智能战略行动抓手［M］. 北京：中国人民大学出版社，2017.

[4] 崔保国. 中国传媒产业发展报告（2020）［M］. 北京：社会科学文献出版社，2020.

[5] 中国纺织工业联合会. 中国纺织工业发展报告（2020）［M］. 北京：中国纺织出版社，2020.

[6] 中国纺织工业联合会. 我国纺织行业科技统计概况（2019）［M］. 北京：中国纺织出版社，2020.

[7] 北京大学文化产业研究院国家文化产业创新与发展研究基地. 中国文化产业年度发展报告（2020）［M］. 北京：北京大学出版社，2020.

[8] 冯善书. 2019 年国内艺术品行业六大猜想［J］. 收藏·拍卖，2019（Z1）.

[9] 张洽棠. 疫情影响下的纺织业：短期线上靠直播，长期还看产业链［N］. 中国经济导报，2020-04-01.

[10] 中国纺织工业联合会产业经济研究院. 我国纺织行业经济运行压力加大［N］. 中国纺织报，2020-03-02.

[11] 中国纺织工业联合会产业经济研究院. 纺织业发展态势放缓［J］. 纺织科学研究，2020（3）：20-21.

[12] 荣会文化. 2019 年度影响中国工艺美术行业十大事件［EB/OL］. https：//baijiahao. baidu. com/s？id=1654654100001073142&wfr=spider&for=pc.

[13] 工业和信息化部工业文化发展中心. 工艺美术产业白皮书（2020）［Z］. 2020.

[14] 中国纺织建设规划院. 中国纺织服装专业市场的四个发展阶段和四个趋势［EB/OL］. https：//mp. weixin. qq. com/s/6PFTsJ5zdbhhz78uE18VfA.

[15] 艾媒咨询. 2019-2020 中国文娱行业运行监测与头部企业布局研究报告［EB/OL］. https：//www. baidu. com/link？url=SFO3NnMAlbPbHtXQwTMAjy3x7yyLQs4JLW_QnfWNAiDoWA3-pDU5-bnmBYR7E5O4&wd=&eqid=a47539fe0003d9cb000000035fa3fe2f.

[16] 中国产业信息网. 2019 年中国工艺品行业发展现状分析［EB/OL］. http：//www. chyxx. com/industry/202007/882430. html.

[17] 麦肯锡. 2020 年度全球时尚业态报告（中文版）［EB/OL］. https：//www. fashionszshow. com/info2/34. html.

[18] 中国产业信息网. 2019 年中国消费电子产业现状及未来趋势分析［EB/OL］. https：//www. chyxx. com/industry/202005/862352. html.

［19］艾媒咨询 . 2020 年中国 5G 手机发展现状、阻碍因素及趋势分析［EB/OL］. https：//www. iimedia. cn/c1020/74066. html.

［20］中国产业信息网 . 2020 年中国化妆品行业销售情况、产量、进口量及化妆品行业未来七大可持续发展趋势分析［EB/OL］. https：//www. chyxx. com/industry/202003/845983. html.

［21］中国产业信息网 . 2020 年中国化妆品行业发展现状及发展前景分析［EB/OL］. http：//www. chyxx. com/industry/202003/840081. html.

［22］中国产业信息网 . 2019 年中国珠宝首饰行业市场规模及市场竞争格局分析［EB/OL］. http：//www. chyxx. com/industry/202006/871641. html.

第二篇　主题报告

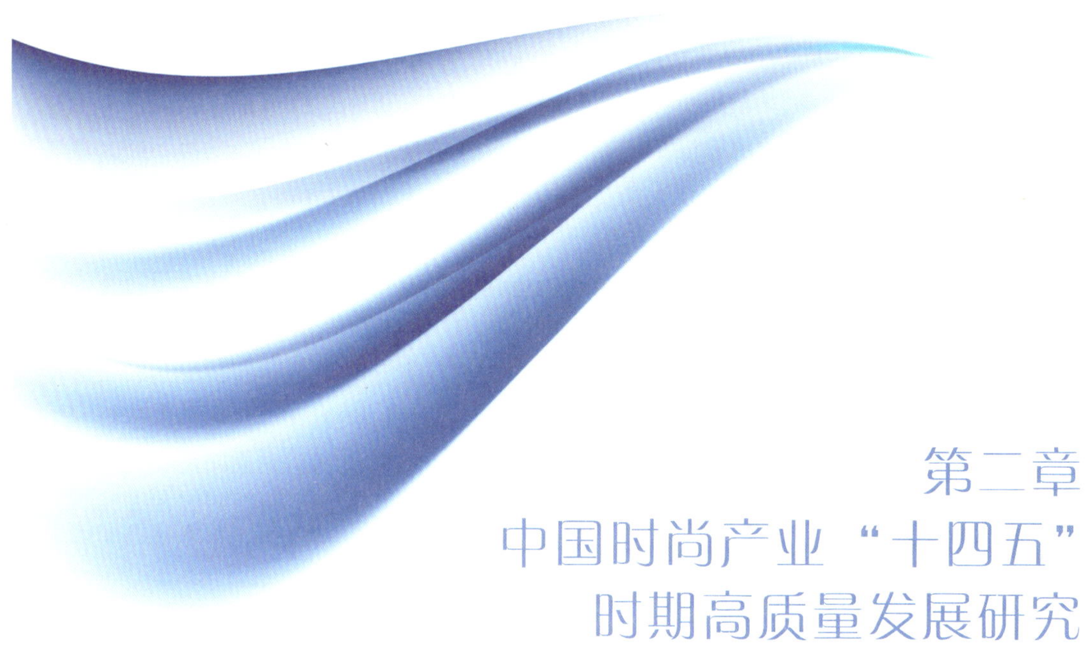

第二章 中国时尚产业“十四五”时期高质量发展研究

推动高质量发展是当前和今后一个时期确定发展思路、制定经济政策、实施宏观调控的根本要求。“十四五”时期要实现时尚产业高质量发展，必须认清当前时尚产业高质量发展的紧迫性和重要性，深刻理解时尚产业高质量发展的内涵，正确评价我国时尚产业发展取得的成就与不足，进而明确时尚产业高质量发展的战略目标与具体对策。

一、形势与意义

（一）面临形势

当今时尚产业又一次站到世界格局变换的风口和科技变革的浪尖。全球经济进入百年未有的格局变化，经济贸易环境不稳定性、地缘政治冲突的不确定性日益凸显，科技创新激发时尚产业的技术变革，消费升级为产业发展注入强劲动力，为时尚产业高质量发展带来新的机遇与挑战。

1. 全球经济的不确定性格局

当今全球正处于百年未有之深刻变化格局，地缘政策格局、国际贸易格局、全球创新创业、国际规则结构、世界能源格局等均处于种种变数，各种不稳定性日益突出，全球化进入分化期，全球治理体系面临重大变革。2020 年新冠疫情全球暴发，更加剧了全球经济政治不稳定的发展格局，也给时尚产业的发展带来深远影响。作为全球时尚产业的生产制造、消费和出口大国，我国要深刻认识未来全球经济发展格局的不稳定性，适时调整国内时尚产业发展政策，立足国内强大消费市场，推进本土时尚品牌的国际影响力。

2. 国际贸易的深度调整

国际贸易合作与分工体系加速世界全球化进程，长期以来全球贸易增速保持在经济增速的两倍左右。然而，2019 年全球贸易增速锐减，我国对外贸易受到大幅影响，特别是中美贸易摩擦升级过程中我国被取消纺织品服装配额，部分时尚产业领域受到较大幅度涉及。与此同时，时尚产业的国际市场竞争格局逐步多元化，欧美日等发达国家依托研发能力和品牌优势，垄断时尚领域高端市场，并通过再工业化吸引制造企业回流；越南、孟加拉、印度等东南亚新兴经济体，依托劳动力和资源成本优势，大力吸引国际产业转移，已经占据国际纺织服装贸易的一席之地。全球贸易步入深度调整阶段，时尚产业国际竞争格局多元化的发展趋势，表明我国时尚制造环节传统成本优势已经不复存在，未来亟须通过科技创新和品牌建设打造我国时尚产业新的竞争优势。

3. 新科技革命的重大变革

新兴科学技术进入迸发时期，诸多技术领域已经产生突出性变革。5G、智能制造、大数据、新材料和新能源等新型技术逐步成熟，生产和商业领域应用快速普及，推进科技创新与时尚产业的高度融合，可穿戴设备、智能家居、指尖经济等新兴时尚业态日新月异。作为后起的时尚产业大国，我国要想实现由时尚大国向时尚强国的转变，既需要面对新一轮科技革命的重大机遇，也无法回避国际技术壁垒和创新遏制的挑战，提升自身时尚产业设计创新水平，优化国内时尚创新创业生态环境，争取在时尚产业核心技术领域的突破，为时尚产业高质量发展提供创新动力。

4. 消费升级的广阔空间

当今，我国已经是全球最大的消费市场，随着城镇化推进和消费升级，未来我国消费市场规模依旧有较大增长空间。2019 年，我国社会消费品零售总额为 41.2 万亿元，同比增长 8.0%（见图 2－1）。随着消费品质由数量向质量升级，消费层次由生存向享乐型转变，消费形态由物质向精神层次提升，消费行为由大众向个性化升级，消费升级不仅引起产业规模性变革，而且也将引起消费结构优化，特别是对于文化娱乐、教育培训、健康养老等精神生活型消费逐步增加，体验消费、个性化消费、绿色消费成为时尚消费主流，为时尚产业发展注入新的消费动能。

（二）重大意义

高质量发展是“十四五”时期我国经济社会发展的重大主题。时尚产业既是由纺织服装为主体发展起来的传统行业，也是面向新科技、新时代、新浪潮的新兴产业，如何更好地促进时尚产业高质量发展，对于我国构建现代化产业体系、优化社会民生和推进可持续发展具有重大意义。

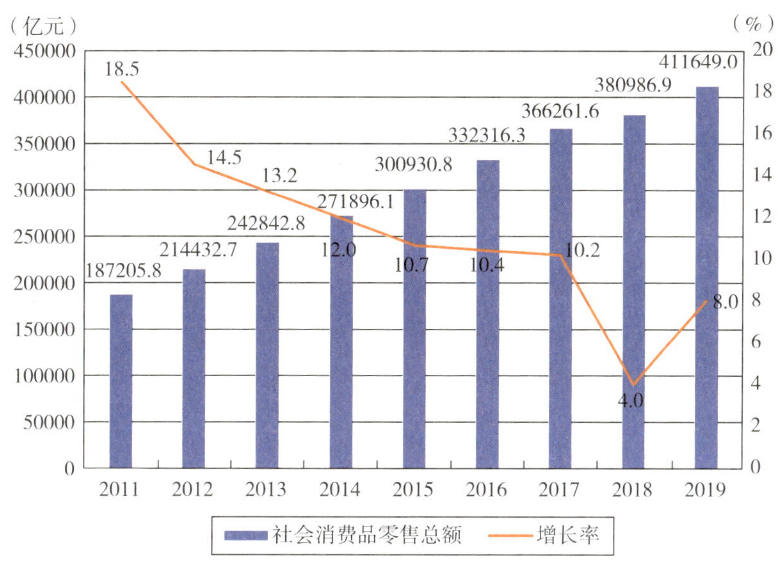

图 2－1 2011～2019 年我国社会消费品零售总额情况

资料来源：国家统计局。

1. 构建现代产业体系的重要支撑

推动经济高质量发展是构建现代产业体系的必然要求。当前，我国传统工业经济发展模式弊端逐步显现，传统企业转型困难重重，新旧动能转移依旧处于胶着状态。我国纺织服装行业作为传统工业的门户，面临着巨大的产业转型升级压力。纺织服装工业率先向时尚产业转变，不仅是规模庞大纺织工业自身的系统性转变，而且也会对其他产生转型升级带来示范效应，加快向传统工业进行技术导入，促进新业态、新模式创新，推进产业链协同发展，引领整个工业体系向现代化、智能化、国际化的方向发展。

2. 满足人民群美好生活向往的现实需要

坚持执政为民，把人民群众的根本利益作为一切工作的出发点和落脚点。时尚产业高质量发展不仅有利于满足消费升级过程中人民群众对于大众消费和时尚生活的基本需求，而且有利于满足未来人民美好生活对于时尚产品的个性化和定制化需求，不断增强产业发展韧性，推进产业技术创新和产品创新，持续改善人民群众对美好生活向往的品质需要。

3. 实现绿色可持续发展的必然要求

坚持绿色发展理念是未来我国经济社会发展的重要原则。全方位推进产业的绿色可持续发展是我国时尚产业高质量发展的重要内容，它既解决传统产业可循环发展的绿色模式，又是推进产业生态化和产业可持续发展的典型示范。传统纺织制造工业污水排放是制造行业中排名第五位的大户，纺织工业被广泛认为是高污染行业。传统纺织工业向绿色时尚产业转变，应加强纺织行业绿色制造和绿色产品标准体系建设，满足产业与环境协同发展的环境需求，倒逼企业肩负社会责任，持续性改进生产循环技术，实现时尚产业可持续发展。

二、“十三五”时期时尚产业发展的回顾与总结

“十三五”时期我国时尚产业基本保持平稳发展态势，时尚产业格局基本形成，时尚设计与创新能力不断增强，时尚品牌效应逐步提升，时尚产业集群日益壮大，时尚城市建设步伐明显加快，这为“十四五”时期我国时尚产业高质量发展奠定了良好基础。

（一）时尚产业格局基本形成

我国已经具备全球最大、最完善的纺织服装工业体系，连续多年稳居世界最大的纺织服装生产国、消费国和出口国地位，同时，化妆品、奢侈品、消费电子产品等行业的市场规模也位居世界第二，我国时尚产业大国的地位毋庸置疑。根据国家统计局数据，2019年，我国限额以上服装鞋帽、针纺织品类商品零售额为13517亿元（见图2-2），虽然受到国外复杂贸易环境的影响，整个行业发展承压严重，然而立足于强大国内市场需求，“十三五”时期我国纺织服装行业基本保持良性发展态势，产业规模保持在1.3万亿元以上，整个产业良性发展的积极因素仍在。同时，时尚消费、时尚创意、时尚服务等周边领域也加快布局，新消费、新模式、新业态不断涌现，多元化时尚业态协同发展的产业格局基本形成，为“十四五”时期我国时尚产业高质量发展奠定了坚实基础。

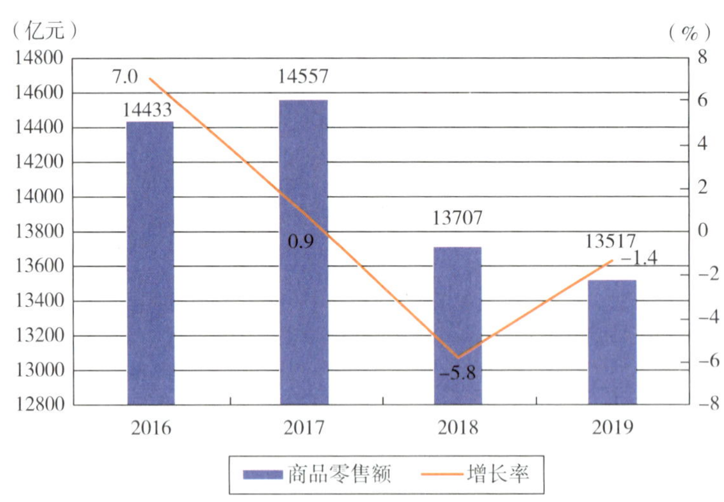

图2-2 “十三五”时期我国限额以上服装鞋帽、针纺织品类商品零售额及增长率

资料来源：国家统计局。

（二）时尚创新能力不断增强

新一轮科技革命推动时尚产业创新创业进入加速期，技术瓶颈逐步突破，新生产工艺广泛应用，新业态模式不断涌现。直面国际时尚产业发展浪潮，我国时尚产业设计创新能力快速提升，以新型纤维材料为代表的材料革命推动时尚产品功能多元化发展，以智能制造为代表的数字化生产技术不断提升时尚制造的柔性化水平，以人工智能为代表的新型技术科学同样颠覆了时尚设计流程。据中国纺织工业联合会数据，截至 2019 年，我国纺织行业专利有效量为 15.6 万件，其中发明专利占 31.12%，时尚产业创新能力明显增强。为应对激烈的国际竞争，我国时尚产业加快新型基础设施布局，不仅前瞻性布局 5G、工业互联网、大数据等“硬”性基础设施，而且加快布局时尚产业的科技创新服务体系等“软”性基础设施。2017～2019 年，工信部共评定公布了四批“纺织服装创意设计试点园区（平台）”，其中包括 48 家单位，涵盖时尚设计的主要领域。截至 2019 年底，我国建设纺织服装行业国家级科技公共服务平台已达到 127 家，时尚行业科技创新服务体系逐步完善，为时尚产业高质量发展注入创新动力。

（三）时尚品牌效应逐步提升

“十三五”时期我国十分重视品牌建设工作，时尚品牌建设取得突出成效。2016 年，国务院启动消费品工业增品种、提品质、创品牌“三品战略”专项行动，2017 年，国务院正式设立“中国品牌日”，发展品牌经济不仅有利于发挥优质品牌的引领示范效应，促进国内传统产业提质增效和转型升级，而且可以彰显中国文化自信力，推动国内企业“走出去”，与国际大型品牌集团展开竞争。当前，我国时尚品牌建设成效突出，如意纺织等纺织服装品牌已经在国际高端市场占据一席之地，珠宝首饰等细分时尚领域也形成国际品牌、香港品牌和国内品牌“三足鼎立”的市场格局。随着新冠疫情的全球蔓延和国内疫情防控的率先好转，国潮品牌也成为新生代消费群体的流行新趋势，不同地域、不同年龄、不同文化的消费群体对中国品牌的认可程度与日俱增。

（四）时尚产业集群日益壮大

随着国内产业转移和国内消费升级，我国时尚产业集群快速发展，逐步形成以粤港澳、长三角、京津冀为核心的区域性时尚产业集群，产业链配套体系不断完善，供应链上下游日趋成熟。截至 2019 年，与中国纺织工业联合会建立产业集群试点共建关系的地区有 198 个，其中纺织产业基地市（县）29 个、纺织产业特色名城 73 个、纺织产业特色名镇 96 个。从地区分布来看，时尚产业集群主要分布于浙江、江苏、广东、山东和福建等东部沿海地区。以产业集群发展为基础，发展特色时尚小镇成为我国时尚经济发展的热点，深圳大浪、西安国际、杭州湾新区等大批时尚小镇相继闪亮登场，不仅是我国打造世界级时尚小镇的标志性成果，也助推我国时尚经济迈进国际时尚顶尖领域。

（五）时尚城市建设步伐明显加快

在上海、深圳、杭州之后，青岛、西安、温州等城市也相继出台一系列推进时尚之都建设的政策措施，把时尚经济作为其未来城市的发展定位。青岛定位于国际时尚城市，西安高新区定位于大西安的时尚核，深圳定位于新锐时尚产业之都，温州突出国际时尚智造的发展特色。风生水起的时尚之都、时尚城市建设不仅有利于提升现有城市时尚产业集群化程度，而且可以打造时尚的城市名片，既吸引国际著名时尚品牌落地，又可以彰显城市的品牌影响力和文化软实力。

虽然当前我国时尚产业发展已取得一定成效，但是在产业链、创新能力、设计水平、产业生态等方面仍存在一些发展不充足、不充分的问题，与高质量发展的要求并不适应。“十四五”时期要推进时尚产业高质量发展，必须深刻理解时尚产业高质量发展的内涵与外延，明确时尚产业高质量发展的目标与路径，探讨推进“十四五”时期我国时尚产业高质量发展的对策。

三、时尚产业高质量发展的内涵和路径

作为引领未来潮流和方向的时尚产业，准确把握高质量发展的主线是“十四五”时期我国时尚产业的重点和难点。

（一）主要内涵

我国经济已经进入高质量发展的新阶段，高质量发展是创新发展、协调发展、开放发展、绿色发展、共享发展。就时尚产业而言，时尚产业高质量发展是面对新一轮科技革命与产业变革，重点提升时尚设计研发能力，全面突破时尚制造核心技术，加速推进产业转型升级，重点加强时尚产业服务体系，推动绿色、低碳、可持续发展，不断增加市场有效供给以满足人们美好生活对时尚产品的需求，为经济社会做出较大贡献。可以从以下维度阐释时尚产业高质量发展的基本内涵：

1. 可循环的产业生命力

高质量发展意味着产业规模稳步扩张，产业结构逐步优化，构建品质、高效、可持续的现代化产业体系。我国已经成为全球最大的纺织服装生产、消费和出口国，也几乎是珠宝、化妆品、消费电子等细分时尚领域的生产、消费大国。随着我国经济进入高质量发展阶段，时尚产业的高质量发展并不仅局限于产业规模扩大和产业效率提升，而是更注重时尚产品品质提升和产业发展动力变革，进而形成可循环、可持续、可复制的现代产业体系。可循环、可持续、可复制的产业发展模式不仅是当前时尚产业必由发展之路，而且也是未来绝大多数产业的基本发展形态。作为创意设计和科技创新汇集的最前沿产业，可循

环的发展模式是时尚产业高质量发展的最强生命力。

2. 持续性的设计创新力

创新是引领产业发展的第一动力。以互联网、大数据、云计算为代表的新一代信息技术已经开始与时尚产业深度融合，提升时尚企业竞争力和产品附加值，为时尚产业精准应对消费升级提供全面支撑。当前，时尚产业高质量发展，不仅需要以技术创新为手段，更需要在时尚创意设计、产品制造、商业模式等各个领域全方位地创新。随着数字化转型和智能制造时代来临，未来时尚产业的竞争将聚焦于企业设计创新能力，拥有持续性设计创新能力的企业将更能适应于外部环境快速变化，精准把握未来时尚潮流，持续性的设计创新能力是新经济时代时尚企业的生命力。

3. 全球性的品牌影响力

具备一流国际竞争力的企业体现在经济效益、产品品质、管理水平、人才培育等各个方面均保持竞争优势，拥有这种竞争优势的品牌往往被广泛认可。然而当前“中国制造”往往被锁定于“质优价廉”，与高端品质相去甚远。时尚产业高质量发展既是基于从我国时尚制造的规模优势，也要提升实体经济的设计创意水平和科技创新能力，不仅打出“中国制造”的品牌，而且打造“中国设计”“中国创造”“中国智造”整体性时尚品牌，形成全球性的品牌影响力。

（二）发展思路

“十四五”时期我国时尚高质量发展是在时尚产业增长保持基本稳定的前提下，以设计创新为第一动力，以协调发展为内生机制，以循环绿色发展为基本形态，充分利用新一轮科技革命的变革机遇和国内消费升级的时代机遇，加快传统产业转型升级，推动技术工艺改造和发展方式转变，对标国际时尚品牌，引领未来时尚消费浪潮，实现新旧动能转换，全面体现创新、协调、绿色、开放、共享新发展理念。

（三）发展路径

1. 由要素供给入手推动质量变革

经济高质量发展的最终目标是建立现代化产业体系，更好满足人民群众对美好生活的向往。推动整个产业体系的高质量发展，首先要从生产要素供给做起，生产要素质量变革尤为关键。一是加快推进时尚产业新型和循环材料使用。加快推进时尚产业的供给侧结构性改革，淘汰传统时尚制造工业落后产能，推广新型材料研发与应用，建设时尚材料循环利用体系，促进产业绿色发展和可持续发展。二是加强专用人力资本积累。优化时尚产业人力资源配置，加强教育培训和健康服务等方面的公共投入，通过创新设计工坊为设计人才、高技术人才和创新型人才提供发展平台，增强专用人力积累水平。三是改善金融供给质量。针对时尚产业发展的薄弱环节，重点支持普惠金融、小微企业融资，拓宽行业企业融资渠道，建立时尚产业基金，增强金融供给服务于实体经济能力。

2. 由数字化转型入手促进效率变革

市场竞争本质是生产效率的竞争，高质量发展的效率变革不仅应包括投入产出的生产效率，而且应包括市场交易效率和协调效率。数字化转型是促进时尚产业效率变革的关键所在，是时尚产业高质量发展的内在要求。一是加快推进时尚制造产业的数字化进程。数字经济和智能制造时代已经来临，由“时尚制造”向“时尚智造”的转变是时尚产业未来发展的必然方向。如意纺织等国内企业已经率先启动数字化进程，企业生产效率大幅提升。通过时尚产业全产业链的数字化改造，融入现代生产组织理念，实现时尚产业的生产效率变革。二是推进时尚市场交易变革。互联网平台已经大幅度提升市场交易效率，服务于消费领域的市场交易，应大力发展时尚物联网和产业互联网，致力于提高生产服务环节的市场交易效率。三是增强产业发展的协同效率。创新驱动背景下我国产业协同创新的效果初显，未来时尚产业高质量发展，既要增强与其他产业协同效率，又要形成与社会、生态之间的协同效应。

3. 由设计创新能力入手实现动力变革

创新是经济增长的动力来源，时尚设计创意更是时尚产业高质量发展的生命力。一是补齐基础创新的不足与短板，改善时尚产业在基础研究、设计创意、创新管理等方面的不足和弱项，深化时尚机构的科研和考核机制改革，最大限度地激发时尚设计人才的创新活力。二是提升产业自主创新能力。融入新一轮科技革命，借助大数据和人工智能技术，优化研发设计流程，增强时尚产品设计水平。加强建设时尚产业创新生态系统，有序推进体制内科研设施向全社会开放，形成以科研平台为纽带产学研协同创新的创新生态系统。三是促进技术与文化有机融合。技术是变革的，产业是演进的，而文化是永恒的，提升我国时尚产业的国际竞争力应该充分挖掘中国传统文化的本质与内涵，根植传统文化的有机土壤，再次掀起引领国潮乃至全球浪潮的新时尚。

四、“十四五”时期时尚产业高质量发展的对策

时尚产业高质量发展不仅要通过创新提升时尚产品品质与效率，推进时尚产业的内涵式增长，而且要促进与要素、技术、品牌、文化的融合发展，实现时尚产业的外延式发展。

（一）坚持绿色发展理念

新发展理念赋能新产业，主动适应数字化、服务化、绿色化经济趋势。当前我国纺织服装产业通过科技创新和技术导入，加快传统工业产业转型升级，“科技、时尚、绿色”的发展新特征逐步显现。未来仍需认清百年大变局的国内外形势，转变发展理念，以绿色发展助推科技创新和时尚创意，以技术改进和时尚循环倡导绿色可持续发展。一是优化原料性能结构。引导印染等高污染环节的有序发展，鼓励低碳环保材料应用，提高原材料资源利用率。推进材料的基础性能和智能功能改进，满足时尚产品多元化需求。二是鼓励采

用绿色生产工艺，加强时尚制造过程的循环体系建设，提高产业清洁生产水平，打造整个供应链绿色化体系。三是强化节能环保标准，加快绿色生产的标准体系制定，强化整个供应链的各个环节循环利用。同时，完善时尚产品质量监管体制机制，完善行业服务标准，改善市场营商环境，充分释放市场消费潜力。

（二）深化创新驱动战略

创新驱动是经济高质量发展的动力来源。时尚产业高质量发展要不断深化创新驱动战略，借助新一轮科技革命的机遇，促进传统时尚制造的数字化转型、时尚产品的智能化改进和时尚设计创意的机制创新。一是推动传统时尚制造的数字化转型，以工业互联网为基础，推进传统纺织制造工业的数字化转型，加强顶层设计，做好传统制造数字化转型的系统性解决方案，推广智能传感设施整个产业流程的应用，构建广覆盖、高效率的网络基础设施，打造区域、行业、企业的分层分级工业互联网平台，促进行业数据共享。二是推广时尚产品智能制造技术的发展与应用。智能化是制造自动化的发展方向，树立产业发展的共享思维，促进产学研协同，推进智能制造核心技术和共性技术的突破与研发，充分发挥纺织服装智能制造试点示范企业的引领作用，重点培育若干个时尚工业互联网平台，促进时尚产业智能制造体系的互联互通。三是完善时尚科技创新的体制机制。以时尚创意产业园区为主体，搭建产学研合作平台，鼓励建立重点行业技术创新联盟，激励企业主体与创新主体互动，致力于产业关键技术的协作研发，促进科研成果和产业项目之间的精准推介与高效落地。

（三）促进集群化发展

产业集群化发展不仅有利于共享资源、协同创新、优化产业链，而且也是产业国际竞争力的重要体现。当前我国已经形成特色鲜明的时尚产业集群，未来提升产业竞争力需要进一步提升产业集群发展水平，优化时尚产业布局，加快推进时尚城市建设。一是提升产业集群发展水平。在当前时尚产业集群的基础上，促进时尚产业链纵向和横向发展，一方面，推动全产业链发展，重点补齐创新设计和产品营销方面的短板，加强时尚制造环节的数字化改造，推广智能制造技术应用，提升时尚生产效率；另一方面，鼓励企业兼并重组，特别是企业技术并购，提升产业集群的技术壁垒。二是有序推进产业转移，优化产业布局结构。随着我国东部沿海地区要素成本逐步上升，部分时尚制造的产业转移势在必行，加强东西部产业园区之间的合作，推进产业整体性转移，优化产业链，提升时尚供应链。三是鼓励国际时尚城市建设。国际时尚都市不仅是时尚制造中心，更是代表着时尚潮流、时尚文化的发展方向。大力发展时尚创意产业园、时尚小镇等产业载体，促进时尚产业与现代服务业的融合发展，增强现代城市对时尚品牌的吸引力，同时时尚产业特色发展也不断增添城市魅力。

（四）加强时尚品牌建设

品牌建设的核心是如何提升品牌价值。促进时尚产业高质量发展，提升我国时尚产品的全球性品牌影响力，需要提升产品品质，推进商业模式创新，加强企业品牌管理体系，促进市场与消费的深度融合。一是提升产品品质。品牌价值以产品品质为载体，向消费者提供高品质的产品，提升消费者对产品的满意度，进而增强品牌的认可度。强化时尚科技创新，深化技术工艺改进，提高时尚消费品的性能与功能，同时加强时尚创意设计，细分消费者市场需求，满足时尚消费个性化和定制化的趋势，提升时尚消费品牌黏性。二是推进商业模式创新。场景营销下，鼓励商业模式创新，通过大数据、人工智能等新兴技术，增强消费者参与感与体验感。三是鼓励企业品牌管理体系建立，引导企业提高品牌意识，促进企业品牌与文化的融合，提升企业的品牌运营能力，深化企业品牌的社会责任。

（五）强化国际化人才培养

围绕创新的全球产业竞争归根结底都是人才竞争。面对全球时尚产业快速变革，培育国际化专业人才队伍是我国时尚产业高质量发展的关键环节。一是搭建时尚设计创意服务平台。通过建立时尚产业人才数据库，实现时尚企业与人才的精准对接，加强时尚创新孵化器建设，提供人才培养所需要的创新环境。二是优化时尚产业人才培育模式。转变传统学校教育的人才培养模式，强化学校与企业的联合培养模式，促进人才培育过程深度与企业对接，与消费对接，与市场对接。三是加强国际时尚院校合作，推进国际间时尚院校互动，形成时尚设计创新联盟，推进在人才培养、科学研究、文化服务方面的合作与交流。

（六）加强产业开放格局

随着我国时尚产业大国地位不断巩固，推进开放发展格局是我国时尚产业高质量发展的必由之路。我国时尚产业高质量发展既需要用好国内市场消费的内循环，也要巩固拓展国际市场消费的外循环。一方面，虽然全球贸易保护主义盛行，然而我国在做好防范贸易摩擦的同时，要加快时尚产业链的全球化布局，通过逆向设计研发服务外包，充分利用国际资源与人才优势，鼓励我国时尚企业走出去。另一方面，加强与国际品牌对接与合作，举办大型时尚品牌活动，吸引国际时尚创意人才来华发展，与国际时尚供应链进行深度互动。

（陈文晖　北京服装学院中国时尚研究院
王智毓　北方交通大学经济管理学院）

本章参考文献

[1] 史丹．从三个层面理解高质量发展的内涵［N］．经济日报，2019-09-09.

[2] 郭广生，任晓刚．以科技创新驱动高质量发展［N］．人民日报，2019-06-07.

[3] 江敦涛．以产业赋能促高质量发展［N］经济日报，2020-06-08.

[4] 国家发展改革委经济研究所课题组．推动经济高质量发展研究［J］．宏观经济研究，2019（2）.

［5］盛朝迅．构建现代产业体系的瓶颈制约与破除策略［J］．改革，2019（3）．

［6］陈文晖，王婧倩，熊兴．促进北京纺织服装时尚产业发展的策略［J］．纺织导报，2018（9）：29－30.

［7］冯德虎．纺织工业高质量发展的背景、内涵和路径［J］．中国纺织，2018（10）：15－18.

［8］董思雁，李晓峰，冯紫薇．中国文化创意产业贸易及其高质量发展研究［J］．江汉大学学报（社会科学版），2020（1）．

［9］蓝捷．以纺织服装产业转型升级助推制造业高质量发展［J］．当代江西，2019（1）：30.

［10］陈文晖，熊兴，王婧倩．加快发展时尚产业以推动北京建设全国文化中心的建议［J］．中国纺织，2019（1）：110－111.

［11］欧家锦．奢侈品在中国［M］．北京：中国经济出版社，2020.

［12］中国纺织工业联合会．中国纺织工业发展报告2020［M］．北京：中国纺织出版社，2020.

［13］张鹏．以“质量变革、效率变革、动力变革”推进我国经济高质量发展［EB/OL］. https：//news. china. com/focus/xsdxzw/13001368/20180102/31902386. html.

［14］孙瑞哲．当前纺织行业发展面临的形势与思考与上半年中国纺联工作回顾［EB/OL］．http：//info. texnet. com. cn/detail－818882. html.

［15］孙瑞哲．破云而出的永远是光——转型育新机 变革开新局［EB/OL］. https：//mp. weixin. qq. com/s/O_ cQci63GFtyqHfMe3QTwQ.

［16］孙瑞哲．艰难困苦中彰显纺织行业英雄本色：为全面建成小康社会做出新贡献［EB/OL］．https：//www. tnc. com. cn/info/c－001001－d－3700624. html.

第三篇　专题研究

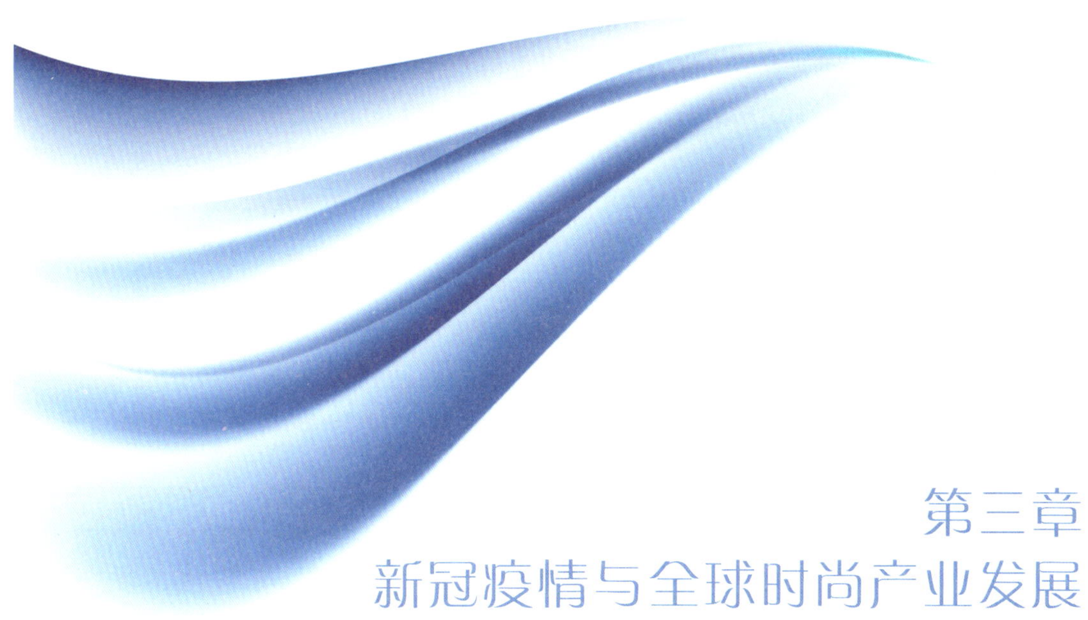

第三章 新冠疫情与全球时尚产业发展

2020 年，新冠疫情波及全球，对世界经济造成巨大冲击。时尚产业劳动密集程度高、链条长、牵扯的行业广，受此次疫情冲击更严重。我国是全球第一大纺织服装出口大国，突如其来的新冠疫情严重冲击了我国时尚产业的生产、销售和出口，以口罩为代表的纺织服装行业在疫情防控中发挥了关键作用。疫情发生后，我国及时出台多项政策，积极复工复产，企业积极转变商业模式，时尚产业努力突破困境，成功度过疫情考验，为全球供应链稳定做出积极贡献。未来随着疫情防控形势和产业发展二者进入新平衡，时尚产业发展呈现出新的发展形势，我国要审时度势，主动适应变革，全面提升新常态下时尚产业整体竞争力，巩固全球时尚产业核心地位。

一、时尚产业在本次疫情中发挥了重要作用

时尚产业不仅是保证人类生存最基本条件“温饱”的主要工具，也是人类经济和社会向更高阶段发展的重要标志之一，更是国家安全和国防建设的必要保障，在经济社会政治和国防建设中占据重要地位。

纺织服装产业是中国制造走向世界的第一张名片。我国是全球纺织产业规模最大的国

家，是产业链最完整、门类最齐全的国家，也是全球第一大纺织服装出口国。纺织服装产业链上游包括天然纤维（如棉、麻、毛）和化学纤维生产，中游包括纺纱、织布、印染，下游包括服装、家纺、工业用纺织品等最终产品。纺织服装行业是我国传统支柱产业，对增加就业、改善生活水平、出口创汇、带动相关产业发展及国家安全建设具有重要作用（见表3-1）。2001年中国加入WTO后，服装出口取消了限额，极大地促进了中国纺织服装行业的发展，中国逐渐发展成为全球纺织服装制造中心（见图3-1和图3-2）。

表3-1　2016~2019年我国纺织服装类产品产量和销量

名称	类别	2016年	2017年	2018年	2019年
纱（万吨）	产量	3732.6	3191.4	2958.9	2892.1
	销量	3922.5	3940.8	2918.7	2808.4
布（亿米）	产量	906.8	691.1	657.3	575.6
	销量	700.0	679.0	486.1	448.0
服装（亿件）	产量	314.5	287.8	222.7	244.7
	销量	306.9	283.3	219.7	201.9

资料来源：中国纺织工业联合会。

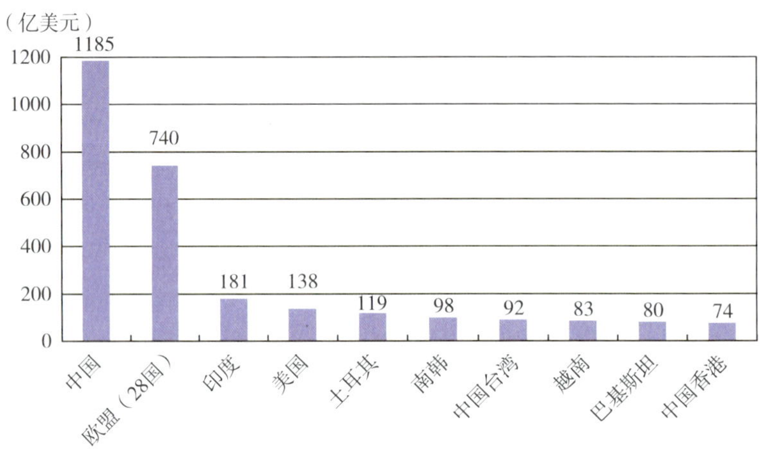

图3-1　2018年全球纺织品主要国家出口额前十名

资料来源：https：//www.tnc.com.cn/info/c-001001-d-3695463.html.

2020年，突如其来的新冠肺炎疫情扰乱了经济社会发展秩序，威胁着全人类的健康。以纺织服装为主的时尚产业，在疫情暴发的关键时期，用专业优势和担当精神支援抗"疫"前线，为疫情防控做出特殊贡献，凸显了纺织服装行业在国家经济社会发展中的战略地位。

疫情在我国暴发后，纺织服装行业协会和企业倾力行动，一方面，克服重重困难，加紧生产防护用品、服装、保暖物资等，扩大供应，做好防控一线物资保障；另一方面，充分发挥供应链主体地位和既有渠道优势，整合供应链资源，进口采购防护工具，调配国外订单优先投放国内。关键时刻，保证质量的同时实行价格管控，更是体现纺织服装行业的硬核担当。根据中国海关总署数据，2020 年 1～8 月，我国对约 200 个国家/地区出口医用口罩约 114.05 万吨，约合 1140.52 亿只（一只口罩按 10 克估算），同比增长 97.73%（见图 3－3）。

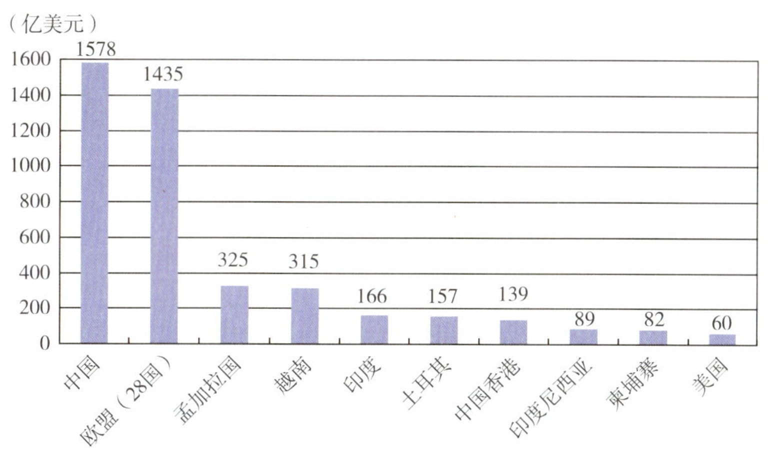

图 3－2 2018 年全球服装主要国家出口额前十名

资料来源：https：//www. tnc. com. cn/info/c－001001－d－3695463. html.

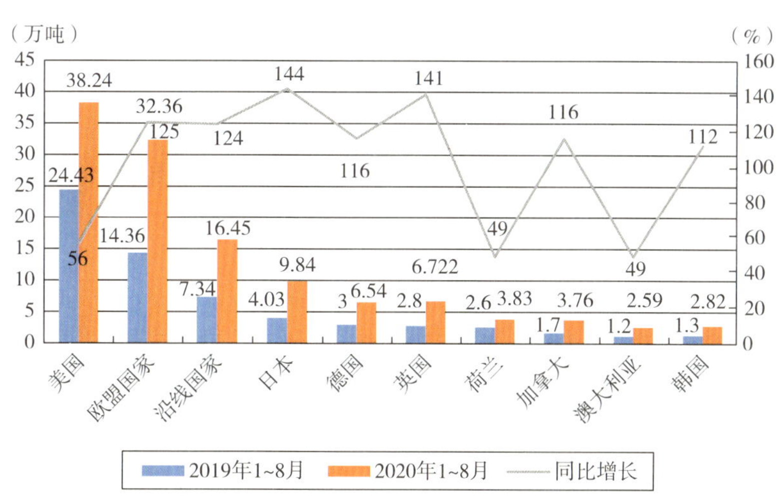

图 3－3 2019 年 1～8 月和 2020 年 1～8 月我国口罩出口量及同比增长率

资料来源：ttps：//new. qq. com/rain/a/20201020A0EGMJ00.

此外，不少企业还通过捐款捐物，为疫情的防治工作贡献着自己的力量。例如，火神山医院紧急筹建期间，某公司主动无偿加紧赶制、协调库存，仅用半天时间将 5 万平方米土工布发往武汉，为这场生命安全突围战贡献了急需力量。世界疫情暴发后，纺织服装行业扩大生产和供应，助力多国疫情防控，得到世界范围的赞扬。

工业和信息化部消费品工业司副司长曹学军表示，突如其来的新冠肺炎疫情给全球经济社会的发展造成重创，我国战疫防控取得了阶段性的成果，尤其是中国纺织服装产业，对此次防护物资的供应发挥了至关重要的作用，此次疫情应对充分体现了我国集中力量办大事的能力，体现了纺织行业规模和健全产业链的优势。

二、疫情对我国时尚产业的影响

疫情给全球经济造成重创，时尚产业总体作为劳动密集型产业，链条长、中小企业多，受到的破坏更深，影响更复杂，需从全方位、多角度审视。尽管作为全球纺织服装产业中心的中国已经表现出极强的韧性和抗冲击能力，但随着世界主要时尚生产和市场中心成为疫情重灾区，全球经济下滑，时尚产业贸易停摆，出口订单下降，消费模式变化，对时尚产业造成中长期的影响已经成为定局。

（一）短期影响

短期来看，疫情直接导致时尚产业供需两端大幅下降，我国外贸出口量骤降，企业经营效益下滑，部分企业甚至破产，新型消费模式不断涌现，倒逼数字时尚快速发展。2019～2020 年纺织行业工业增加值增速如图 3－4 所示。

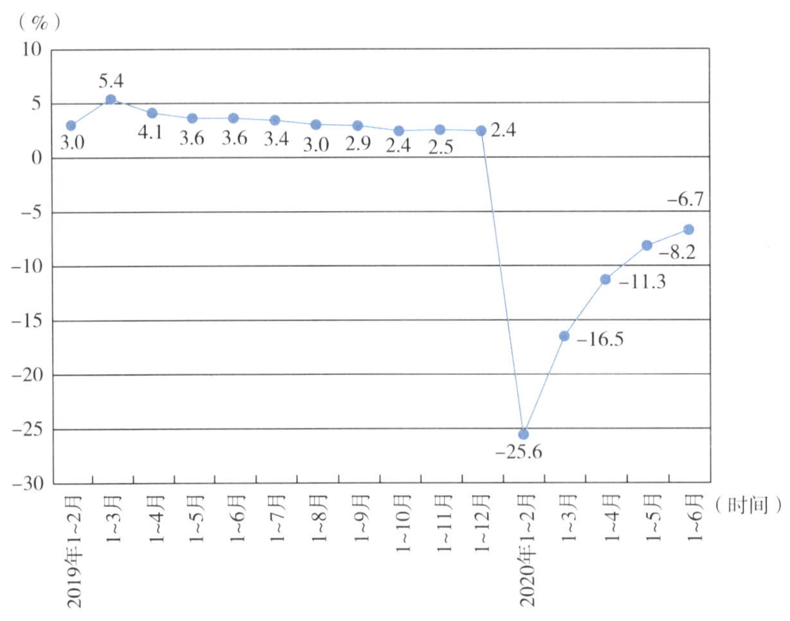

图 3－4　2019～2020 年纺织行业工业增加值增速

资料来源：http：//cntexic. ctei. cn/gzdt/202009/t20200907_ 4054591. html.

1. 供给角度

纺织服装行业是劳动密集型行业，疫情造成生产中断，导致了产业供给能力断崖式下滑。疫情期间的隔离措施、出行限制等因素直接造成开工推迟、人员隔离、物流停运、原料供应不足、生产线停工。陆续复工复产后，企业无法及时补充熟练的工人，劳动力短缺甚至用工困难，产量产能逐级下降。此外，多数企业固定成本照常支出，运营费用相应增加，总体成本费用负担加重，导致企业出现现金流紧张，进一步使订单延迟交付、产品供给不足。

供给不足还传导到整个产业链，进一步影响链条上的中间品供给。作为世界纺织服装产业的核心，我国的供应链和运输中断影响直接蔓延到以我国为主要原料进口国的东南亚国家，如直接造成越南、柬埔寨和其他东盟国家停产，大量订单无法按时交付，新订单延迟推出，进而造成库存短缺。例如，优衣库母公司迅销集团仍然有一半的生产线在中国大陆，虽然越南有近20%的核心缝纫工厂，柬埔寨也有一部分生产线，但均需依赖中国大陆供应原料，受到的影响更大。越南代工厂的发货时间推迟约两周，就能导致优衣库出现库存短缺（徐盼盼，2020）。

2. 需求角度

全球性疫情导致产业需求整体下降，终端消费减少，进一步传导到包括中间品在内的整个产业链。除纺织品外，我国内、外订单缺失和物流不畅，全产业链的生产和内、外销受阻，上、中、下游产品的内销和出口出现持续下降。

（1）国内需求大幅下滑。疫情暴发后，商场等时尚产业消费聚集地大面积关停，消费者出行受到限制，时尚消费需求全面下滑，同时口罩、防护用品、消毒用品短期内需求井喷。疫情稍微得到控制后，纺织服装市场推迟开业，消费者信心受到严重打击，客流量大幅下滑，营业基本停摆。2020 年第一季度平均营业时间不足 1 个月，大部分地区市场出现两个多月的停摆，市场营业额大幅下滑。2020 年第一季度纺织服装行业 176 家上市公司全部营业收入合计 2514. 77 亿元，较上年同期下降 5. 75%（见表 3－2）。

表 3－2　2020 年第一季度我国 45 家重点监测纺织服装市场运行情况

指标	数据	占比（%）
市场运行效率（元/平方米）	7606. 10	40. 11
商铺运行效率（万元/平方米）	58. 15	39. 92
东部地区市场成交额（亿元）	1483. 44	34. 67
中部地区市场成交额（亿元）	171. 35	59. 56
西部地区市场成交额（亿元）	37. 13	65. 83

资料来源：俞亦政．纺织服装上市公司韧性更强［J］．纺织科学研究，2020（6）：28－29.

（2）外贸出口断崖式下跌，纺织品逆势上扬。我国纺织服装出口比重大，对外贸的依存度较高，出口影响较大。江浙、广东、山东等地调查显示，纺织服装企业对外贸出口的依赖程度普遍超过50%。我国服装鞋帽针纺织品月度零售增速如图 3－5 所示。疫情在

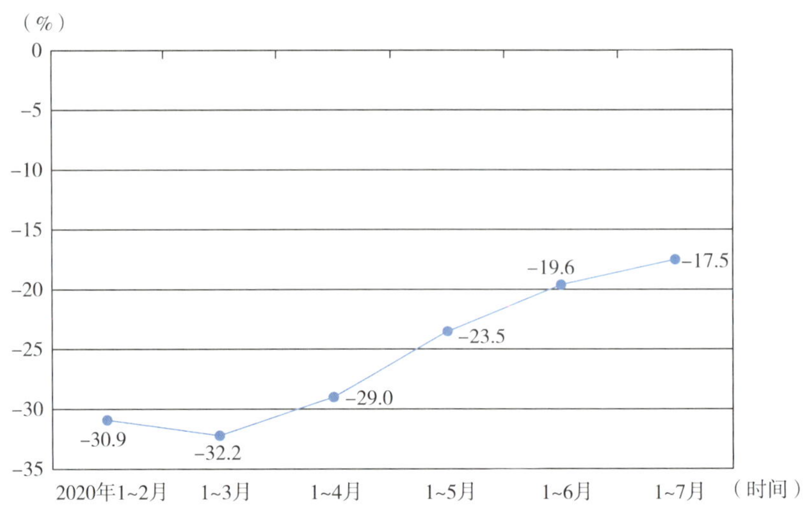

图 3－5　我国服装鞋帽针纺织品月度零售额增速

资料来源：国家统计局。

我国暴发初期，多国取消或者推迟订单，违约数量暴增，部分国家将订单转往其他国家。在疫情全球蔓延期间，除口罩等防护用品外，出口目的地国家也是全球时尚产业消费大国，如欧洲、美国、日本、韩国等需求大幅减少。此外，多国采取进口管制措施，进一步影响出口订单及时交付。上游原料供应受国内疫情供应不足影响，下游终端客户随疫情在欧美持续发酵而取消订单，布局海外的企业也受到疫情的严重影响。2020 年第一季度，我国纺织品服装贸易额 524.8 亿美元，同比下降 15.5%。其中，出口 463.5 亿美元，下降 17.7%；进口 61.3 亿美元，增长 5.4%[①]。2020 年 1～8 月我国纺织服装出口走势如图 3－6 所示。

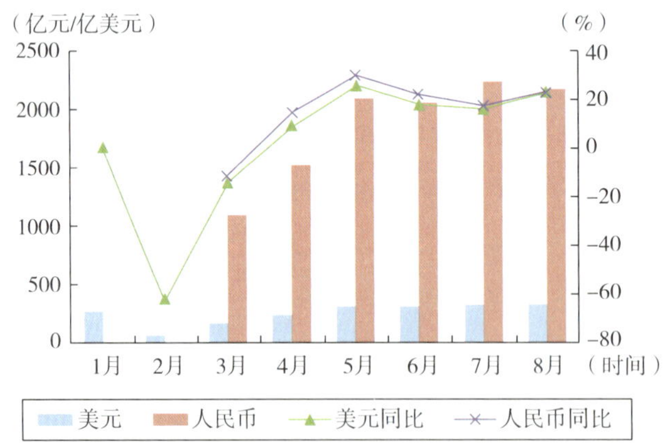

图 3－6　2020 年 1～8 月我国纺织服装出口走势

资料来源：http：//cntexic.ctei.cn/gzdt/202009/t20200910_ 4055992.html.

① 中国纺织品服装业抗压前行［EB/OL］. 纺织网，http：//169.cl－ol.com/news/44331.aspx，2020－06－15.

中纺联关于新冠疫情大流行对全球纺织品价值链的影响的调查结果显示，在2020年5月20日至6月8日订单继续平均下降超过40%。全球纺织品价值链所有生产部门订单减少幅度在37%~46%。总体上，2020年预计全球企业的营业额将平均下降32%（与2019年相比）。调查还显示，自疫情开始以来，纺织价值链各环节大多数企业不得不自行取消/推迟订单。在纺纱行业，50%的企业取消/推迟了订单，而在织造/针织行业，这一数字甚至达到83%。

从外需看，虽然新冠疫情仍在全球肆虐，但对纺织服装需求正缓慢复苏，而口罩、防护服等防疫物资需求仍迫切，2020年7月，我国纺织行业出口保持增长。据海关快报数据，2020年1~7月，我国出口纺织品服装1564.82亿美元，同比增长5.57%，增速较1~6月提高2.41个百分点。其中，出口纺织品900.80亿美元，同比增长31.3%，增速较1~6月提高3.5个百分点；出口服装664.02亿美元，同比下降16.6%，降幅较1~6月收窄2.8个百分点（见图3-7）。

防疫物资出口仍在支撑我国纺织品出口增长，据海关快报数据，2020年1~7月，我国纺织纱线、纺织织物出口同比分别下降31.7%和27.5%；但包含口罩、防护服的我国纺织制品出口同比大幅增长128.4%。

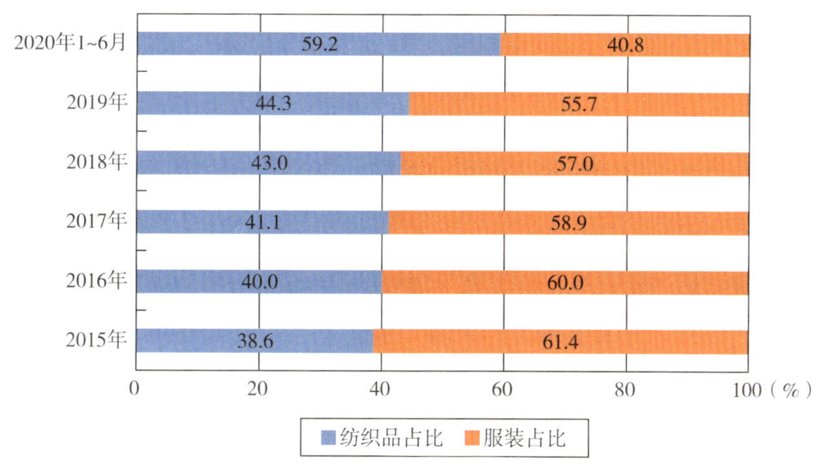

图3-7 2015~2020年我国纺织服装出口结构

资料来源：http://cntexic.ctei.cn/gzdt/202007/t20200724_4035499.html.

尽管纺织品在口罩等相关防疫物资出口激增的带动下出口增长较快，但受疫情影响，国际市场整体消费信心持续下降、消费能力下滑明显，对服装等传统消费品的市场需求低迷。2020年下半年，随着我国疫情防控向好态势不断巩固，居民外出购物逐步恢复，我国纺织品服装内需市场呈现温和复苏态势。

3. 经营角度

从经营角度看，疫情的影响主要包括两大方面。一是因产业链阻断和国内外需求双重下降带来的经济效益大幅下滑，部分中小企业面临资金链条中断甚至破产的风险；二是疫情倒逼时尚产业经营模式加速向数字化变革。

（1）产业整体经济效益大幅下滑。疫情直接导致需求严重不足，产销大幅下滑，纺织服装企业收入大幅缩减，而且成本费用负担加重，总体来看利润严重萎缩。1～5月，全国规模以上纺织企业亏损面达到32.00%，亏损企业亏损额同比增加52.08%（见图3－8）。

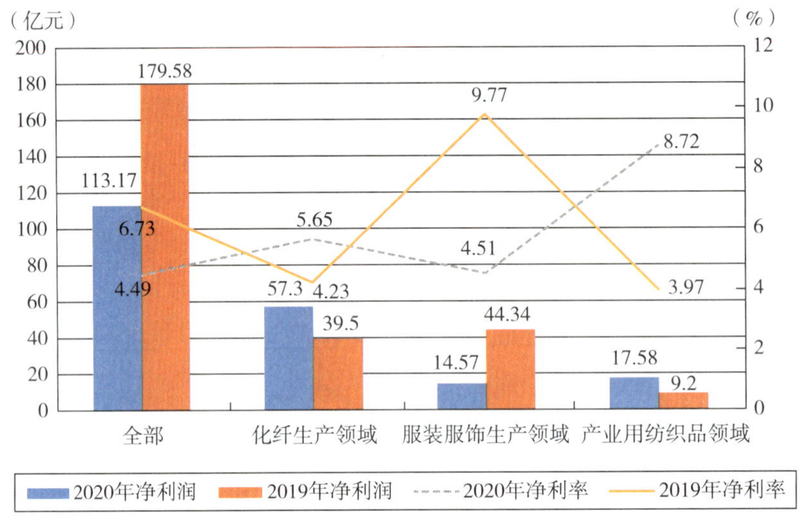

图3－8　176家上市公司2020年和2019年净利润和净利率对比情况

资料来源：孙瑞哲．我国纺织工业现状与产融合作发展前景［EB/OL］．纺织网，http：//www.texleader.com.cn/article/31535.html，2020－07－09.

尽管随着疫情防控需求激增，化纤生产领域、产业用纺织品领域2020年第一季度利润高于上年同期，但由于服装服饰生产领域大幅低于上年同期利润水平，176家上市公司的总体利润总额较上年下降36.98%，亏损面达到32.95%。3月底176家纺织服装上市公司总市值13025.71亿元，较年初市值减少了949.9亿元，损失率达到6.80%。高于A股第一季度5.93%市值损失平均水平（见表3－3）。

表3－3　2020年上半年沪深两市177家上市公司总体经营指标情况

经营指标	数值	同比增减情况（%）
营业收入（亿元）	5476.56	－3.78
净利润（亿元）	334.23	－9.79
平均营业周期（天）	320.58	26.16
存货周转期（天）	232.33	35.08
短期借款总额（亿元）	3437.83	28.56

资料来源：http：//news.ctei.cn/company/ssgs/202009/t20200904_4054100.htm.

受疫情影响，截至2020年6月30日纺织服装板块177家上市公司中，有125家公司（在板块中占比75.14%）上半年净利润与上年同期比较均出现不同程度下滑。有44家公司报告亏损，亏损总额59.58亿元。亏损企业总数和亏损总金额较上年同期分别增长了120%和178.80%[①]。

（2）部分企业经营陷入困境。疫情在我国暴发后，实施的隔离政策引发的工人返岗困难、上游原料短缺、订单取消、流通中断、库存积压、竞争加剧、利润缩水、现金流紧张等问题普遍困扰着行业企业，很多中小微企业更是面临生存危机。大量时尚品牌大规模裁员、关闭店铺甚至宣告破产。企业贷款逾期和违约现象增多，使得整个产业链的资金风险都在加大。我国首先暴发疫情，纺织服装出口大省部分海外客户被迫取消订单，转向东南亚等疫情影响较小且替代效应较强的国家。纺织服装行业中小企业和民营企业占比达到90%以上，两类企业贡献了行业全部出口总额的近70%。时尚产业中小企业占比较多，疫情冲击导致“无单可做”而破产。优于现在服装加工厂和买手之间很多采用商业信用的交易方式，疫情导致企业资金链断裂，资金周转困难，影响整个产业的恢复能力。第一季度末，176家纺织服装上市公司负债总额11465.47亿元，较上年同期增长了25.35%；短期借款3476.37亿元，较上年同期增长了35.95%（俞亦政，2020）。

疫情初步控制后，因产业链上下游各环节复工复产节奏不同，产业链尚未完全复苏。加之当前处于经济下行、中美贸易摩擦升级、发达国家实施制造业回流计划等多重因素叠加期，时尚产业发展举步维艰。

（3）疫情倒逼商业模式向数字化转型。疫情的发生促进时尚产业电商突飞猛进地发展，加速市场产业数字化转型。“互联网+时尚产业”线下线上协同发展，市场商业模式发生变化。疫情期间的隔离政策以及商场、交易市场、博览会等线下零售、批发受限，直播电商实现线上展示、沟通、交易，发展成为新的模式，通过打破传统时间、空间限制，降低成本，提高效率，强化互动体验和消费场景，拉动需求，降低疫情对产业的影响。“微分销”“微商城”“社群营销”“直播带货”开始了“直播+电商”新模式。新增主播、新增机构数量较上年大幅增长。例如，在牛仔服装名镇新塘，成熟的时尚电商产业园区就有10个，活跃在新塘的网红多达数千个。其中，新塘服装商贸城95%以上商户是实体结合电商批发，并带动了周边近2万家商户从事电商销售。艾媒咨询预测，2020年我国直播电商市场规模将达到9610亿元，同比增长127.3%。据麦肯锡咨询公司报道，新型销售模式、折扣促销、数字时尚正统治着整个世界疫情开始后的市场。

中国消费者越来越多地采用数字购物解决方案，因此品牌和零售商通过推出或改进创新的渠道，迅速提高了他们的数字化能力。截至2020年第三季度，耐克在某地的销售增长了36%，原因是他们完全实现了网络销售，零售额不减反增。虚拟时装秀和数字展厅、采购办公室样品签售等商业技术大行其道，最新的3D设计工具也依赖网络完成业务。

（4）疫情引发市场消费观念变化。新冠疫情不仅对经济发展带来冲击，也给人们的消费方式、消费习惯、消费结构带来重大改变。疫情的发生打击了消费者的信心和随意购

① 资料来源：http：//news. ctei. cn/company/ssgs/202009/t20200904_ 4054100. htm.

买的偏好，严重冲击了消费者对服装等时尚产业的热情。据统计，预计欧美国家65%的消费者会减少服装支出，40%的消费者会减少家庭总支出。消费者更多关注健康、安全等基本需求。部分时尚产业需求旺盛的中产阶级消费者也转向打折促销的优质时尚产品。中产阶级消费者将更多地转向折扣优惠的奢侈品和优质商品，品牌零售商也不得不受到更大的冲击。与此同时，实体零售大量关闭，消费者和投资者信心的衰退将加速困境公司衰落。这促使赢家和输家的差距拉大。在不断出现后者破产寻求政府援助时，却有企业真正实现了数字时尚的创新。《2020年时尚状况》报告显示，服装、时尚和奢侈品玩家的平均市场资本在2020年1月至3月24日下降了近40%。

（二）长期影响

随着疫情防控工作取得战略成果及多国陆续推进复工复产，行业生产秩序已基本恢复，内需市场逐步回暖，形势正逐步向好的方向发展，疫情对产业短期的影响是暂时的，但疫情对时尚产业的影响将持续存在，疫情改变了民众的消费心理，提升了企业风险意识，影响了多国产业政策，将进一步影响全球范围内时尚产业生产、市场格局及供应链、产业链、价值链格局。

1. 生产格局

疫情的发生加剧了部分国家对我国作为纺织服装大国的抵触情绪，强化了单边主义和贸易保护主义氛围。尤其是口罩、防疫物资等重要物资的短缺，让更多国家意识到供应链的安全问题。

（1）企业多元化布局，加大我国相关企业外迁风险。本来我国就随着人工成本上升、环保政策及中美贸易摩擦等因素有转移趋势，疫情加剧产业外迁风险。美国、日本等国实施的制造业回流计划就是要着实降低对中国制造业的依赖，未来纺织服装产业供应链的本地化和多元化布局将成为重要方向。

（2）产业链条缩短，产业发展平台化。基础实力较强的企业将建设合作平台，将个体风险分散到整个供应链中，提升重大安全时间的快速应对能力，加快资源整合，建立合作联盟，优化和拓展流通渠道，提升行业主导力和话语权。我国通过原有发展方式谋求利润的空间相对变小，以更高的质量和效率建立全球比较优势，同时更加重视开放合作，维护全球供应链安全与稳定是未来的必然选择。

2. 市场格局

（1）消费市场的多元化和本土化将成为趋势，国际国内双循环的格局将成为主流。我国市场产业出口依赖性较强。疫情发生后，加重了国际需求调整深度。伴随欧美等主要消费市场的需求改变，我国时尚产业市场需求本土化和多元化将成为主要趋势。从出口成品的角度来讲，欧美国家的消费需求大幅下滑，2020年4月，美国服装服饰零售额同比下降89.3%，日本、欧盟纺织品服装零售额分别同比下降53.6%和62.8%。印度、越南、孟加拉等国家的停工停产也导致我国纺织品出口大幅减少。长期来看，国内市场的培育和壮大重要性将进一步提升，国际国内双循环格局将是未来市场调整的主要方向。同时，我国具有庞大的和韧性十足的消费市场，消费升级成为国内市场的重要特征。

（2）消费理念发生变化直接影响市场需求结构——需要新定位。疫情会改变人们的消费理念，以健康、运动为主题的纺织服装消费品将更受欢迎。在疫情的存续期内，线下客流量大幅减少的情况仍会持续存在。而电商作为纺织服装行业重要的销售渠道之一，占各企业收入比重也在不断提高。

（3）疫情将倒逼线上线下营销的加速融合发展。疫情带来的深远影响将直接推动纺织服装专业市场面临的挑战全面升级，加快专业市场树立新定位、实现新融合的升级速度。疫情倒逼市场线上线下加速融合，构建线上线下双渠道营销体系，实现线上线下融合新模式。

3. 产业结构

总体来看，产业范围和边界进一步拓宽，时尚产业与其他产业的融合发展更加明显。纺织行业的价值链本身具有很强的金融属性，与商品市场、资本市场、货币市场联系紧密。文化创意属性使得行业长期沉淀了大量的设计、创意、IP 等资源。作为底层资产，产业的规模和质量使得产融合作空间巨大。此外，由于科技创新逐渐成为重塑产业格局的核心变量，随着新材料生产及印染等新技术加速产业化，带来产业格局调整，产品内涵不断丰富，高技术含量产业将以更高的竞争优势提升产业比重。

三、我国的主要做法和取得的经验

疫情对时尚产业带来了巨大冲击。面对疫情冲击，我国时尚产业积极应对，做好疫情防控的同时，全面恢复市场产业经济，取得阶段性胜利，为全球时尚产业发展树立了典范。

（一）精准复工复产，帮扶企业渡过难关

我国时尚产业以中小企业为主，随着订单取消，资金链断裂，受疫情影响最为严重，生存能力受到严重威胁。一方面，国家层面出台相关扶持政策，降低中小企业运行成本费用，解决现金流问题，帮助企业渡过难关。如通过暂免交社保公积金，给予房租、设备租赁、贷款利息、会展等补贴，出台降税减费的措施，优化减税降费方式等，减轻企业融资、社保、税费等负担。各地也都推出积极的扶持或减免政策。另一方面，全面落实精准复工复产要求，分业态、分形式有序推动纺织服装企业复工复产。同时，着眼供应链上的难点、堵点，精准施策，畅通整个产业链，维护产业链安全。

（二）提振消费需求，积极修复产业生态

积极拓展消费渠道、消费场景，提升消费信心，促进纺织品消费尽快回暖。疫情发生以来，线下实体店销售受阻，加之我国在电子商务线上销售已经走在全球前列，顺应国家

大力发展数字经济和“互联网＋”发展，全面推进线上销售，通过“直播带货”，全方位推广产品，开发客户，大幅降低疫情对销售的影响。不少外贸型企业探索线上交易模式，纷纷转型或者拓展跨境电商业务。据中纺联推算，纺织服装线上销售约占整个市场销售的四成以上。国家大力提倡恢复“地摊儿经济”“夜间经济”等，千方百计帮扶企业增加新的客户和订单，促进消费潜力释放，增强中低端收入，稳定就业形势。政府政策层面鼓励支持，加速各项审批流程，为时尚产业应对疫情和转型发展营造良好的生态环境。

（三）协调外贸出口，拓宽产品销售渠道

作为全球最大的纺织服装产品生产国及出口国，欧盟、美国和日本是我国纺织服装的主要出口市场。随着国外疫情的蔓延，国际市场需求严重萎缩，纺织服装外贸下行压力剧增。一方面，国家层面积极协调，稳住外贸基本盘，同时积极拓展以纺织为主的防疫物资在国际上的销售渠道。我国优先控制疫情后，积极为疫情后发地区输入口罩等防疫物资，极大带动我国纺织服装产业外贸出口总量。另一方面，我国积极协调外贸型企业转型升级，支持外贸企业加快内需市场转型。2020 年 6 月，国务院办公厅印发《关于支持出口产品转内销的实施意见》，支持适销对路的出口产品开拓国内市场，鼓励外贸企业拓展销售渠道，并给予市场准入、电商平台建设、信贷保险支持等方面的支持，营造支持出口产品转内销的良好环境。大量外贸企业尝试发展电商销售渠道以推动出口转内销，随着居民出行及消费活动放开，纺织品服装内需市场逐步恢复，部分外贸企业销售额甚至较往年不降反增。

四、国际疫情和时尚产业发展形势预判

我国迅速控制疫情，国内经济社会活动基本恢复正常，当前主要是严防输入风险，系列措施严密科学，国内疫情发展可能性不大。当前国际疫情形势依然不容乐观，面临再次暴发威胁，这将在很大程度上进一步影响时尚产业外贸，造成出口进一步萎缩，对经济增长的拉动作用进一步弱化。虽然国内正积极扩大内需，但总体对出口的替代作用非常有限，时尚产业正面临全新的发展格局。

（一）国内外疫情发展形势预判

国内疫情可防可控。新冠疫情在我国暴发后，我国迅速采取措施，控制疫情，国内各项经济社会活动基本恢复正常。当前鉴于国外疫情不确定性较大，主要严防外部输入。目前看，欧洲、美洲等地暴发第二轮疫情，但只要我国做好严格的输入风险控制，国内疫情总体可控。而且我国当前已经具备快速检测、隔离等系列到位措施，加之疫苗研发走在国际前列，总体形势比较乐观。

国外疫情风险较大，面临二次暴发威胁。关于全球新冠疫情的发展形势，专家、学者持不乐观态度。世界卫生组织总干事谭塞德认为，在有效疫苗正式问世之前，任何国家都无法安然无恙。即使有了疫苗之后，仅靠疫苗也无法结束新冠肺炎大流行，必须利用现有疫情应对工具控制病毒，调整日常生活来保障彼此安全。世界卫生组织卫生紧急项目技术主管玛丽亚·范·科霍夫表示，就新冠肺炎疫情而言，目前仍处于大流行早期阶段，抗疫之路仍然漫长。哈佛大学研究认为，无论疫苗研发与否，新冠病毒恐怕都会陪伴人类到2025 年。世界知名机构对疫情后全球经济发展的预测如表 3－4 所示。

表 3－4 世界知名机构对疫情后全球经济发展的预测

机构	未来经济预测
世界银行	2020 年全球 GDP 将会下降 5.2%，其中，发达国家经济体下滑 7%，欧元区受创更深，下滑高达 9.1%。这是自“二战”之后的最大降幅
经济合作与发展组织	抗疫带来收入损失和非同寻常的不确定性，预计 2020 年世界经济将萎缩超 6%，如果出现第二波传染，世界经济可能萎缩 7.6%
世界贸易组织	预计 2020 年国际贸易下滑幅度多达 32%
联合国贸易和发展会议（UNCTAD）	跨境投资将下降 40% 以上，疫情冲击或导致跨境直接投资夭折

资料来源：https：//www.sohu.com/a/414366720_ 100237836.

从理论分析来讲，一方面，新冠疫苗研制和投入临床使用尚需时日。即便疫苗研制成功，新冠病毒变异的速度极快也难以控制。目前已产生了 149 个突变点，还演化出 L 和 S 两个亚型，因此疫苗未来效用还未可知，人类需要做好长期与病毒相伴的准备。另一方面，世界卫生组织首席科学家苏玛·斯瓦米纳坦（Soumya Swaminathan）博士预测，由于疫苗进入足够大的人群需要大量的时间。一旦疫苗开始推广，世界上需要有 60% ~70% 的人口有免疫力，才能有意义地减少病毒的传播①，况且目前有些疫苗临床试验遇到了安全问题，需要暂停研究。加之为世界上所有人口进行疫苗接种将是一项巨大的工程，由于大多数候选疫苗需要注射两剂（间隔几周），一人两剂的情况下可能需要很长时间。

（二）时尚产业面临的形势分析

疫情发生后，时尚产业面临的国际国内环境都将发生深刻而复杂的变化，威胁和机遇并存，产业发展形势空前复杂。

从国际形势看，世界正处于百年未有之大变局。一是中美关系面临严峻且复杂的形势。当前国际经济秩序正在加速重构，中国国际影响力日益增强，对美国一超独大的单极化国际政治体系提出挑战，也引起美国对我国的全面遏制。中美之间的矛盾从开始的经贸冲突迅速扩展到现在的科技、金融等领域，成为中国经济复苏道路上最大的不稳定因素。

① 资料来源：https：//www.sohu.com/a/426715344_ 99956743.

二是新冠肺炎疫情将深刻改变全球化进程与全球格局。2020 年初突然暴发的新冠肺炎疫情至今已席卷 200 多个国家和地区，打乱了全球正常的经济秩序。新冠肺炎疫情强烈推动了对全球化进程、公共安全事件、实体经济等的再思考和再研究，将深刻改变全球格局。三是第四次工业革命正在加速改变人类社会结构与经济行为方式。以人工智能、大数据、5G、区块链等为代表的新技术推动的第四次工业革命很有可能在"十四五"时期爆发。我国整体还处于工业化中后期阶段，新一轮科技革命和产业变革将为我国转变经济发展方式、优化经济结构、转换增长动力提供机遇，逐渐渗透经济社会各个领域，进而推动产业生态和经济格局重大深刻调整。四是"一带一路"倡议带来国际合作新契机。"一带一路"将促进沿线国家基础设施建设和互联互通，加强经济政策协调和发展战略对接，促进协同联动发展，实现共同繁荣。新时期我国将围绕"一带一路"规划构建合作创新网络，推动对外开放朝着更高、更深、更广的方向发展。

从国内形势看，我国将开启社会主义现代化新征程。一是国家治理体系和治理能力现代化稳步推进。党的十九大以来，我国不断加强和完善政府在调整经济结构、加强市场监管、完善社会管理、提供公共服务、保护生态环境方面的职能，积极推进政府在关键环节中的职能优化调整，构建了职责明确、依法行政的政府治理体系，国家治理能力和治理水平稳步提高。二是我国经济发展转向高质量发展阶段。未来 5 年，我国仍将处于转变发展方式、优化经济结构、转换增长动力的攻关期。经济的高质量发展将继续贯彻落实五大发展理念，着力解决经济发展不平衡不充分、经济发展与生态环境矛盾凸显等问题，提高产业链供应链稳定性和竞争力，更加注重补短板和锻长板。三是新型基础设施建设加速推进。以 5G、物联网等为代表的通信网络基础设施，以人工智能、云计算、区块链等为代表的新技术基础设施，以数据中心、智能计算中心等为代表的算力基础设施建设将给产业升级带来更大的空间，推动形成新业态和新商业模式。四是政府投资的引导和带动作用将进一步发挥。我国将加大政府投资力度，优化政府资金投向结构，重点投向补短板、强弱项、打基础和提升增长动能的建设领域，发挥有效投资的拉动作用，有力支撑经济平稳运行。五是宏观经济政策协调配合加强。我国在调整财政、货币政策的同时，将促进同就业、产业、区域等政策形成集成效应，支持实体经济发展。

（三）时尚产业自身发展趋势分析

一是时尚产业全球的格局将发生变化。随着疫情发生后多国产业战略的调整，以纺织服装为主的时尚产业生产区域化、本地化的优势将进一步加速，各国对医疗防护、产业用纺织品的发展将更加重视，产业发展安全将被提升到新的高度。疫情和贸易摩擦的双重影响，使部分产业向东南亚转移。二是供应链将趋于扁平化，需求更加个性化。产业渠道之间的界限更加模糊，供应链整体缩短，呈现扁平化，资源整合化。随着全球消费结构的升级，消费者的需求将更加多样化、个性化。时尚产品将趋于风格化，供应内容将由产品向服务延伸。三是数字化、智能化时尚将迎来全新发展阶段。疫情倒逼时尚产业数字化、智能化转型，后疫情时期，线上消费进一步提升，线上线下的消费模式将对生产模式产生一定程度的影响；智能制造将成为规避时尚产业劳动密集限制、提升制造品质和效率的重要工具。四是我国在全球纺织产业供应链中的核心地位向中高端升级。随着我国成本优势的逐步减退、人口红利的消失，部分依赖低成本优势的细分产业将加速转移出口，推动纺织产业柔性化、智能化、绿色化、品牌化发展，推动向价值链高端延伸将会成为必然。五是我国时尚产业国内、国际双循环格局将加快形成。后疫情时期，受全球经济下行、中美贸易摩擦、地缘政治、贸易保护主义叠加影响，我国时尚产业外贸出口压力将进一步加大，习近平总书记多次强调逐步形成以国内大循环为主体、国内国际双循环相互促进的新发展格局。随着国内一系列扩大内需、促进消费政策的出台，我国将形成庞大的内需消费拉动，时尚产业将出现新的经济增长点。短期内，全球范围内防疫用纺织品市场需求还将持续，我国要抓住有利窗口期，强化纺织服装出口和外贸发展。疫情过后，我国将与周边的韩国、日本等国全面加强区域合作，建立更加紧密的联系，为我国时尚产业出口提供商机。

五、促进我国时尚产业进一步发展的建议

作为全球纺织服装产业的中心，我国纺织服装行业如何抗击疫情带来的冲击，保持和提升中国纺织工业在世界的优势地位受到全球关注。面对空前复杂的形势，我国要站在全球视角，研判疫情对技术创新、消费行为演变、政治经济的影响，主动适应变革，以构建时尚产业国际国内双循环的格局为主线，以科技创新为驱动，以数字时尚和产业集群建设为突破口，全面实施品牌战略，加快推进我国“新常态下的时尚产业”向全球时尚价值链高端升级。

（一）关注国内市场需求，促进时尚消费升级

内需是产业发展的“压舱石”，企业的“生命线”。鉴于我国时尚产业外贸出口依赖度较高，且在本次疫情中受到较大冲击。后疫情时期，我国在坚守国际市场的同时，应适当拓展国内市场，降低出口依赖程度。一是严格落实国务院《关于支持出口产品转内销的实施意见》，支持适销对路的出口产品开拓国内市场。二是提升国内时尚产业高端供给，提升时尚商品的层级。随着 2019 年中国人均 GDP 迈上 1 万美元台阶，居民消费升级向质量高度、市场深度、产品广度的“三维”拓展将是长期趋势，而且这一趋势不会因短期疫情而扭转，相反有望在疫情后强化，成为时尚产业发展的中坚力量。围绕定制消费、体验消费、智能消费等时尚消费新热点，加速时尚产业供给改革。三是激发时尚消费活力，推动时尚消费升级。加快国内重点时尚产业商圈向品牌化、时尚化、国际化发展，全面引进国际时尚品牌、服务和新型消费体验在我国投资。加强与国际时装周组织机构、行业协会等交流，开展时尚设计和品牌合作，提升我国时尚品牌国际影响力。着力打造一批全球知名的国际消费中心城市和时尚之都。

（二）提升对外合作水平，建设新时尚共同体

面对日趋复杂的国际环境，要准确研判发展形势，提前谋划布局，以供应链安全为重点，建立新型全球时尚共同体。一是优化国际产业布局。认清纺织服装产业转移的大趋势，加速我国低层次时尚产业向替代国家转移，借机优化产业结构。继续稳定对我国纺织原材料供应依赖国家市场，保护市场份额，如东南亚国家。借助“一带一路”建设，探索与沿线国家包容性的增长机制，与意大利、法国等发达国家建立新型的全球时尚共同体。二是引进高端时尚产业要素。充分发挥中国纺织服装比较优势，以“进博会”等国际会展为契机，引进纺织服装先进装备、技术和高端时尚产品，促进产业与消费升级。加强国际营销服务平台和体系建设，吸引外资企业进驻我国。三是积极建立并完善海外供应链。把握支援国际疫情的机会，鼓励企业建立海外分市场，完善海外供应链，形成高效互动发展格局。完善时尚产业海外投资项目税收优惠、金融支持政策，提升海外经营项目的扶持力度，增强上下游企业联动，加强线上服务体系建设，提升抗风险能力。及时调整业务结构，并积极利用保险金融措施维护自身利益。

（三）打造重点产业集群，增创产业竞争新优势

国内外经验表明，产业集群化发展既是提升一国产业整体竞争力的重要手段，又是一国产业具备较强国际竞争力的重要特征。后疫情时期，我国要加大对时尚产业集群和产业的转移引导与支持，巩固和提升时尚产业国际竞争力。一是国家引导和支持长三角、粤港澳大湾区的纺织服装产业聚集地加快转型升级，鼓励产业瞄准产业链中高端，加大科技研发、时尚创意、品牌营销、高端制造支持力度，打造成集研发设计、智能制造、展示发布、品牌推介、旅游购物等功能为一体的产业集聚区，推动时尚块状经济向时尚产业集群转型升级。二是积极培育龙头企业。助力行业龙头企业延长健全产业链。鼓励大型企业选择性收购、兼并有相对优势的企业，盘活疫情期间的库存、机器、厂房等不良资产，实现资源有效整合。三是强化重点产业供应链上下游的协同能力。重点围绕原辅料采购、设计研发、生产制造、仓储物流到市场终端等产业链各环节进行重新梳理，打破供应链边界，增强供应链金融属性，构建上下游之间的利益和命运共同体。四是推动时尚产业跨界融合。将时尚产业和文化产业、旅游产业、互联网产业、新型载体等要素进行跨界整合，进一步整合我国时尚资源和产业链，打造一个跨界融合、共享共赢的产业生态圈。

（四）加速推进业态升级，大力发展数字时尚

借助国家大力“推动网络经济创新发展”和“全面推进‘互联网+’，打造数字经济新优势”的机遇，以及疫情发生后的电商直播新业态逆势井喷的大好形势，要全方位立体化加快时尚产业数字化进程，建设智慧商城，打造平台经济，争取在新一轮工业革命中走在前列。一是应对新型消费模式，推进经营模式转型。积极围绕柔性化制造、大规模个性化定制、供应链云平台建设等方面聚焦发力，提高生产效率、减少劳动用工、缩短交货时间、实现精准制造，实现产业链全过程信息系统全面集成，为全球不同类型客户和团体

提供便捷、高效的个性化高级定制服务，加快抢占新市场制高点。二是转变营销策略，全面推进电子商务的发展，促进消费潜力释放。出台电子商务业务支持政策，加强电商公共服务平台建设和费用补贴，加强出口转内销企业的服务和辅导，拓展海外市场空间。三是加快时尚产业大数据平台建设和应用。建设时尚产业大数据中心和供应链云平台，促进产业内部跨行业数据流通共享，提升产业链网络化协同能力，并探索建立与其他重点大数据中心互联互通机制，释放数字对行业发展的倍增效益。

（五）加强科技创新落地，强化科技时尚理念

世界银行的报告已证明：劳动力成本仍是服装业增长的主要因素之一，但创新因素提供了服装增长动力的2/3。通过疫情也说明，仅依赖劳动力的低成本模式是脆弱而不可持续的，科技创新将是未来的重要方向。一是全面推进以纺织为主的科技创新，加大对纺织行业强基项目、智能制造、绿色制造、“卡脖子”等关键技术的支持力度，适时推进纺织行业国家技术创新中心的建设。二是加快生产设备技术升级，扩大新产品开发和储备。瞄准生活方式及消费观念的转变方向，开发具备安全、健康、户外、家居、休闲、职能可穿戴时尚产品。三是加快提升纺织业基础能力和产业链水平，坚持“科技＋时尚”发展理念，重点加强纺织领域高校院所研发中心、科技创新公共服务平台等关键力量，做强设计、品牌、工艺和营销等“微笑曲线”两端，切实提升纺织服装产业发展质量。四是抓好研发成果转化，紧跟行业发展和流行趋势，积极应用新技术、新材料、新工艺，进一步加强新型纤维在整个产业链的研究应用，加强前沿产品的研究开发，使研发成果转化为实实在在的市场接单和经济效益。

（六）全面实施品牌战略，迈向价值链高端

加大对品牌建设的引导与支持，提升时尚产业附加值，加快我国时尚产业向全球价值链高端迈进。一是加强自主品牌培育和消费信心提升。加强时尚产业品牌数据库、品牌规章体系、品牌创新发明能力建设和完善，引导更多企业建立品牌培育管理体系，提升品牌建设的关键环节，出台优惠政策，培育优秀龙头品牌。加强国人文化自信，培育自主品牌的消费信心。二是搭建全球影响力的时尚发布展示平台。举办全球范围内的国际时尚节、时尚产业大会等时尚品牌活动，搭建具有国际影响力的时尚发布平台、国际营销平台。三是营造良好的品牌发展环境。强化知识产权保护，建立完善时尚创意知识产权保护体系，建立时尚品牌保护目录，加大力度打击时尚产业领域侵权行为。

（李虹林　中咨投资管理有限公司）

本章参考文献

［1］徐盼盼．全球供应链　中国很重要［J］．纺织机械，2020（2）．
［2］梁龙．百企千店卖万货催生中国服装直播日［J］．中国纺织，2020（1）．

［3］魏俊林．八仙过海各显神通疫情下各国纺织服装生产与销售的新模式［J］．中国纤检，2020（6）．

［4］顾庆良．疫情影响下中国纺织服装贸易的近期对策和长期规划［J］．福建轻纺，2020（4）．

［5］俞亦政．纺织服装上市公司韧性更强［J］．纺织科学研究，2020（6）：28－29.

第四篇 “十四五”时期中国时尚产业发展研究

第四章
中国服装服饰和家用纺织产业“十四五”时期发展展望

我国已经是世界纺织服装产业的生产大国、消费大国和出口大国。按照终端产品划分，纺织服装产业可分为服装服饰、家用纺织品和产业用纺织品三大体系，其中服装服饰和家用纺织品与日常居民消费密切相关，这两大体系纤维消费量所占比重超过2/3，行业规模所占比重超过九成。在消费升级拉力和科技创新动力的双重驱动下，我国纺织服装消费已经从单纯地满足生产生活需要的基础需求，向个性化、多样化、智能化的时尚消费需求转变，未来服装家纺产品时尚消费前景广阔。

一、“十三五”时期服装家纺产业发展回顾

“十三五”时期，我国服装家纺产业基本保持平稳发展态势，产业结构不断优化，国际贸易进入调整阶段，自主创新能力逐步提升，品牌化发展水平不断提高，“大家居”家纺产业格局初步形成，这为未来我国纺织服装产业高质量发展创造了良好条件。

（一）行业总体保持平稳发展态势

我国服装家纺产业基本保持平稳发展态势，行业规模稳中有升，产业内部结构逐步优化，同时受国际贸易外部环境影响较为严重，行业整体运营普遍承压。据国家统计局数据，2019 年，我国规模以上服装企业数量 13876 家，比 2016 年减少 1839 家，实现产量达到 314.5 亿件，比 2016 年减少 69.8 亿件①，虽然行业发展进入调整优化时期，但是行业良性发展基础仍在。

从行业结构来看，我国服装行业产品结构逐步优化，针织服装比重明显提高。2016 年服装产量中梭织服装和针织服装分别占比 54% 和 46%，到 2019 年服装产量中梭织服装和针织服装的占比分别调整为 45% 和 55%。

从行业运营来看，我国服装行业承压比较严重，规模以上企业利润率有所下滑。2019 年，我国服装行业规模以上企业营业收入为 16010.3 亿元②，比 2016 年主营业务收入减少 7594.8 亿元；利润总额为 872.8 亿元，比 2016 年减少 491.9 亿元；利润率从 2016 年的 5.8% 下降至 2019 年的 5.5%（见表 4－1）。受国内外市场需求影响，虽然行业整体利润有所下滑，但推进行业发展的积极因素仍在。

表 4－1　2016～2019 年我国规模以上服装行业经济指标

年份	企业数（家）	主营业务收入（亿元）	同比（%）	利润总额（亿元）	同比（%）
2016	15715	23605.1	4.6	1364.7	2.4
2017	15825	21903.9	1.1	1263.7	3.0
2018	14827	17106.6	4.1	1006.8	10.8
2019	13876	16010.3	－3.5	872.8	－9.8

资料来源：国家统计局。

（二）国际国内市场销售普遍承压

我国纺织服装出口量已经位居世界首位，受国内外市场需求波动影响，整个行业发展普遍承压。据世界贸易组织统计数据，2019 年，全球纺织品服装出口 7996.3 亿美元，其中我国出口纺织品服装 2720 亿美元，占全球纺织品服装出口总额的 34%，位居第一。2018 年以来受国际贸易保护影响，经济全球化遭遇新挑战，对外贸易活动压力加大，服装行业整体运行受到显著影响，经济运行指标更显低迷。从国内市场来看，2019 年，我国限额以上服装鞋帽、针纺织品零售额 13516.6 亿元，较 2016 年零售额减少 916.4 亿元（见表 4－2）。无论是市场规模，还是行业增速，均出现不同程度萎缩，整个市场普遍承压。

① 由于劳动力成本压力及市场国际化需求，部分服装企业开始实施全球产能布局，以及统计方面的原因，纳入中国纺织工业联合会统计的规模以上服装企业数量有所减少。

② 因国家统计局指标调整，2016～2018 年为主营业务收入指标，2019 年此指标调整为营业收入。

表 4－2 2016～2019 年我国服装消费情况

年份	限额以上服装鞋帽、针纺织品零售额（亿元）	同比（%）	出口金额（亿美元）	同比（%）
2016	14433.0	7.0	1594.5	－9.4
2017	14557.0	7.8	1588.1	－0.4
2018	13707.0	8.0	1594.1	0.4
2019	13516.6	2.9	1534.5	－3.7

资料来源：国家统计局。

从国际市场来看，我国服装产业出口金额稳中有降，三大传统贸易市场小幅减少。2019 年，我国服装出口 1534.5 亿美元，较 2016 年减少 59.9 亿美元（见表 4－3）。服装出口贸易情况整体保持平稳状态，然而深受国际贸易环境影响，整个对外贸易进入深度调整阶段。虽然当前欧盟、美国和日本仍是我国纺织服装对外贸易的三大市场，但是受国际竞争加剧和国际供应链结构调整的影响，我国服装出口贸易对三大传统市场的出口规模均小幅减少，同时对于“一带一路”沿线国家的纺织服装贸易增长明显。

表 4－3 2016～2019 年我国服装出口情况　　单位：亿美元

年份	服装出口额	出口欧盟	出口美国	出口日本
2016	1594.5	370.1	332.4	160.8
2017	1588.1	363.1	331.5	160.0
2018	1594.1	361.3	355.0	163.0
2019	1534.5	339.8	330.5	154.3

资料来源：中国海关。

（三）行业结构调整不断推进

“十三五”时期，纺织行业产业结构调整不断推进，“大家居”家纺产业格局初步形成。床上用品、装饰布艺和毛巾三大纺织品类发展迅速，在企业主体、生产工艺、经营模式等方面均呈现出鲜明行业特征，差异化竞争优势较为明显。据国家统计局数据显示，2019 年，我国规模以上家纺企业数量 1790 家，比 2016 年减少 65 家；规模以上家纺企业营业收入为 1854.3 亿元，比 2016 年主营业务收入减少 866.5 亿元；利润总额为 94.8 亿元，比 2016 年减少 74.9 亿元；利润率从 2016 年的 6.2% 下降至 2019 年的 5.5%（见表 4－4）。纺织行业发展稳中有升，行业出口规模不断拓宽，处于小幅增长态势。2019 年，我国家纺行业出口 426.8 亿美元，较 2016 年出口额增加 18.8 亿美元，最近三年连续保持增长状态。

表 4－4　2016～2019 年我国规模以上家纺行业经济指标

年份	企业数（家）	主营业务收入（亿元）	同比（%）	利润总额（亿元）	同比（%）	出口额（亿美元）	同比（%）
2016	1855	2720.8	3.2	169.7	5.5	386.0	－4.1
2017	1927	2626.0	4.8	154.4	3.1	394.7	2.3
2018	1857	2041.6	4.6	126.2	20.1	420.9	6.6
2019	1790	1854.3	－3.2	94.8	－7.3	426.8	1.4

资料来源：国家统计局。

围绕家居环境，家纺各品类产品之间更加注重设计、品质和风格方面的协同性，“大家居”家纺产业格局初步形成，“大家居”发展新优势逐步显现。“十三五”时期，我国家纺行业积极打造全品类家居和个性化定制，初步完成“大家居”产业布局，即由一块布、一件产品向整体软装和提供生活方式转变。在“大家居”模式下，家纺品牌通过呈现丰富的家庭生活场景，提供一站式家居购物；打通软装和硬装，满足个性化消费需求。同时，强调“产品＋服务”的模式，产品设计和生产制造，与日常服务、家居洗护、婚房布置、软装定制等个性化的专属服务相结合，通过精细化服务，进一步提升家居产品的市场价值。

（四）科技创新促进品质和效率明显提升

“十三五”时期，我国纺织服装行业科技创新水平和自主创新能力显著提升，既有力地支撑传统纺织工业的转型升级，又推进新型纺织工业的数字化改造、智能化应用和绿色发展。当前，部分纺织服装领域科技创新已经进入“跟跑、并跑、领跑”并存的阶段，在材料创新、绿色制造、纺织机械、智能制造等领域取得众多创新成果和重大突破，纺织科技与新兴科技进一步交叉融合，自主创新能力、技术装备水平均显著提升。2019 年，我国规模以上纺织行业（纺织业、纺织服装服饰业、化学纤维制造业）的研究与试验发展经费（R&D）支出为 495.2 亿元，研发投入强度由 2016 年的 0.57%，增加到 2019 年的 1.02%，其中，纺织业的研发投入强度实现倍增，提升幅度最显著（见表 4－5）。2016～2019 年，我国纺织服装行业科技成果丰硕，共有 11 项成果获得国家科学技术奖，行业发明专利授权量保持快速增长，共授权发明专利 3 万多件，较“十二五”时期授权发明专利增加 80%。

表 4－5　2016 年和 2019 年我国规模以上纺织工业研究与试验发展经费支出

年份	行业	总计	纺织业	纺织服装服饰业	化学纤维制造业
2019	R&D 经费（亿元）	495.2	265.9	105.6	123.7
	R&D 经费投入强度（%）	1.02	1.11	0.66	1.44
2016	R&D 经费（亿元）	410.7	219.9	107.0	83.8
	R&D 经费投入强度（%）	0.57	0.54	0.45	1.08

资料来源：国家统计局。

从服装行业看，产业链前端的纤维材料、面料开发等新科技新工艺等在服装领域得到广泛应用，不断改善服装服饰产品的品质和功能，满足个性化、差异化的消费需求。数字化信息化技术应用提升服装行业智能制造技术水平，整个服装行业用工人数明显减少，企业生产效率提升明显。一批智能化与缝制相关的技术和集成应用系统取得较大突破，并在一定范围内获得推广和应用，包括机器人抓取及传送技术、吊挂及带式智能衣片输送技术与自动缝制单元、模板缝制系统的集成以及针织服装领域的全成型技术等。同时，三维人体测量、服装 3D 可视化及模拟技术等在行业内广泛应用，远程试衣、个性化定制等模式逐渐被消费者接受，科技创新推动服装营销模式的不断革新。

从家纺行业看，天丝、石墨烯纤维、防螨抗菌纤维和面料、抗污易处理面料等新材料在创新型家纺产品中得到广泛应用，更好地适应了人民群众美好生活的时尚需求。“十三五”时期，家纺骨干企业的数字化、智能化技术应用水平取得长足进步，使用先进设备实现自动化连续化生产、采用 MES 系统提升企业智能管理水平、推广应用智能仓储系统、智能悬挂系统和智能输送系统等专业化智能生产方式，先后有六家家纺企业被评为“智能制造示范企业”。

（五）品牌化发展水平不断提高

我国服装家纺品牌发展取得明显成效，品牌影响力持续提升，品牌企业经营规模不断扩大。“十三五”时期，我国政府与企业对品牌化发展高度重视，国家出台“三品战略”专项行动和设立“中国品牌日”，同时大批企业着力打造品牌，聚焦品牌定位，提升品牌形象，通过持续优化品牌体系，已经在市场上形成了大量受到消费者喜爱的服装服饰和家纺品牌。国内主要大型商业实体的服装家纺品牌约有 4500 个，较 2015 年的 3500 个增长较为明显，其中 85% 左右为自主国产品牌。国内原创潮流品牌在质量、设计、文化方面逐渐成熟，所占品牌市场消费比重由 2017 年的 11% 提高到 2019 年的 15%。

品牌设计与时尚创意能力逐步提升，不仅支撑了纺织服装产业的品牌化发展，而且为我国纺织时尚产业发展注入创新活力。“十三五”时期，2189 名面料设计师、736 名家用纺织品设计师、2017 名色彩搭配师等取得从业资格认证；11 家设计中心被评为“国家级工业设计中心”；46 家平台被评定为“纺织服装创意设计试点园区（平台）”，入驻实体设计机构 6100 家，入驻纺织服装设计师 3.4 万人。

服装家纺行业的一批品牌企业经营规模持续增长，形成具有代表性的国内品牌服装家纺上市企业。“十三五”时期，国内品牌服装家纺上市企业市场规模均保持年均 40% 以上的扩张速度，品牌影响力和持续性不断提升。例如，海澜之家营业收入从 2016 年的 170.0 亿元增长至 2019 年的 219.7 亿元，实现年均增长率 43.1%；罗莱家纺营业收入从 2016 年的 31.5 亿元增长至 2019 年的 48.6 亿元，实现年均增长率 51.4%（见表 4-6）。从中可以看出，当前我国纺织服装品牌企业保持高速增长的发展态势，企业品牌化发展不仅有利于提升企业的影响力和市场占有率，而且也是进军国际时尚市场，打造新经济环境下国际竞争优势的关键所在。

表4－6　2016～2019年部分服装及家纺品牌企业营业收入　　单位：亿元

企业	2016年	2017年	2018年	2019年
海澜之家	170.0	182.0	190.9	219.7
森马服饰	106.7	120.3	157.2	193.4
七匹狼	26.4	30.8	35.2	36.2
希努尔	7.0	7.7	17.2	35.8
报喜鸟	20.1	26.0	31.1	32.7
朗姿股份	13.7	23.5	26.6	30.1
罗莱家纺	31.5	46.6	48.1	48.6
富安娜	23.1	26.2	29.2	27.9
梦洁家纺	14.5	19.3	23.1	26.0

资料来源：根据公开年报资料整理。

二、"十四五"时期服装家纺产业面临形势

随着我国全面进入小康社会和城乡融合程度不断提升，消费升级的发展趋势已势不可当，同时我国纺织服装产业国际地位日益显著，纺织时尚与科技融合、文化融合，不断促进业态创新、技术创新和模式创新，"十四五"时期我国纺织服装产业面临着重大战略机遇和严峻挑战。

（一）国内消费升级的新需求

国内消费升级是我国实现经济国内大循环的重要基础，也是未来我国纺织时尚产业所面临的发展形势。消费升级背后是消费者消费需求的升级，从"我需要"转向"我想要"，从对使用价值层面的"需"扩展到对精神层面的"求"，从使用商品后的满意度转变为对使用商品后的满足感。"十四五"时期，国内消费升级既是我国纺织服装产业规模增长的重要支撑，也是促进我国服装家纺进行品质提升、功能革新、服务增值，加快时尚消费结构变革的发展动力。

"十四五"时期，我国居民衣着类消费支出仍是服装家纺产业规模增长的重要支撑。当前，我国是全世界增长最快的纤维消费市场之一，2019年，我国衣着类商品支出总额为1.9万亿元，纤维消费量将超过3000万吨，总量位居世界前列。未来我国仍将是世界最活跃的消费市场，随着居民收入水平提高、城乡差距不断缩小、中产阶级群体增多，我国纤维消费规模仍将稳步扩大。2019年，我国人均衣着消费支出为1338元，而美国的人均衣着消费支出是我国的6倍，预计我国居民衣着类消费支出保持年均增长5%左右的增

长，2025 年我国人均衣着消费支出将达到 1700 元，我国纺织服装产业的发展规模仍存在着巨大的扩张空间（见图 4－1）。

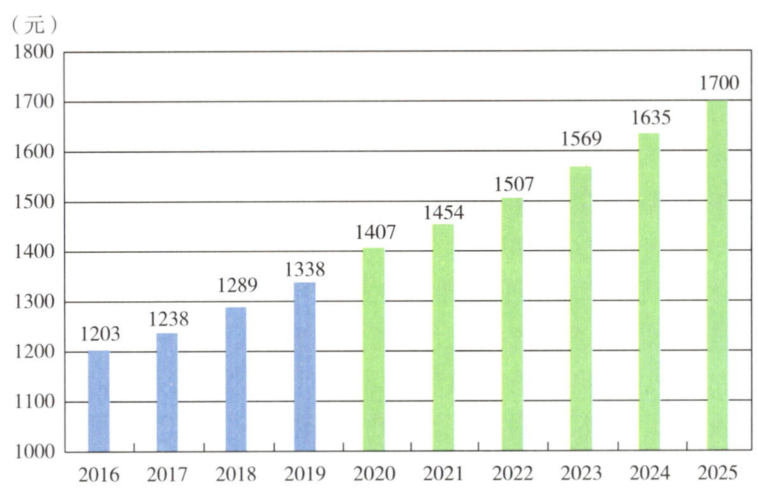

图 4－1　2016～2025 年我国人均衣着消费支出情况及预测

资料来源：国家统计局。

与此同时，国内消费升级将促进纺织服装消费的结构优化。近年来我国居民消费结构升级特征已经日渐明显，衣着消费在消费支出中的比重持续降低，消费者对服装家纺产品附加价值的追求将逐渐取代其基本功能，对产品品质、特殊功能、增值服务、文化属性等附加价值提出更高要求，我国服装家纺产品消费结构将发生较大变化。

首先，中产阶级品质消费成为市场主流。随着我国全面建成小康社会，城市中产阶级的消费规模将大幅增加，区别于大众消费的“物美价廉”特征，具有良好时尚感受、文化归属感、个性满足感以及周全服务的优质产品及自主品牌将成为中产阶级消费市场主流。

其次，时尚消费新生力军快速崛起。具有较强消费意愿的“90 后”、“00 后”将逐渐成为消费生力军，成长于国家经济高速发展阶段的新一代消费者具有空前的文化自信和民族认同感，精品国货、民族品牌将逐渐成为国内市场消费主流。

最后，银发消费市场备受关注。我国已经开始逐步进入人口老龄化阶段，人口结构中老龄化人口比重不断增大，预计到 2025 年我国 60 岁以上年龄人口占比将达到 20%～27%，老龄化消费者对服装家纺产品的时尚型、舒适性、功能性提出差异化需求，同时希望产品具有健康维护、体征监测、卫生护理等特殊功能，与科技功能结合，未来银发消费市场存在着巨大潜在扩张空间。

（二）国际发展环境的新变局

国际政治经济形势正处于百年之大变局中，新冠疫情波及逐步深远，加剧全球不确定不稳定性。2019 年，全球贸易增速锐减，我国对外贸易受到大幅影响，特别是中美贸易摩擦升级过程中我国被取消纺织品服装配额，纺织服装国际贸易受到一定程度影响。国际纺织服装市场多元化竞争格局逐步形成，欧美日等发达国家依托研发能力和品牌优势，垄断时尚领域高端市场；越南、孟加拉、印度等东南亚新兴经济体，依托劳动力和资源成本优势，与我国纺织服装产业形成一定的竞争对峙。当前，中国已经全面融入全球价值链体系，深度参与全球化发展过程，形成全世界最完善的纺织服装工业体系，成为世界最大的纺织品服装生产国、消费国和出口国。面对国际经济政治之百年变局，我国纺织服装制造环节传统成本优势已经不复存在，亟须通过重塑海外发展战略、鼓励龙头企业发展和做好自主品牌建设，构建我国纺织服装产业新型国际竞争优势。

1. 重塑海外资本扩张战略格局

“十三五”时期，我国纺织服装企业对外投资活跃。例如，如意收购澳大利亚卡比棉田农场和新西兰羊毛农场；金昇收购瑞士欧瑞康的天然纤维纺机业务和纺机专件业务；苏州天源利用美国新技术在美国阿肯色州建设全自动化 T 恤生产线业务。在终端消费品牌并购方面，雅戈尔、如意、万事利、歌力思等企业都有较为主动的尝试。未来我国纺织产业资本通过海外直接投资与并购活动，对原料、设计研发、品牌和渠道等资源进行全面整合，延伸产业链，补齐供应链，布局创新链，激发新的国际市场消费热点。

2. 推进国内品牌企业国际化运营

我国纺织服装龙头骨干企业在东南亚国家和部分非洲地区建设生产加工基地项目明显增多，集中在棉纺、针织和服装等领域，一批出口型大型针织企业积极到越南、柬埔寨、缅甸等劳动力成本较低的国家投资。近年来，梭织服装项目也开始在东南亚和南亚投资，如山东迪尚集团在孟加拉、柬埔寨、越南和缅甸投资建厂，山东鲁泰在缅甸投资生产衬衫，江苏恒田在缅甸投资两个制衣厂。未来需要推进纺织服装企业国际化运营，加快海外纺织服装产业园区建设，保障海外运营的安全性，提升国内纺织服装品牌的国际影响力。

3. 注重纺织服装品牌国际交流与合作

近年来，ZARA、UNIQLO 等国际品牌均在国内建设旗舰店，带来城市消费的增长，同时也带动国内企业与其协同发展，国际国内品牌合作互动日益明显。这为促进我国服装品牌登上国际时尚舞台创新良好条件，通过国际合作与交流，链接全球设计力量，在包容与吸收世界多元化文化的基础上不断融合创新，构建中国服装产业国际竞争新格局。国际形势复杂化的背景下，市场间的流动性增强，合作交流频繁，不仅有利于加快时尚流行趋势的传播和流动，而且在相互协作的过程中，国内企业可以融合更多样的设计元素、管理元素，并最终形成独特的成长模式。

（三）时尚消费模式的新变革

随着新一轮科学技术变革与产业革命的不断深入，纺织服装产业的时尚消费模式不断创新，线上线下消费互动更为频繁，平台直播、网红经济、共享模式等新的消费业态不断涌现。据中国互联网络信息中心数据，截至 2020 年 6 月，我国网民规模达到 9.4 亿人，较 2016 年增加 2.1 亿人；互联网普及率达 67.0%，较 2016 年增加 13.8 个百分点。庞大的网民规模形成了巨大网络购物市场，新零售成为网络经济时代的最重要消费业态，截至

2020年6月，我国网络购物规模达7.5亿人，较2016年增加2.8亿人。据国家统计局数据，2019年，我国网络零售额达到10.6万亿元，同比增长16.5%，穿着类增速均保持在15%以上，预计2025年我国网络零售规模将接近45亿人，网络零售渠道增长迅速，互联网时尚消费趋势已不可逆转（见图4－2）。

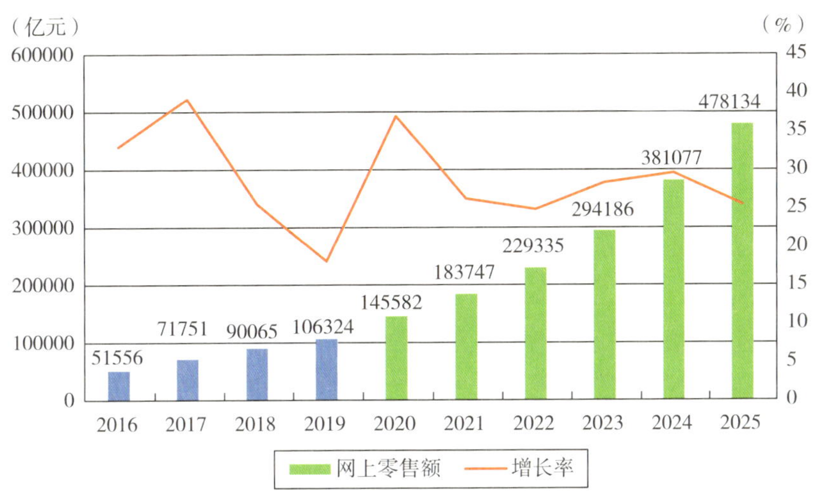

图4－2 2016～2025年我国网上零售及穿着类零售增速

资料来源：国家统计局。

在网络消费趋势推动下，服装家纺企业以线下实体为支撑，逐步开展线上渠道销售，线上、线下渠道互动发展。“十三五”期间大部分服装家纺企业网络布局初步完成，通过开设天猫旗舰店的时间来看，水星家纺、太平鸟等国内品牌企业在2008年就开始线上渠道销售，未来需要持续促进线上线下渠道互动，创新时尚消费模式，增加消费者的体验感和参与感（见表4－7）。

表4－7 我国部分服装家纺企业天猫旗舰店开店时间

品类	公司	品牌	开店时间
家纺	富安娜	富安娜	2009年6月30日
家纺	水星家纺	水星	2008年3月17日
男装	海澜之家	海澜之家	2011年4月13日
男装	红豆股份	红豆	2011年6月20日
男装	九牧王	九牧王	2009年9月8日
女装	安正时尚	玖姿	2011年9月19日
女装	安正时尚	尹默	2015年9月10日
女装	安正时尚	斐娜晨	2016年6月06日
女装	安正时尚	摩萨克	2019年3月25日

续表

品类	公司	品牌	开店时间
女装	地素时尚	Dazzle	2012 年 1 月 9 日
女装	拉夏贝尔	拉夏贝尔	2014 年 6 月 26 日
女装	拉夏贝尔	Lababite	2016 年 1 月 26 日
女装	拉夏贝尔	Puella	2016 年 1 月 26 日
女装	拉夏贝尔	7modifier	2016 年 1 月 26 日
女装	日播时尚	Broadcast 播	2010 年 8 月 31 日
女装	维格娜丝	维格娜丝	2019 年 5 月 2 日
休闲装	森马服饰	森马	2010 年 4 月 19 日
休闲装	太平鸟	太平鸟	2008 年 6 月 18 日
羽绒	波司登	波司登	2008 年 12 月 10 日
运动	安踏体育	安踏	2010 年 3 月 19 日
运动	安踏体育	斐乐	2011 年 3 月 4 日
运动	李宁	李宁	2008 年 3 月 20 日

资料来源：广发证券。

新冠疫情全球性蔓延加快了线上渠道新模式创新速度，社群经济及直播带货等商业模式创新，不断激发时尚消费活力，企业发展更加多元化。随着新一轮信息技术的普及与应用，数字变革、场景经济、平台经济、共享经济、网红经济等新经济业态不断涌现，新模式、新服务、新消费的时尚热点频出，科技创新赋能纺织服装产业发展，推进时尚消费模式的创新与变革。

（四）文化时尚融合的新浪潮

文化与时尚完美融合掀起了时尚新浪潮。文化是根植于全民的共同属性，是最能激发群体认同价值的触点。在服装家纺行业中，传统文化元素与现代设计完美融合，不仅彰显出传统文化的自身魅力与认同感，而且形成新的时尚创意产品，引发社会时尚流行浪潮。以汉服为例，2019 年，汉服市场销售额突破 45 亿元，汉服爱好者规模超过 350 万人，2016～2019 年连续四年保持在 70% 以上的高速增长。

让传统文化嵌入人们的生活，促进时尚与文化融合发展，更能彰显我国文化自信与消费自信。近年来，国潮品牌快速发展，推出系列将中国文化与潮流文化融合的设计产品，取得市场高度认可。根据《2019 中国潮流消费发展白皮书》的数据分析显示，中国原创潮流品牌消费规模占比 15%，同比增长 3%，这不仅取决于经济发展的因素，更加展现的是我国传统文化魅力。这种文化融合不仅局限于服装家纺领域，在各个时尚行业领域文化融合所产生的时尚创意产品层出不穷，我国传统文化的时代魅力充分展示，如 600 岁的故宫带来文创产品，年收入过 10 亿元；蜀绣与电竞游戏《王者荣耀》的合作等。中华文化历史悠久，文化内涵独特，未来加快时尚创意产业园区建设，优化时尚创意设计环境，培育本土化时尚设计人才，充分展示和表达传统文化与现代时尚融合的内涵与美感，传达文化魅力，彰显文化自信，赋予服装家纺行业新的生命力。

（五）人民美好生活的新向往

党的十九大报告指出，我国社会主要矛盾已经转化为人民日益增长的美好生活需要和不平衡不充分的发展之间的矛盾。就服装家纺而言，仍然存在着消费不均衡、功能创新不足以及缺乏市场影响力等与人民美好生活向往的新时尚需求不匹配的发展问题，未来我国服装家纺产业发展面临着巨大的机遇与挑战。

1. 城镇化农村消费需求的快速崛起

我国快速城镇化过程中，虽然农民可支配收水平不断上升，但是城乡收入水平依旧存在较大差距，城乡消费不均衡问题依然存在。近年来，城镇和农村居民可支配收入均保持增长态势，虽然城乡消费同步增长，但其收入水平差距并未明显减小。2019 年，我国城镇居民人均可支配收入达 42359 元，依旧是农村居民人均可支配收入的 2.6 倍（见图 4－3）。

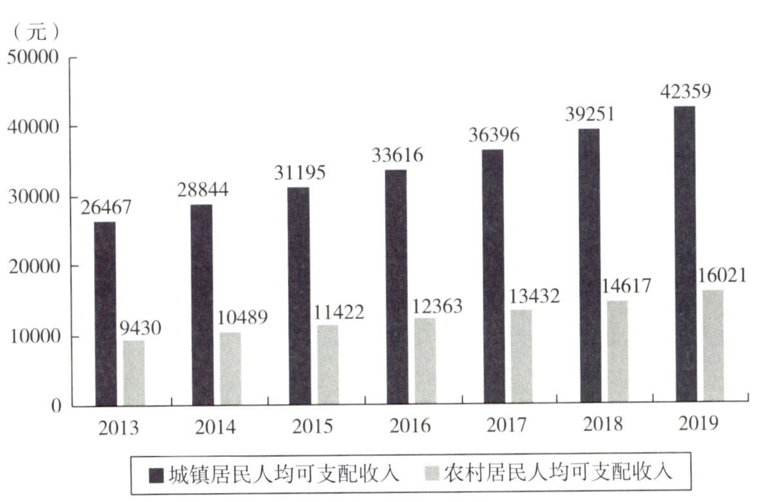

图 4－3　2013～2019 年我国城镇与农村居民人均可支配收入

资料来源：国家统计局。

从衣着类消费支出看，城乡衣着类消费支出水平仍然存在一定差距。根据国家统计局数据，2016 年，城镇和农村居民家庭人均衣着类消费分别为 1739 元和 575 元，城镇是农村的 3.0 倍，2019 年，城镇和农村居民家庭人均衣着类消费分别为 1832 元和 713 元，城镇是农村的 2.6 倍，城乡间衣着消费差距在缩小，但是两者间消费的不均衡情况仍然存在（见图 4－4）。未来随着我国城乡一体化战略的不断推进，农村收入水平和消费需求同步提高，将引发农村地区时尚纺织消费的逐步崛起。

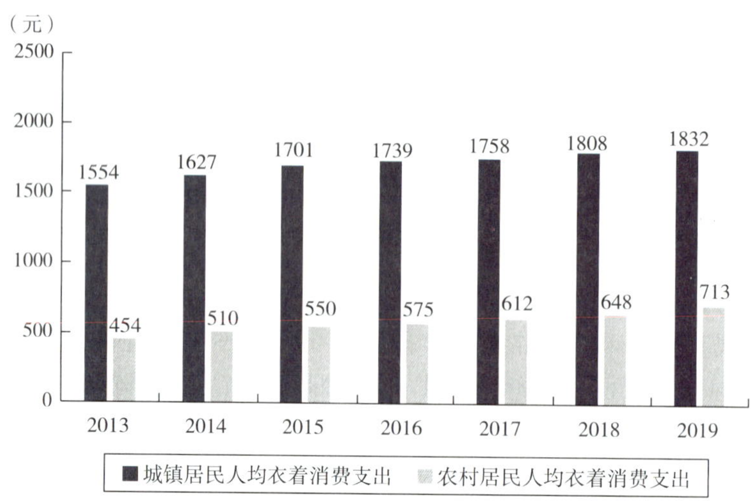

图 4－4　2013～2019 年我国城镇与农村居民人均衣着消费支出

资料来源：国家统计局。

2. 针对垂直细分领域的功能性产品需求

随着经济水平的提高、居民生活理念的改变，服装服饰消费更加多元化和精细化。针对不同的生活场景，服装服饰的功能性需求日益凸显，运动类服装、户外类服装、居家类服装等服装家纺产品市场被逐步细分，以运动类服装为例，可进一步细分为骑行服、滑雪服、登山服等功能性产品，消费者对服装服饰的需求向专业化、功能化和时尚化迈进。当前，虽然国内企业积极开拓垂直细分市场，但是仍未满足国内细分垂直领域的产品需求，功能性技术性产品的创新研发不足，直接制约我国专业化服装服饰的发展。2019 年 3 月，安踏集团联合投资者完成收购亚玛芬体育公司，旗下国际知名品牌萨洛蒙 Salomon（法国）、始祖鸟 Arc'teryx（加拿大）、阿托米克 Atomic（奥地利）、颂拓 Suunto（芬兰）、威尔胜 Wilson（美国）、必确 Precor（美国）及 Peak Performance（瑞典）等纳入安踏集团多品牌阵营，这些品牌在户外运动、滑雪、球类及运动器械等运动细分领域位居全球前列。就整体而言，国内在专业化服装服饰的功能性研究与技术创新需要进一步突破，以满足人们美好生活向往的专业化、多元化、功能化需求，未来服装服饰的垂直细分市场仍存在巨大的发展空间。

3. 基于品牌化影响力的可持续发展需求

人民美好生活的新向往过程中不仅存在着纺织服装产业规模扩张与功能结构改善的需求，而且也需要消费理念与品牌影响力的转变和提升。当前我国家纺产品依旧延续着新旧替换、婚庆、新居乔迁等传统消费理念，消费频次基本固定，消费档次比较低。同时市场上缺乏足够多的家纺品牌引领市场消费变革，以床上用品类为例，仅有梦洁家纺、水星家纺及富安娜等知名品牌，然而在窗帘、巾被、布艺等家纺产品消费市场中，极度缺乏知名品牌带动和引领消费的国内品牌。为适应人们美好生活的新向往，未来我国纺织服装品牌化发展将成为必然趋势，通过品牌化建设促进国内市场产品品质提升和多样化发展，引导全社会时尚消费理念转变，同时参与国际纺织时尚竞争，增强我国纺织服装品牌影响力。

三、“十四五”时期服装家纺产业发展思路与展望

纺织服装产业高质量发展是我国推进纺织工业走向全球价值链中高端和时尚经济前沿的有效路径。展望产业未来趋势，更有利于明确“十四五”时期我国服装家纺产业的发展思路与战略目标。

（一）发展思路

“十四五”时期，我国纺织服装产业以高质量发展为主题，以设计创新为第一动力，以协调发展为内生机制，以循环绿色发展为基本形态，充分利用新一轮科技革命的变革机遇和国内消费升级的时代机遇，推动传统技术工艺的循环经济改造，打造健康活力的绿色时尚，加快数字经济转型和智能制造升级，构建智能制造的科技时尚，加快产业转移和优化全球产业链布局，形成商业模式的创新时尚，加强服装产品时尚品牌建设，引领未来时尚消费浪潮，促进文化融合的活力时尚，同时，全面体现创新、协调、绿色、开放、共享新发展理念，全面推进我国纺织服装产业高质量发展。

（二）趋势展望

1. 健康活力的绿色时尚

“十四五”时期，健康运动的绿色时尚是我国服装家纺的重要趋势，不仅是市场消费对服装家纺产品的时代要求，而且是行业发展自我升级的必然趋势，是构建人与环境和谐共存的发展方向。

功能改进和绿色制造是健康活力的绿色时尚的重要内容。随着国内消费升级的强大需求，人民群众对于健康生活的品质需求不断提升，围绕“健康中国”建设，推进运动健康领域服装家纺产品的功能改进和市场细分，满足人们运动健康的生活需求。与此同时，在生产领域绿色制造技术将普及与广泛应用，不仅实现纺织品服装从设计、生产到销售的绿色供应链建设，更重要的是从设计理念开始，构建服装家纺产业的可循环利用体系。通过生态设计，开发绿色纺织产品，提高纺织服装产品的低碳水平，并能实现可循环、可降解。建设绿色工厂，实现生产过程集约化、清洁化和智能化。发展绿色园区，提高节能减排和循环利用水平。打造绿色供应链，构建从原料、生产、营销、消费到回收再利用的纺织工业循环体系。形成包括绿色标准、绿色设计、绿色生产、绿色管理、绿色物流、绿色营销的绿色纺织企业发展模式。

2. 智能制造的科技时尚

借助新一轮科技革命的机遇，促进服装家纺制造业的数字化转型和智能化改进。智能制造是我国制造业高质量发展的重要趋势，也是提升服装家纺制造品质的有效路径。

推动传统纺织制造的数字化转型。以工业互联网为基础，推进传统纺织工业的数字化转型，做好传统制造数字化转型的系统性解决方案，推广智能传感设施整个产业流程的应用，构建广覆盖、高效率的网络基础设施，促进行业数据共享。

推广智能制造技术的发展与应用。智能化是制造自动化的发展方向，树立产业发展的共享思维，促进产学研协同，推进智能制造核心技术和共性技术的突破与研发，充分发挥纺织服装智能制造试点示范企业的引领作用，重点培育若干个时尚工业互联网平台，促进时尚产业智能制造体系的互联互通。

规模化批量化智能生产是企业生产的主导方式。随着智能制造的推进，企业通过定制化生产满足消费者对商品的特定需求逐步成为提升附加值的重要方式。国内纺织智能制造的实践表明，通过数字化改造升级，建设智能工厂，可以有效地加快产品迭代，满足不同消费者时尚消费需求，有效推动大批量生产向大规模个性化定制转变。

3. 商业模式的创新时尚

在信息技术的演进下，商场、专卖店等传统的商业模式已经受到严重冲击，未来以体验经济为核心，推进线上线下融合的商业模式创新，给消费者带来更多的消费体验，为了企业打通新型销售渠道，商业模式的创新时尚方兴未艾。

线上线下深度融合。传统电商模式已经发展成熟，突破营业时间和地理空间限制，实现全时段全球范围内销售。伴随5G时代来临，直播技术与传统电商融合形成新型的直播电商，进一步带给消费者直观丰富的体验。2019年，我国直播电商商品成交额在3900亿元左右，同比增长114%，呈现高速增长，服装是其中热门品类。新一轮基础设施建设将进一步赋能互联网商业模式，线上线下深度融合存在更大的成长空间。

服装订阅模式。随着服装家纺产业数字化转型加快，以数字为要素，以平台为载体的服装订阅模式逐步兴起，当前女装订阅的SODA、衣二三及女神派等，男装订阅的垂衣及锦衣盒等企业都在不断改进优化迭代服装订阅的商业模式，通过数据积累为用户的服装购买行为提供决策建议。

个性化定制。家纺行业通过联通软装和硬装，开拓“大家居”发展的新模式。未来将深度贴近用户生活，向“产品＋服务”的生活方式转化，服装内容涵盖日常服务、家居洗护、婚房布置、软装定制等诸多领域的个性化定制，通过产品的价值专属服务，提升消费者享受生活的时尚理念。

四、“十四五”时期服装家纺产业发展对策

未来唯有全面推进服装家纺产业高质量发展，全面促进企业自身的技术创新、产品创新、品牌创新，才能主动适应个性化、多元化、定制化的时代变革，实现我国服装家纺产业向绿色时尚、科技时尚和创新时尚转变。

（一）服装行业发展的发展对策

1. 提品增质适应消费升级

“十四五”时期，我国服装行业需要加强全产业链提品增质，推进研发设计、生产制造和市场需求的深度融合。首先，在产业链前端加强合作开发。结合流行趋势研究成果，扩大差别化、功能性以及性能优化的新型纤维材料的面辅料在服装领域的应用，积极应用染色、印花、后整理先进技术改善面料风格，从全产业链设计研发的角度，实现产品创新，满足个性化、差异化的消费需求。其次，生产制造环节提高自动化、智能化水平。不断优化自动模板缝制系统、扩大自动缝制单元的应用范围，并在衣片抓取、传送和操作的智能技术领域，进行针对性技术瓶颈突破，扩大全成型编织技术的应用领域，并提高产品品种的多样性。最后，加强产品设计与市场消费的对接。重视服装服饰产品消费行为研究，产品设计更加关注我国消费者的消费习惯、审美偏好、生活场景、城乡差别、地区差异等因素，融合新材料、新技术和流行趋势，开发适应消费升级需求的新产品。

2. 科技创新提升竞争能力

适应新一轮科技革命与产业变革的需求，依托科技创新提升我国服装产业的国际竞争力。首先，提高服装科技领域原始创新能力。整合科研院所、大专院校和国家级重点实验室资源开展以服装终端综合竞争力提升为重点的全产业链创新，以需求驱动原材料和工艺技术创新。其次，加强服装行业科技创新体系建设。以智能制造为核心，促进产学研协同创新，在机器人、人工智能、柔性传感器、模块化智能单元等领域加快服装生产制造适用相关技术的研究突破。再次，推进中心企业的数字化改造。中小企业是我国服装行业的主体，推动研究适合中小型服装企业应用的数字化、信息化和智能化技术，建设“服装工业互联网服务平台”和“服装工业智能制造服务平台”，布局服务于中小企业的产业互联网。最后，加强服装行业科技创新人才队伍建设。培养材料科学、工程技术、计算机应用、信息化技术等领域与服装设计、时尚管理相融合的复合型人才。

3. 品牌建设扩大市场影响

在服装行业加强消费品牌和制造品牌建设，形成一大批有较强市场影响力的区域性、国际性知名品牌企业。全面提升品牌创建能力，引导品牌企业加快技术创新、设计创新、管理创新，制定以国内品牌企业为主导的数字转型新标准，全面推进标准创新，增强我国服装行业的国际话语权。鼓励供应链管理和渠道创新能力，通过鼓励和补贴等方式，推广应用信息化技术，提升品牌规划、产品设计、质量管理、渠道建设和售后服务等能力。大力扶持培育国内自主品牌，引导企业重视知识产权，加强普法宣传，尤其是指导商标法律制度的运用，加大对企业在开发新产品、提升产品质量等方面技术改造项目的支持力度，鼓励企业采购社会科技服务。鼓励企业加大在技术开发和质量提升等方面的投入，采用政府消费券的方式，增强国内纺织服装企业的研发投入强度。

4. 国际合作实现全球布局

拓展海外渠道，推动自主品牌国际化。加强对国际市场研究，分区域制订品牌国际化拓展市场的路线图，整合国际设计人才资源，研发适销对路的品牌产品系列，与已有营销渠道合作逐步渗透到各区域市场，通过国际品牌并购或品牌合作，不断拓宽品牌国际化发展途径。支持高端定位的原创设计师或设计型品牌参加巴黎、米兰、纽约等时装周或静态展览，提升自主品牌的国际知名度与美誉度。邀请一批国际高端百货或多品牌精品店买手，推动中国高端原创设计型品牌与精品品牌进入国际高端零售网络渠道，引导更多的自主中档品牌进入海外市场。

（二）家纺行业的发展对策

1. 精准定位拓宽发展路径

加强功能市场细分，实现精准市场定位。研究大城市与中小城市之间、城镇和乡村之间、东部和中西部之间、青年一代和中老年人之间等各类不同消费群体对家用纺织品需求上的差异化，包括产品性能、外观、价格等各方面的差异化需求，加大先进适用并具有较高性价比产品的开发，加大高技术含量、高附加值产品的开发，探索适应消费升级的家纺行业高质量发展路径。在精准定位的基础上，有针对性地进行全产业链研发，提升新产品的创新能力，充分运用新纤维、新纱线、新面料和新的印染技术，开发适应消费者需求的新产品，满足家纺产品舒适、健康、环保等新需求。

2. 智能制造提升质量效率

不断深化两化融合，以信息化带动工业化发展，走新型工业化道路，深入推进“互联网 +”和“智能 +”，为家纺产业转型升级赋能。深度推进信息技术与家纺企业在技术、产品、业务及产业衍生方面的融合，促进互联网、大数据在家纺行业的融合创新。建立现代化企业运营模式，实现采购、生产、销售及物流等各个环节的相互联通，打造家纺柔性供应链平台。持续支持以生产设备的智能化为前提，智能车间改造为主要内容的技术改造升级，有序拉动企业智能制造、自动化生产线和智能化工厂的建设。大力推进企业信息化改造升级，广泛采用 MES、SAP 等系统，促进纺织行业数字化、智能化、信息化升级。探索智能制造标准体系建设，构建从产品设计研发开始到产品回收再制造的生命周期体系，打造柔性供应链平台，加强智能化生产线及车间的建设与示范。开展家纺行业与其他行业的合作与互补，整合共享资源，促进协同创新。

3. 绿色制造创新发展模式

坚定贯彻绿色发展理念，推进家纺产业绿色发展新模式，全面提升环保意识，践行绿色发展责任。以绿色原料、绿色设计、绿色生产、绿色消费为抓手，建设发展绿色工厂、绿色园区，构建从原料、生产、营销、消费到回收再利用的高端家纺产业循环体系。加快技术改造，淘汰落后产能，采用新工艺新装备，简化流程，提高资源综合利用水平。开发绿色家纺产品，推行生态设计，扩大再生纤维等环境友好原料的使用比例，提高产品能效环保低碳水平，不断提升绿色制造品质。加快回收利用进程，加强边角余料、废水热能，以及废旧家纺产品的回收再生利用，大力推进窗帘等家纺产品以旧换新的业务和服务，切实提高回收利用综合水平。

4. 标准建设保障优质服务

加强家纺行业标准建设，鼓励代表行业先进水平的引导性标准发挥对高质量发展的支撑作用，加强国内标准与国际先进标准的跟踪研究和转化对接，引导高质量发展的路径和方向。在家纺行业内，加强质量管理体系建设，引导企业不断健全质量管理体系，培养专业化的质量管理专业队伍，提高全员全过程全方位质量管理水平，保障提供优质产品和服务。

5. 融合发展“大家居 + 大健康”

顺应新时期消费需求，支持家纺产业向“大家居 + 大健康”延伸，融合发展，拓展产业新的应用领域。从大家纺到大家居，从生活用品到健康功能，跨界融合家具、软装、饰品、医疗医药、康护保健等产业，从一块布到一个家，从家纺产品到全新的生活理念，通过大家居、大健康消费模式激发国内有效需求。不断开发生产具有健康性能的功能性产品，推广健康消费，促进消费升级，激活潜在需求。

（陈小倩　华珊　中国纺织工业联合会
王婧倩　北京服装学院中国时尚研究院）

本章参考文献

［1］蓝捷．以纺织服装产业转型升级助推制造业高质量发展［J］．当代江西，2019（1）：30.

［2］陈文晖，熊兴，王婧倩．加快发展时尚产业以推动北京建设全国文化中心的建议［J］．中国纺织，2019（1）：110－111.

［3］康志男，王海燕．基于智能制造视角的中国香港再工业化探究［J］．科学学研究，2020（4）：619－626.

［4］何宏宏，李佳，焦国涛，周航．智能制造行业分析与诊断方法研究［J］．制造业自动化，2020（2）：116－119.

［5］周城雄．中国智能制造也要尽快补上短板［N］．现代物流报，2020－03－23.

［6］张洽棠．疫情影响下的纺织业：短期线上靠直播　长期还看产业链［N］．中国经济导报，2020－04－01.

［7］中国纺织工业联合会产业经济研究院．我国纺织行业经济运行压力加大［N］．中国纺织报，2020－03－02.

［8］中国纺织工业联合会产业经济研究院．纺织业发展态势放缓［J］．纺织科学研究，2020（3）：20－21.

［9］中国纺织工业发展报告 2020［M］．北京：中国纺织出版社，2020.

［10］我国纺织行业科技统计概况（2019）［M］．北京：中国纺织出版社，2020.

［11］孙瑞哲．当前纺织行业发展面临的形势与思考与上半年中国纺联工作回顾［EB/OL］．http：//info. texnet. com. cn/detail－818882. html.

［12］孙瑞哲．破云而出的永远是光——转型育新机　变革开新局［EB/OL］. https：//mp. weixin. qq. com/s/O_ cQci63GFtyqHfMe3QTwQ.

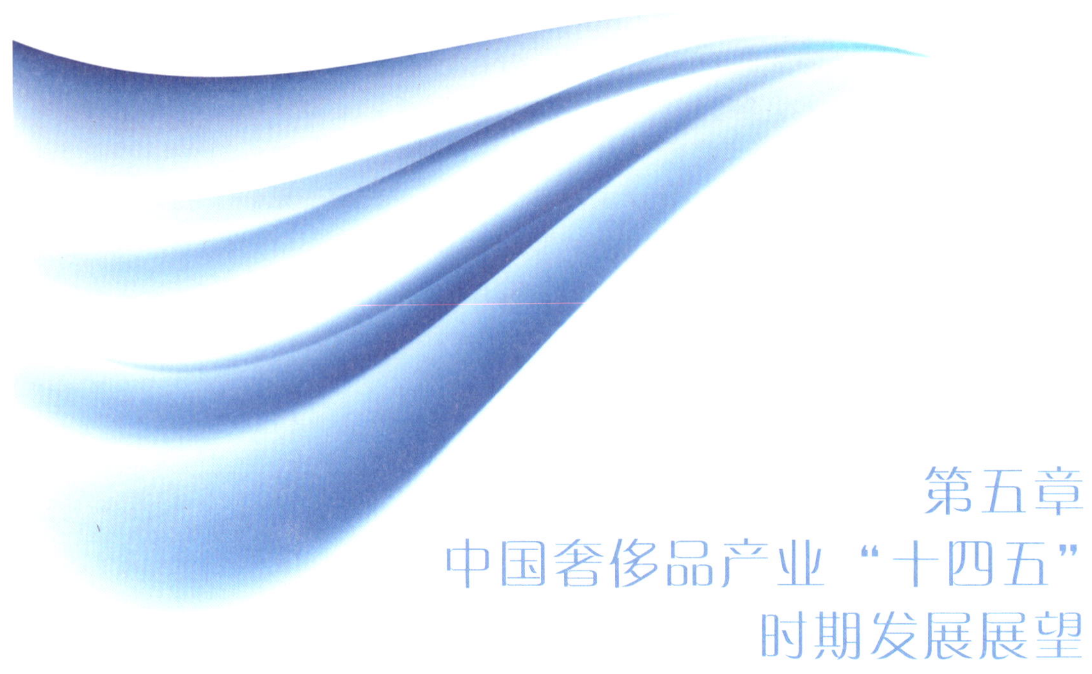

第五章 中国奢侈品产业“十四五”时期发展展望

近年来，虽然中国经济增长速度逐步放缓，但是奢侈品市场仍然保持着平稳较快发展，对全球奢侈品市场增长的支撑作用越来越凸显。伴随全球经贸形势的日益复杂，特别是突如其来的新冠疫情，“十四五”时期中国奢侈品产业发展将面临诸多机遇与挑战。在全新的时代背景下，中国奢侈品产业应当如何化“危”为“机”，继续保持良好的发展势头，是值得深入研究和探讨的。

一、中国奢侈品产业[1]发展回顾

（一）中国成为全球奢侈品市场增长的核心引擎

1. 产业保持平稳较快发展，占全球市场份额不断扩大

“十二五”时期以来，得益于中国经济的快速发展，中国消费者的奢侈品消费达到了

① 关于奢侈品产业的范围界定没有明确统一的标准。贝恩咨询认为，广义的奢侈品，除实体商品，还包含豪车、豪华酒店、高档餐饮等高端商品和服务。2019 年，全球奢侈品（广义）市场规模达 1.27 万亿欧元（折合人民币 9.78 万亿元）。狭义的奢侈品通常是指高档皮具、服饰、珠宝配饰和化妆品等个人奢侈品，这部分商品 2019 年的市场规模约为 2810 亿欧元（折合人民币 2.17 万亿元）。本报告所涉及的奢侈品以狭义奢侈品为主。

空前的高潮。结合贝恩咨询（Bain）数据的分析结果，中国消费者在全球范围内奢侈品消费总额由2010年的2800亿元左右上升到2019年的7500亿元左右，占全球市场份额由2010年的5%上升到了2019年的35%（见图5－1）。

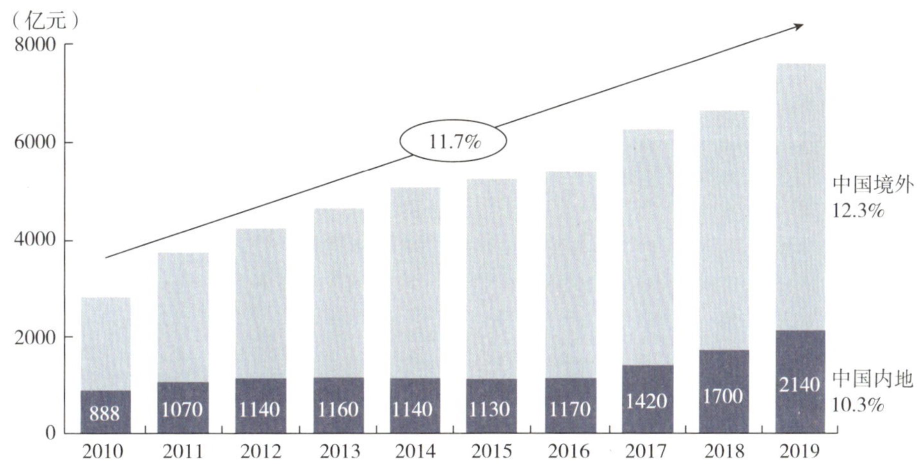

图5－1 2010～2019年中国消费者在全球范围奢侈品消费规模

资料来源：Bain。

2010～2019年，中国消费者在全球范围内奢侈品消费总额复合增长率达到11.7%，其中，在中国境外和中国内地的消费总额复合增长率分别达到12.3%和10.3%。其中，中国内地奢侈品市场在2010～2016年发展较平稳，保持着5%左右的复合增长速度；2017年开始市场规模得到快速增长，2016～2018年复合增长率达到20%；2019年同比增长了26%，而同期全球奢侈品市场增长速度仅为4%（见图5－2）。总体而言，2019年中国消费者对全球奢侈品市场增长的贡献达到了90%。

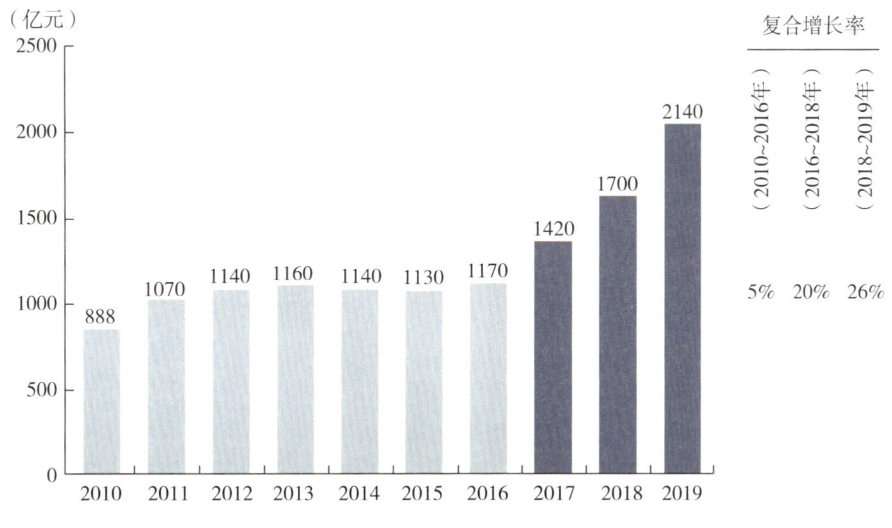

图5－2 2010～2019年中国内地奢侈品市场规模

资料来源：Bain。

2. 消费结构正在发生变化，终端市场逐步下沉

从消费价格来看，中国70%以上的奢侈品消费是由相对平价的产品构成。从消费品类构成来看，与女性相关的女装、鞋包、化妆品等占比在提升。从消费者年龄来看，中国的“80后”和“90后”撑起中国奢侈品市场半边天，2018年“80后”、“90后”消费者分别占中国奢侈品买家人数的43%和28%，占中国奢侈品总消费的56%和23%（见图5-3）。

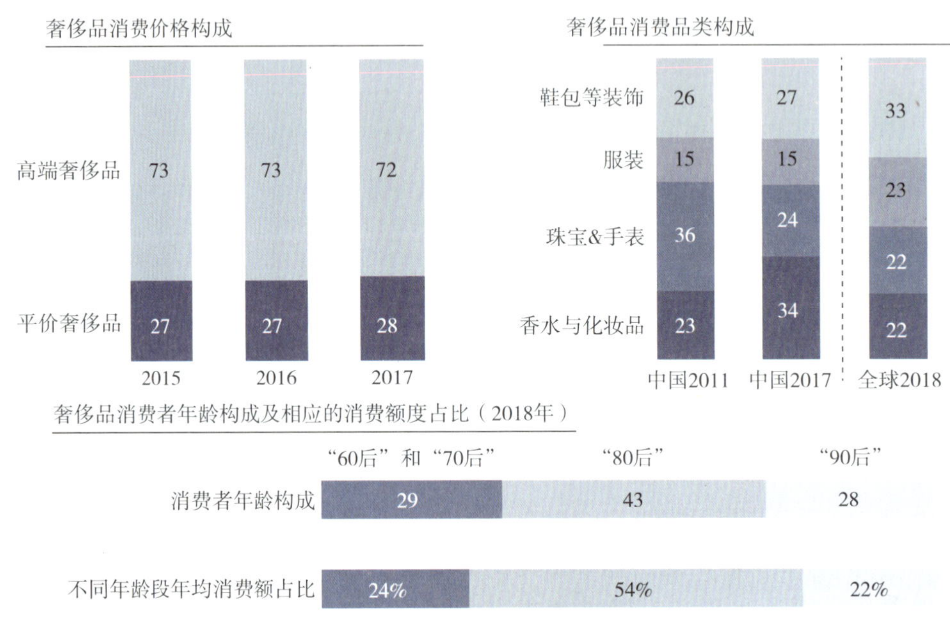

图5-3 奢侈品消费结构分析

资料来源：Bain，Mckinsey。

从终端市场来看，BCG（波士顿咨询）和寺库的合作研究成果表明，虽然一二线城市的奢侈品消费超过半数（56%），但是三线及以下城市呈现强劲的购买增速和购买力。此外，华东、西南及华北为线上奢侈品人群主要集中的地理区域，占比达63%（见图5-4）。

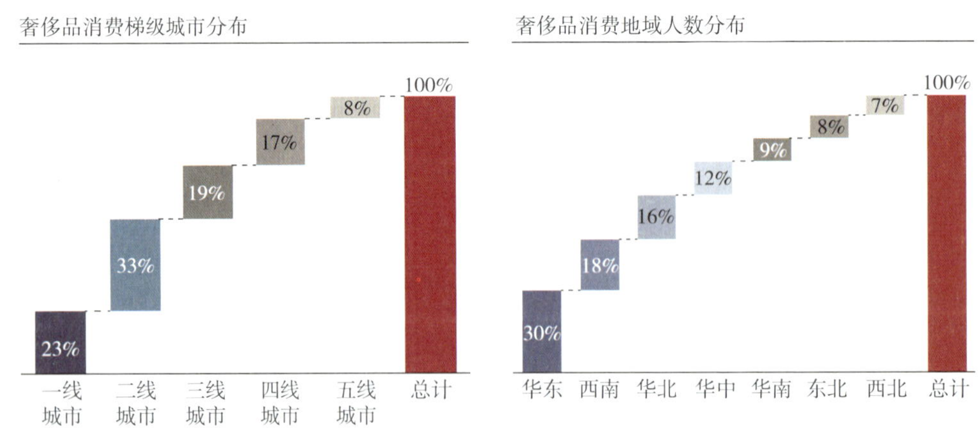

图5-4 中国内地奢侈品市场地域分布

资料来源：《德勤—寺库2019进博会蓝皮书透析中国低线市场奢侈品消费》。

3. 聚焦产业中下游环节，产品营销加快数字化转型

虽然中国已经形成了原材料供应与设计—奢侈品制造—奢侈品流通的较为完整的产业链，但在产品设计和品牌打造等产业链高附加值环节还缺乏竞争力。依托国内强大的轻工制造基础和生产配套能力，中国在奢侈品品牌代工方面仍占据着重要地位，但利润相对较低、订单不稳定等因素也使相关行业可持续发展面临诸多风险。虽然我国奢侈品市场规模不断扩大，国内顶级品牌稀缺，中国的奢侈品市场都是被国外品牌占据的。贝恩咨询的研究成果表明，中国奢侈品行业各品类中前五大品牌约占一半的市场份额，其中大部分均为国外品牌。

根据 BCG 与腾讯发布的调查数据，虽然中国消费者购买奢侈品的主要场景仍是线下，但是有近 70% 的消费者的消费决策是受线上信息影响的。为此，中国市场上的奢侈品牌正加快在线上开展布局，通过自建品牌网站、入驻线上电商平台、开展社交平台等拓展线上销售渠道（见图 5－5）。截至 2018 年，中国奢侈品线上渗透率达到 18%，较同期全球平均水平高 7.7 个百分点。但需要注意的是，中国奢侈品线上渗透率的快速增长主要受化妆品品类驱动，其他品类的线上渗透率依然很低。此外，虽然中国内地线上渠道的奢侈品销售额增速快于线下门店，但整体占比仍处于较低水平，2018 年中国奢侈品线上销售额仅占销售总额的 10%。

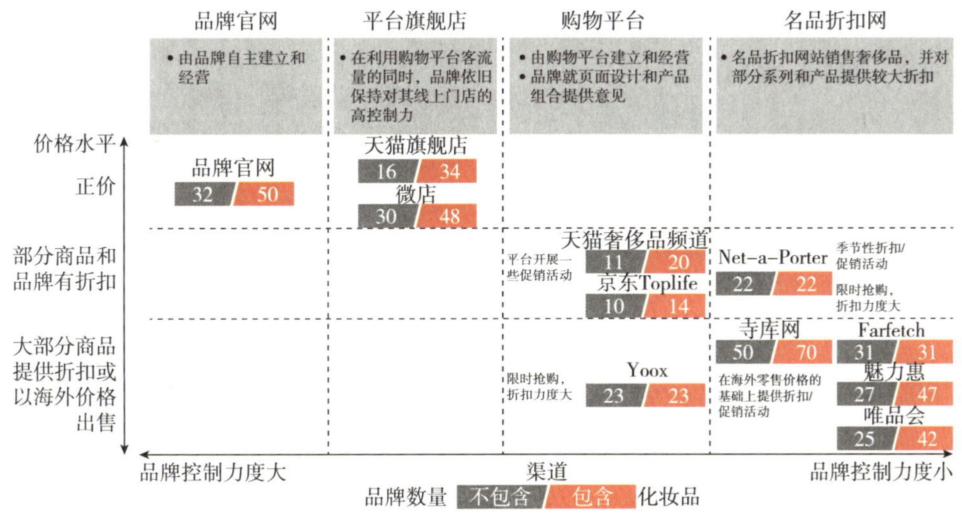

图 5－5 中国国内奢侈品市场四类主要的线上渠道

注：截至 2019 年 2 月，统计数据包括 76 个奢侈品品牌（20 个化妆品牌，26 个腕和珠宝品牌，30 个服装、鞋履和箱包品牌）仅包括在中国内地线上渠道。

资料来源：Bain。

而在线下渠道，高级购物中心、品牌门店、免税店以及奥特莱斯折扣店等占据主导。此外，“65 后”与“70 后”更多选择在高级购物中心消费，“90 后”则会多渠道选择，较其他年龄段的消费者更加青睐免税店。

（二）中国奢侈品产业发展的驱动因素

1. 经济平稳增长催生更大规模的奢侈品消费群体

“十二五”时期以来，得益于中国经济的平稳增长，中国个人财富加快增长。2000～2019年，中国平均每个成年人的年均财富增长率为10%，为全球最高，高于主要OECD国家和其余金砖4国①（见图5－6）。

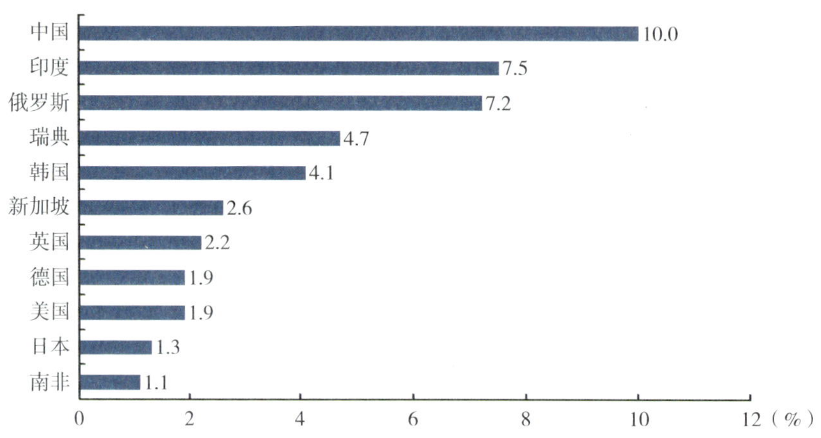

图5－6　2000～2019年中国及部分其他国家成年人年均财富增长率

资料来源：瑞士信贷，中信证券。

个人财富的增加使得中国中高收入群体规模得到快速扩张。根据《2019胡润财富报告》，截至2018年8月，中国大陆中产家庭数量已达3320万户，其中，新中产1000万户以上。按照中信证券综合比较研究，中国中产阶级约占总人口的比重在20%～30%。《2020年社会蓝皮书》显示，截至2019年底，中国已拥有约4亿人的中等收入群体。与此同时，中国的高净值人群（HNWI）数量与其财富总量虽然并不是全球最高的，但却是近10年来增长最快的。上述数据虽然因统计口径、标准及研究目标的差异而导致研究结果有所不同，但大致都能表现出中国目前拥有全球规模最大、最具成长性的中等收入群体。这些日益成长的中高收入群体带动了整个消费市场的增长，全球家庭消费增长的31%都来自中国，这也在一定程度上推动中国奢侈品消费市场规模不断扩大（见图5－7）。

此外，以千禧一代为代表的新消费势力正成为快速成长的奢侈品消费群体之一。得益于对新潮、高品位生活的追求和父母的大力资助，使其拥有了购买奢侈品的意愿和能力。对于这些“80后”、“90后”而言，奢侈品已经成为一种社交资本，既能彰显个性，还能有助于融入某些社交圈子，增强身份认同感。近年来，得益于这些新消费势力，高级时装、运动服饰跨界融合等轻奢产品或创新潮流正在逐步兴起，成为中国奢侈品消费的一个重要增长点。

---

① 资料来源：瑞士信贷的《2019年全球财富报告》。

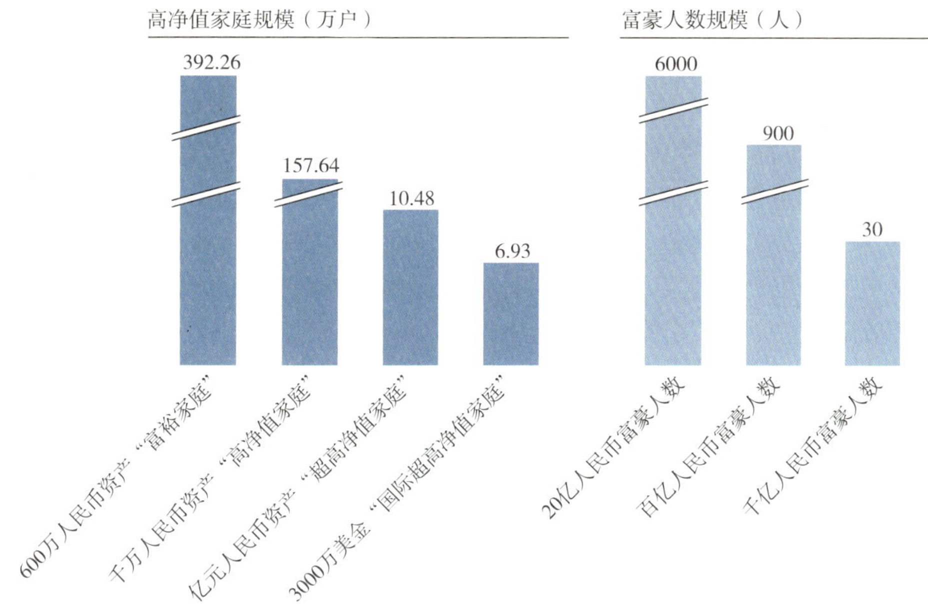

图 5－7 中国内地高净人群规模（2018 年）

资料来源：胡润研究院。

2. 消费升级与技术进步培育壮大国内奢侈品消费市场

从 2014 年起消费对于 GDP 的贡献率超过投资，此后一直保持较高水平，2018 年，消费对 GDP 的贡献率高达 76.2%，2019 年虽有所下降，但也达到 57.8%（见图 5－8）。近年来，中国城乡居民在食品烟酒、衣着、居住等领域的消费比重呈下降趋势，以交通通信、医疗保健、教育文化娱乐为代表的服务类消费支出占比不断提高，表明中国城乡居民已经从基本的吃穿消费向发展和享受型消费倾斜。

图 5－8 2000～2019 年三大需求对 GDP 增长的贡献率

资料来源：同花顺 iFinD。

在上述背景下，得益于扩大开放战略的深入实施，中国消费市场不断开放，以个性化、多元化、品质化为代表的消费升级趋势在中国消费者中持续发酵。《2018 中国新中产圈层白皮书》显示，中国中产阶层更愿意在体验感知生活以及自我提升层面投入更多，休闲享乐型、品牌认知型、新潮时尚型消费趋向分别占 42%、38% 和 29%。这些中产阶层人群的消费理念从“越便宜越好”转变为“满足自身情感需求的消费”，从而在消费过程中更加关注具有品牌价值、高性价比和高质量的商品和服务。此外，消费升级的趋势不仅发生在一二线城市，还逐渐下沉到中国的三至五线城市和县域地区（县域一般指县级市和县），低线城市正成为中国奢侈品消费的重要的增量市场。

在消费升级的趋势下，消费者对不同细分品类的关注点呈现出新的特点。安全、品质、设计成为了消费者对消费商品关注的重点。从细分品类来看，在化妆用品中，安全以71.3%的占比成为用户在购买商品时最关注的点；在钟表眼镜、珠宝两个品类中，消费者最关注产品的设计，关注度分别高达79.9%和83.6%；在服装鞋帽品类中，消费者则更受易到价格的影响，70%的消费者表示价格是其购买服装鞋帽时最关注的因素①。

当前，新一代信息技术正成为中国奢侈品品牌数字化转型的核心驱动因素。数字化围绕人、货、场全方位地对奢侈品关键领域进行着重构。对于品牌商而言，数字化可实现面向消费者的需求预测、个性化营销、购买体验以及智能客服，并持续有效地吸引消费者参与。对于零售商而言，数字化解决了消费者在消费过程中的搜索阻力（如信息不对称）和购物阻力（如门店数量），同时也助力奢侈品牌实现从注重线下到线上试水再到线上线下融合的战略决策。对于供应链而言，数字化对供应链的改造主要面向供应链的智能定价、智能配送和仓储，可实现奢侈品市场供应链效率的提升。

在此需要特别指出的是，中国社交媒体技术、平台等的繁荣发展使其逐步成为国内外奢侈品牌线上布局的重要趋势。一方面，奢侈品牌将媒介支出从传统渠道转移到数字媒体渠道，特别是社交媒体中。2019年，数字广告占奢侈品牌广告支出的比重已经达到60%～70%；2016～2019年微信生态下奢侈品品牌广告年均增长率超过90%。另一方面，奢侈品牌利用关键意见领袖（KOL）和口碑等社交媒体与潜在消费者开展互动，通过社交电商平台（如微信小程序弹出式商店）直接在社交平台上进行商品销售。根据微信的统计分析，90%的头部奢侈品牌都建立了微信品牌自营小程序，49%的品牌转化目标是为官网和电商导流，40%的品牌转化目标是实现公众号关注。贝恩咨询的研究表明，各大品牌利用微信识别并锁定目标客户，最终同时实现线上线下的销量提升。

3. *产业政策与消费回流激发潜在的奢侈品消费潜力*

当前，境外依然是中国消费者主要的购买奢侈品的市场，主要原因是中国内地的平均价格比中国香港高45%，比美国高50%，比法国高70%，而高出的部分主要是承担较高的税收。但是，中国不断出台关税政策，有效调减了部分奢侈品关税，刺激国内奢侈品消费，从而带动国内消费升级和经济增长。2015年开始，国务院连续五次进行关税下调，《电子商务法》的实施也能在一定程度上限制代购。2019年进出口关税税率调整政策将对原产于中国香港、中国澳门的进口货物全面实施零关税。2020年，《海南自由贸易港建设总体方案》明确提出，在2025年全岛封关运作之前率先对部分进口商品实施“零关税”，免征进口关税、进口环节增值税和消费税；此外大幅放宽离岛免税购物政策，免税购物的额度从现在的每人每年3万元提升到每人每年10万元（见表5－1）。

---

① 资料来源：商务部2019年7月发布的《主要消费品需求状况统计调查分析报告》。

表 5-1 近年来中国关于促进奢侈品消费回流的相关政策

时间	政策内容
2015 年 6 月	降低部分服装、鞋履、护肤品等日用消费品进口关税税率，西装、毛皮服装、短筒靴、运动鞋、纸尿裤、护肤品等进口关税有所下调
2016 年 1 月	扩大日用消费品降税范围，对税率高、需求弹性大的箱包、服装、围巾、毯子、真空保温杯、太阳眼镜等商品，将以暂定税率方式降低进口关税
2017 年 1 月	在珠宝类产品中降幅最大的黑珍珠关税调整为零，对于完税价格后的乐器降为1%。护肤品与男女服饰调整与之前保持一致
2017 年 12 月	对部分消费品进口关税进行调整，平均税率由 17.3%降至 7.7%，共涉及 187 项商品，其中，唇膏、眼影、香水等化妆品关税由 10%降至 5%，箱包制品由 20%降至 10%，服装由 14%~25%降为 5%~10%，丝巾面纱类由 14%降至 5%；等等
2018 年 7 月	日用消费品平均降幅为 55.9%，该类别下服装鞋帽、厨房和体育健身用品等进口关税平均税率将由 15.9%降至 7.1%，护肤、美发等化妆品及部分医药健康类产品进口关税平均税率将由 8.4%降至 2.9%
2019 年 1 月	《电子商务法》规定代购组织或个人必须同时拥有采购国和中国的营业执照，并同时缴纳采购国与中国两方的税费，违反规定的卖家或平台最高将分别被罚款 50 万元以及 200 万元，在维持居民旅客进境物品 5000 元人民币免税限额不变的基础上，允许其在口岸进境免税店增加一定数量的免税购物额，连同境外免税购物额总计不超过 8000 元人民币。超出 8000 元部分需要缴税
2020 年 6 月	在 2025 年全岛封关运作之前率先对部分进口商品实施“零关税”，免征进口关税、进口环节增值税和消费税；大幅放宽离岛免税购物政策，免税购物的额度从现在的每人每年 3 万元提升到每人每年 10 万元

在上述这些政策实施以及对灰色市场加强管控、各大奢侈品牌持续调整国内外市场价差等因素的共同作用下，越来越多的中国消费者选择在内地市场购买奢侈品。根据贝恩咨询的研究成果，2018 年，中国消费者在内地的奢侈品消费比例由 2015 年的 23%上升到 27%，预计到 2025 年将达到 50%（见图 5-9）。

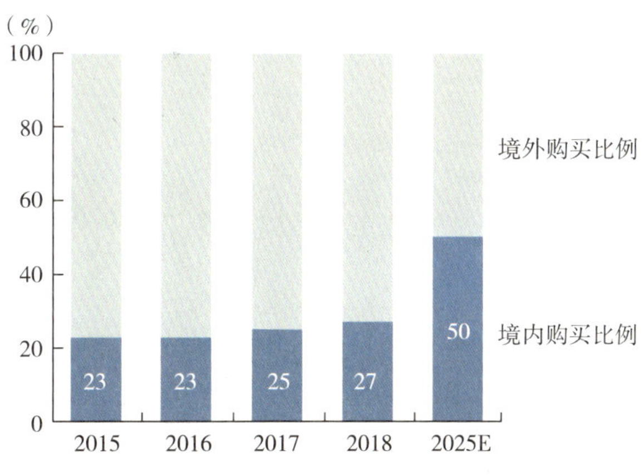

图 5-9 国内奢侈品消费回流趋势

资料来源：Bain。

二、新时期中国奢侈品发展面临的机遇与挑战

（一）行业平稳较快发展的基本面依然没有改变

1. 中国经济发展长期向好的态势没有改变

“十三五”时期以来，中国 GDP 增长逐步放缓，特别受中美贸易摩擦、国内经济结构调整等内外因素影响，中国经济发展面临着诸多挑战和不确定性。但是，中国经济持续增长的良好支撑基础和条件没有改变。“十四五”时期，中国仍将以供给侧结构性改革为主线，通过深化改革开放、加快推进“两新一重”建设、着力扩大内需等方式，来确保未来经济社会发展的稳定。即使是遭遇了新冠疫情的突发影响，IMF（国际货币基金组织）在最新的《世界经济展望报告》中指出，在全球经济因新冠病毒导致的产出暴跌而萎缩 4.9%之际，预计中国 2020 年还是会实现正增长，这也体现了国际层面对中国未来经济长期向好发展的信心。

2. 中国奢侈品消费市场仍有较大的成长空间

“十三五”时期以来，受益于国家扩大内需政策的不断实施，中国消费者信心指数稳步提升。在 2018 年下半年因中美贸易摩擦等因素影响出现下滑后，2019 年初重拾升势，并在 2019 年底达到历史新高（见图 5-10）。这表明中国消费者信心较强，国内消费市场有较大的成长空间。虽然受 2020 年 2 月开始的新冠疫情影响，消费者信心指数大幅下滑，但相信通过国家宏观政策调控，短期不利因素应该会得到有效解决，长期来看中国消费市场依然能够实现可持续发展。

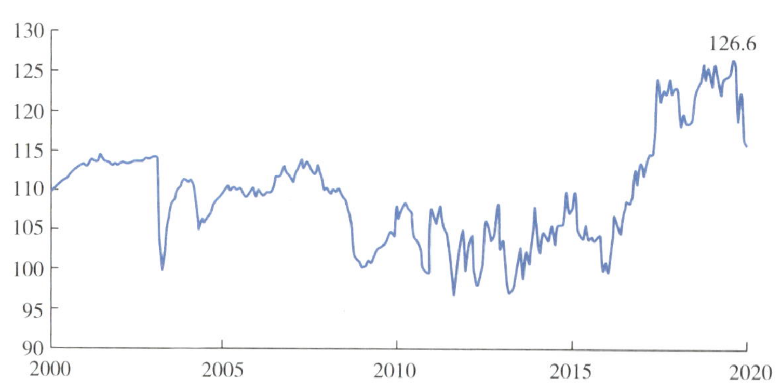

图 5-10　中国消费者信心指数变化情况（2000 年 1 月至 2020 年 4 月）

注：2019 年 12 月，消费者信心指数为 126.6，达到历史新高。2020 年 2 月开始，受新冠疫情影响，消费者信心指数大幅下滑。

资料来源：同花顺 iFinD。

在上述背景下，相信未来中国奢侈品消费市场规模也会保持平稳较快发展。从规模上看，根据麦肯锡的《中国奢侈品报告2019》研究成果，到2025年，中国消费者在境内外的奢侈品消费总额将达到1.2万亿元，届时中国将贡献全球40%的奢侈品消费额，对全球市场增长的贡献将保持在65%左右。从人均消费情况上看，东方证券对比中日两国奢侈品消费情况表明，中国的奢侈品总体仍有3倍以上的广阔空间。

（二）行业的自我重塑为奢侈品牌带来的新机遇

1. 奢侈品行业正在开展自我重塑

当前，全球范围内的社会、文化、经济正在经历一场深度变革，这也使得奢侈品行业发展在经历一场自我重塑的历程。目前，对奢侈品的定义和理解集中在：奢侈品应该是稀有、限量和非凡的，奢侈品应该意味着拥有者具备很好的审美品位，其带来的财富象征意义应该超过其使用价值，奢侈品意味着其拥有者具有较高的社会地位。然而随着全球宏观趋势的变化和社会文化的变迁，未来的奢侈品需要去反映和迎合在变革时代下消费者对价值理解的变化。新时代的奢侈品应当更加关注和体现消费者真实的自我，为消费者创造出更加有意义、更能实现分享的丰富生活，奢侈品不再只是在特殊场合下才能使用，而应当融入更多的生活场景。与此同时，相对于快时尚品牌，奢侈品仍要将产品的品质、质量放在重要位置，从而让消费者觉得购买奢侈品是一个值得的投资。

2. 中国奢侈品市场要在行业变革中寻求新机遇

为此，未来奢侈品行业要从销售奢侈品向定义新的身份认同和个人生活方式转变；要从强调奢侈品的独有属性向营造个性化且易于分享的奢侈品体验转变；要从强调奢侈品的稀有、珍贵的特点向让奢侈品更好地融入日常生活并满足消费者的特殊需求转变；要从一味遵循品牌历史的传承和守住忠实的拥护者到主动追求新世代的消费者；要从奢侈品消费的推动者转变成为文化变革的催化剂。

在上述背景下，奢侈品牌要在中国奢侈品消费市场蓬勃发展，消费渠道多元化、个性化需求、年青一代奢侈品消费者的崛起、行业整合力度的加大、奢侈品文化本地化等行业发展趋势会对未来奢侈品行业的品牌定位、设计语言、营销策略等产生重大影响，因此必须加快自我重塑进程，寻找发展的新空间和新机遇。

（三）新冠疫情将对行业发展带来深远的影响

1. 新冠疫情重创全球奢侈品行业

随着这场不可预见的新冠疫情席卷全球，无论是各大奢侈品牌，还是相关的行业研究机构，对2020年以及“十四五”时期的谋划和预测也都难免要打很大的折扣。当前，全球奢侈品供应链高度整合，疫情在全球范围的蔓延先后造成了中国、意大利、欧盟、美国乃至其他国家制造业的停摆，使得欧美重大奢侈品工厂被迫停工，奢侈品供应链受到了严重的破坏。与此同时，疫情造成众多国家封城、封国，带来了大量的失业和消费的急剧下滑，奢侈品作为非必需消费品，使得奢侈品消费需求也几近崩溃，这不仅对各个品牌的损益产生了负面影响，同时也将耗尽相关企业的现金储备。

BCG（波士顿咨询集团）在《后疫情时期，重塑更具可持续性的时尚产业》研究报告中指出，使用网络流量作为替代指标，与危机前的几个月相比，2020 年 3 月中旬的奢侈品交易量在法国、意大利、英国和西班牙骤降 50%（见图 5－11）。

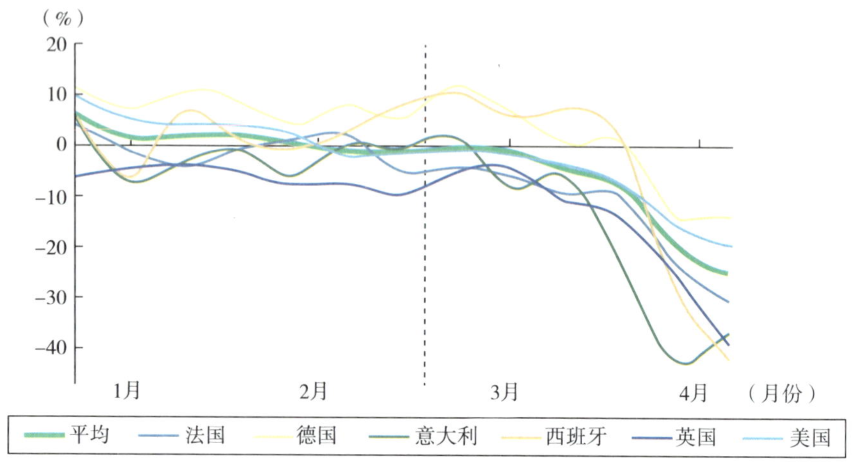

图 5－11　2020 年主要国家相对每周网站流量

资料来源：BCG。

此外，根据该研究团队的调研，在一个 80% 左右依赖线下销售的奢侈品市场中，长时间的封锁和门店关闭将产生巨大影响，预计 2020 年的剩余时间，时尚和奢侈品市场销售额将至少下降 28%～38%（见图 5－12）。

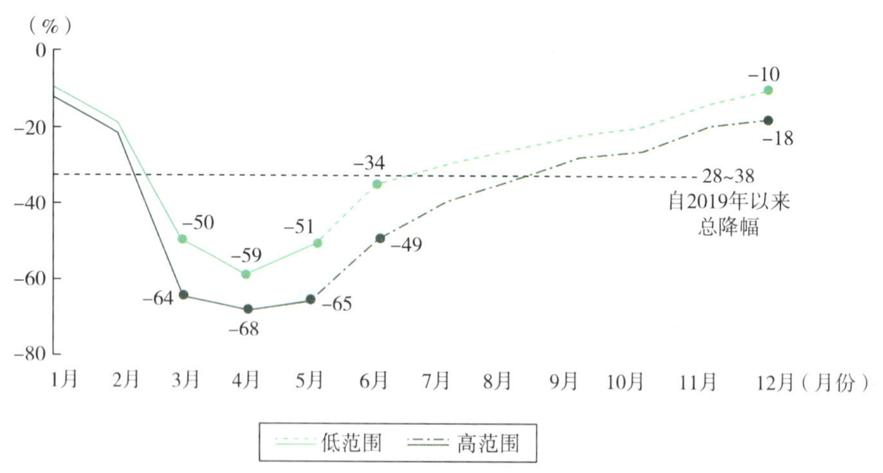

图 5－12　预计新冠疫情对 2020 年世界时尚和奢侈品销售额的影响

注：与 2019 年相比，2020 全年时尚和奢侈品销售预计出现波动，从 4 月的 59%～68% 下降至 12 月的 10%～18%。

资料来源：BCG。

2. 新冠疫情仍将对奢侈品行业产生深远影响

总体来看，新冠疫情将对奢侈品行业发展带来深远的影响，主要体现在：

（1）行业出清进程将加快。新冠疫情暴发前，欧洲的独立奢侈品批发商（很多都是规模较小的家族式店铺）以及某些北美的大型奢侈品百货公司便已举步维艰。更不幸的是，新冠疫情大流行有可能使更多的奢侈品品牌被市场淘汰，特别是那些没有完成垂直整合分销以及未能实现数字化转型的品牌。

（2）奢侈品消费本地回流将加快。由于新冠疫情，大部分国家的跨国旅行还未解封。但即使是解除限制后，跨国旅行的恢复也很缓慢。但是，中国市场依然蕴含着奢侈品行业最可观的增长机遇，各大品牌更需要以新的方法吸引消费者。为此，中国市场的奢侈品品牌要更加专注于定制化的本地体验，提升自身的数字化和全渠道服务能力，并且深耕中国的二三线甚至部分更低线的城市。

（3）体验型奢侈消费可能有所下降。高端酒店、度假村、邮轮、美食等“体验式奢侈品”已经成为奢侈品行业最具活力、增长最快的领域之一。中国的“90后”、“00后”更重视个人体验和“晒”的习惯；“70后”、“80后”虽然购买过很多奢侈品，但近年来的兴趣也在向“体验式”转变。未来预计体验式奢侈消费的势头仍将持续，但随着中国消费者对疫情的担忧，这种势头短期内将有所减弱。

（4）奢侈品消费方式和品类会发生改变。自我隔离让消费者增加了网上购物，这种消费行为的改变很可能在疫情平息后依然保持下去。对疫情的恐惧会让消费者继续远离拥挤的公共场所，而更喜欢在线上购买高价产品，电商渠道因此将迅速发展，奢侈品数字化转型和线上渠道将会出现新的飞跃。在当前工作不稳定、收入减少的形势下，消费者将更倾向于购买简约款、经典款等所谓的“值得投资的”单品，这在当前的形势下显得更加理智。此外，奢侈品消费者将贯彻环保主义者在近几十年来所倡导的“贵精不贵多”，并且在疫情平息后二手交易和商品租赁将有所增加。

三、“十四五”时期中国奢侈品产业发展的对策建议

（一）着力开拓国内市场，挖掘潜在消费潜力

1. 重点关注若干消费群体

做大中产阶级奢侈品消费市场。由于中国具有品牌意识的中产消费者数量日益增长，奢侈品牌需要更重视这个群体。此外，得益于中国产业、关税政策的调整，加之目前因为疫情导致中国出境旅游/商务等活动短期内不会有效恢复，这就导致未来中国消费者在海外购买奢侈品的活动也不会那么快得到回升，因此奢侈品牌更注重以本土而非海外的方式满足中国中产阶级的需求。针对这类群体，要开发高价值、个性化产品，为中产阶级提供

更具特色和独有的奢侈体验，进一步做大中产阶级奢侈品消费市场。

吸引更多的年青一代奢侈品消费者。得益于年青一代前沿的观念、获取咨询渠道的多元化、热爱分享的特征以及有一定的经济支撑等因素，中国年青一代群体具备成为奢侈品消费的重要增长点之一。综合考虑年青一代奢侈品消费者带来的变化使得互动与购买、国内与国外、线上与线下的界限渐渐模糊起来，这就要求奢侈品集团的组织架构要更灵活，不仅要把数字化做好，还要更多地倾听年青一代的诉求，通过利用社交媒体、关键意见领袖来倾听年青一代的诉求，甚至是引领和带动满足年青一代的猎奇心态的潮流。

2. 深挖中低线城市消费潜力

目前，大部分全球品牌还是将大量营销资源分配到上海、北京等一线城市以及一些重要的二线城市。但是，中国一些区域的中低线城市消费新生代的购买力越来越强，会成为许多品类的新增长引擎。因此，奢侈品牌商应花时间对其进行消费者画像，了解其主要购买动因，然后制定明确的触达策略。从相关研究来看，护肤彩妆和运动健身产品将是未来低线市场重要的增长点。要实现这些，品牌商关键是要开发出能够吸引这类消费者的优质产品，通过试水彩妆圈和运动界，并通过与潮牌联名等手段来锁定更多的年轻客群，抢占市场先机。此外，由于许多中低线城市的年轻消费者不仅热衷于网购，还喜欢流连于时尚购物中心，因此相关品牌商要在构建完善的线上营销平台的同时，注重开拓低线城市线下市场和分销渠道。

（二）加大改革创新力度，推动产业价值链的提升

为应对日益复杂的全球经贸形势以及新冠疫情对市场需求、行业供给的双重打击，奢侈品企业必须加大改革创新力度，在整个产业链和价值链中引入新的工具和策略，实现整个企业发展模式的革新，从而更好地适应市场和消费者的转变。

1. 产品理念的更新

随着分享经济、平台经济、数字经济的蓬勃发展以及年青一代奢侈品消费者的快速崛起，未来的奢侈品不能仅仅依靠悠久的历史传承、经典奢华的设计来吸引消费者，而更应该与中国本土时尚文化进行很好的融合，要使奢侈品更好地符合中国消费者的价值观、文化观、消费观，甚至是通过奢侈品更好地向世界展现中国新生代的特色标签和生活方式。与此同时，奢侈品牌要在继续耕耘其实体商品的同时，要注重打造融合自身品牌价值和中国特色元素的生活化场景体验系统，从而使奢侈品有效地渗透到中国快速发展的热点领域和潮流趋势。例如，欧莱雅（L' Oreal）跟中国国家博物馆合作推出了五款口红，其设计灵感来自博物馆内藏品《千秋绝艳图》，五款口红色号分别对应中国古代的五大美女。

2. 管理模式的革新

无论是国际龙头奢侈品牌，还是国内崛起的新兴奢侈品牌，要想更好地占领中国市场，就需要基于中国奢侈品市场的实际情况和中国消费者的特殊需求，参考 Bain 提出的中国消费者设计（Design）、中国团队自主决策（Decide）、以中国速度执行（Deliver）和中国业务数字化（Digitalize）的 4D 法则，针对性开展管理模式的革新。其中，奢侈品牌要加强针对中国市场的定制产品研发、设计工作，特别是国际奢侈品牌应在中国设立研发

设计中心，以更好地把握中国消费者的需求；要向中国团队充分授权，从而在这个日新月异的市场快速做出决策；要通过垂直整合与横向合作，尽快构建自己的品牌生态系统，并争取在细分领域或分销渠道上快速打响品牌知名度，从而有效占领相关市场；要加快中国市场管理的数字化转型，以跟上中国数字消费快速升级发展的浪潮。

3. 产业技术的创新

未来，奢侈品牌需要在整个价值链中更加灵活地运作，缩短产品上市时间，更好地适应消费者的趋势和需求。例如，设计师和销售人员将能够更快地做出决定，并通过3D技术、虚拟打样和人工智能支持的规划，引导品牌走向需求驱动模式（见图5－13）。在产品展示及营销环节中，要加大在虚拟展示、数字销售上的技术投入，从而确保相关产业链条不因特殊公共事件和突发问题而受到影响。在产业的整个供应链上，要着力实现供应链的端到端数字化改造，从设立远程工作平台到布置虚拟展厅，数字技术可帮助奢侈品企业在危机期间维持生产力甚至永久提高其生产力。此外，商业元素（虚拟陈列室、数字化原型制作和采样等）在维持消费者黏性方面也有很大价值，即使在旅行限制期间也是如此。

3D设计	虚拟打样	数字营销	近岸生产	
设计	货品采购与排期	B2B销售	外包与供应链	消费者互动
人工智能计划	视频签单	虚拟Showroom	整合供应商	

图5－13 技术创新在产业链中的应用

资料来源：麦肯锡。

（三）完善多元销售渠道体系，提升数字化营销能力

“十四五”时期乃至可预期的未来，数字化转型都是奢侈品行业必须经历的过程。特别是在新基建建设如火如荼、电商平台日益发达、社交媒体日新月异的中国，完善多元销售渠道体系，提升数字化营销能力，是中国奢侈品产业发展的重要方向和各大奢侈品牌必须下大力气做的功课。

1. 逐步构建全渠道营销网络

目前，中国消费者正日益寻求线上线下无缝衔接的购物体验，因此，奢侈品牌商须清晰设计符合消费者需求的“全渠道”购物模式。

一方面，要加大数字营销的投入。由于服装、箱包等奢侈品同时又有时尚消费品的属性，因此信息的快速传递对于品牌来说是必要的。根据BCG与腾讯发布的调查数据，虽然中国消费者购买奢侈品的主要场景仍是线下，但是有近70%的消费者的消费决策是受线上信息影响的。为此，奢侈品商要加大数字营销的投入，为消费者提供线上线下无缝衔

接的购物体验，并开始将消费者数据变现，更好地提高品牌知名度和产品市场占有率。

另一方面，差异化布局线下零售门店。首先，对于较为成熟的一线和二线城市，将品牌直营店视为自己的媒体平台，要做好品牌直营店的优化布局和购物体验升级，加大投入以便迎合年轻消费者的个性化追求，使品牌直营店成为维系品牌形象的重要抓手和影响消费者购买决策最重要的渠道。其次，对于一些三线乃至更低线城市的新兴市场，要加强对当地消费市场的调研，通过授权经销、授权许可等方式，通过设立实体体验中心和展示店，以此强化自身的品牌形象，实现在新兴市场以及非核心品牌经营上的突破。最后，加强渠道整合和品牌并购，从而更快捷地获得更多的渠道资源和潜在客户群体。

此外，关注不断发展的免税购物渠道。自 2016 年以来，国家进一步放开免税政策，在广州、杭州、成都、青岛、南京、深圳、昆明、重庆、天津、大连、沈阳、西安、乌鲁木齐机场口岸，以及深圳福田、皇岗、沙头角、文锦渡、珠海闸口、黑河等水陆口岸设立口岸进境免税店，并支持中国免税品（集团）有限责任公司、中国出国人员服务总公司、深圳市国有免税商品（集团）有限公司和珠海市免税企业集团开展良性竞争，这都有利于国内免税产业的发展。海南自由贸易港“零关税”及离岛免税政策的升级，使得海南成为国内免税购物及拉动奢侈品消费回流的主力军。2020 年 6 月 9 日，财政部授予王府井集团免税品经营资质，这为消费者提供了更多免税购物的渠道，未来其他普通商业零售集团也有可能获准进入免税行业。因此，相关奢侈品商可以更加关注中国不断发展壮大的免税购物行业，拓展更多的销售渠道和平台。

2. 提升数字化营销能力

面临消费者数字化行为的巨大变化，奢侈品牌商需要借力数字化手段，促进线上与线下的全面融合。奢侈品牌商应设计并实施一套缜密的数字平台方案，在自有平台上建立起内涵丰富且一致的品牌形象，同时根据自身品牌战略和市场定位，统筹利用好综合电商平台、名品折扣网等第三方平台达到引流和线上分销作用。特别是随着社交媒体对消费者决策的影响不断增大，品牌商和零售商应该将数字营销向社交媒体渠道转移，通过准培养 KOL（关键意见领袖）和 KOC（关键意见消费者），精心设计营销材料和话题点，将 KOL 和 KOC 打造成自己的品牌大使，促进自身品牌快速成为社交媒体热点话题和爆款产品。

（熊兴　北京服装学院中国时尚研究院）

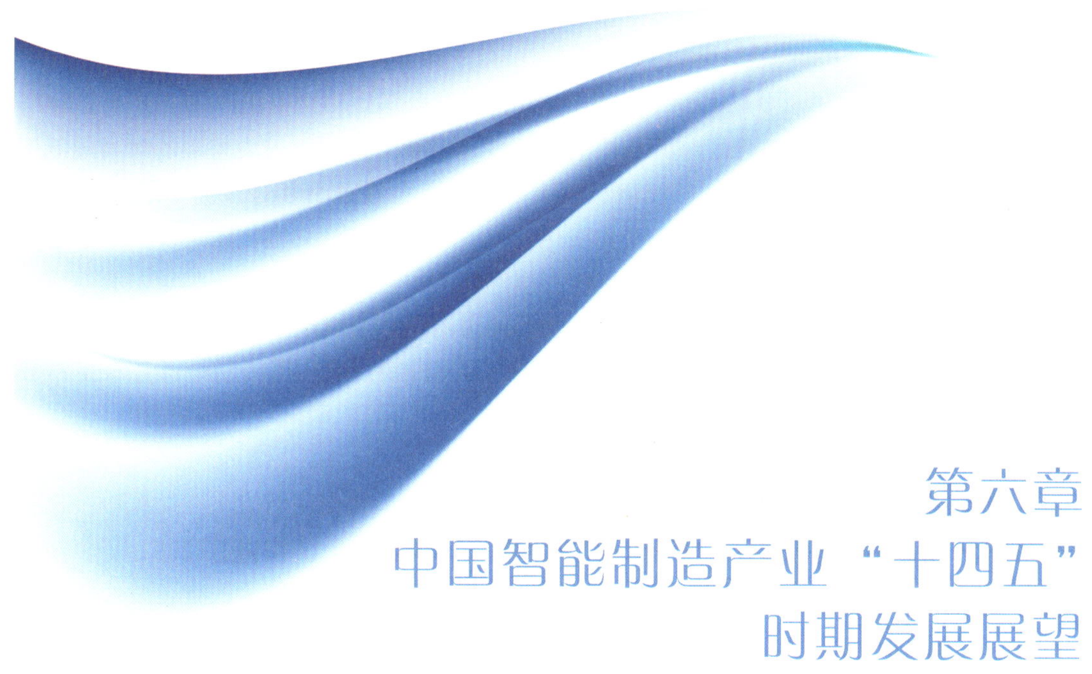

第六章 中国智能制造产业“十四五”时期发展展望

“十三五”时期是我国社会经济转型的关键时期，我国社会主要矛盾已经转化为人民日益增长的美好生活需要和不平衡不充分的发展之间的矛盾；我国经济增长已进入新常态，发展方式正在从规模速度型转向质量效率型，消费在推动经济发展中持续发挥着基础作用，个性化、多样化消费渐成主流。

纺织工业的发展极大丰富了时尚元素的载体，是时尚与人民生活最直接、最紧密的表现与结合。纺织机械作为纺织工业的产业基础，以创新驱动供给侧改革，为促进我国纺织工业科技与时尚融合发展，提供有效供给与促进人民群众消费升级发挥了重要的支撑与保障作用。

一、纺织与纺织机械发展回顾

（一）“十三五”时期纺织工业时尚新趋势

“十三五”时期是我国全面建设小康社会的决胜阶段，也是建成纺织强国的冲刺阶段。定位于创新驱动的科技产业、文化引领的时尚产业、责任导向的绿色产业，纺织工业展现出新的时尚发展趋势。

1. 生活到生产的逆向串联

区别于大规模生产，随着快时尚与快消费的兴起，以个性化需求为基础的时尚潮流引领着生产制造环节的进化。在新一代信息技术迭代演进，在改变生产要素结构的新趋势下，我国纺织工业正加快向智能制造新业态与新模式转型升级。共性技术进步、智能装备突破、网络协同发展为基于快速反应、提供有效产能的柔性供应链提供了基础，有效将供给侧与需求侧进行精准匹配与无缝衔接，将资源的供给与需求实现了逆转传导。加快形成“小批量、多品种、高质量、快交货”的高效敏捷反应机制，正在成为纺织工业在生产环节的时尚表达方式。

2. 从消耗到绿色的加速转变

绿色、生态、环保与可持续发展正在深刻影响人民的消费与生活方式，纺织服装产业的绿色时尚，体现在原料来源、生产过程与循环回收等各环节。淘汰落后产能、单位产品综合能耗持续下降，水重复利用率不断提高，污染物排放总量大幅减少，构建废旧纺织品回收再利用产业体系，加快形成绿色制造体系，纺织行业正努力实现着“十三五”时期的绿色发展目标，生产并倡导更多地使用优质生态纺织产品，满足绿色、低碳与可持续发展的需要。

（二）纺织机械助力纺织时尚产业发展新亮点

“十三五”时期，纺织机械行业依靠科技创新，在智能制造、提效降本、绿色环保方面获得了长足的发展；各类纺织机械坚持以市场为导向，在满足人民群众个性化、时尚化、健康安全消费方面体现出了不少新亮点。

1. 纺纱机械

纺纱机械自动化、智能化程度得到显著提高，自动落纱粗纱机及粗细联系统、纱库自动喂管自动络筒机等均已形成量产；全自动粗纱机及粗细联系统的全自动集体落纱、自动生头技术、管纱识别技术等关键技术取得突破。伴随着我国棉纺行业不断提高天然纤维开发利用水平，通过创新各类纺纱机械设备，更加适应差别化纺纱与多种纤维混纺，产品结构更加贴近市场不同需求。如清梳设备，通过高效精确自动称量混纺，改变了传统人工操作生产流程，使得差别化纺纱所需的劳动强度显著降低。如新型并条设备，通过整合创新，不断优化了对多品种适纺性的需求。

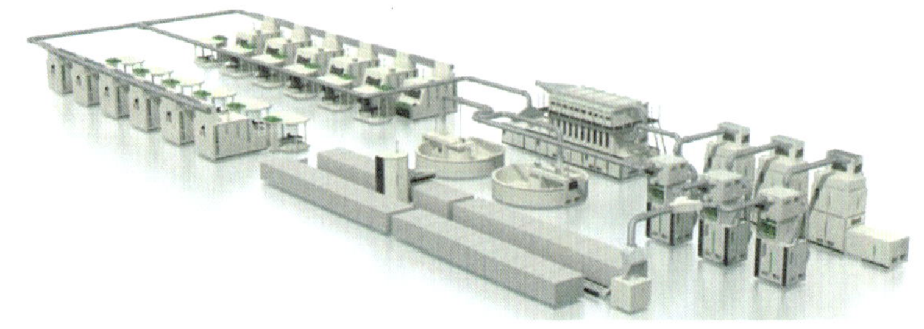

图 6－1　高精度称量混合清梳联生产线

2. 化纤机械

化纤机械在常规纤维提高单位设备产能、集成化、智能化、网络化与节能方面取得了相当的进展，化纤长丝生产自动落卷和物流系统已实现产业化。此外，适应当前绿色发展理念，替代石油的可再生、可降解的新型化纤原料及差别化短纤维装备也得到长足发展。目前，国内纺织机械企业研制的生产过程无污染的新溶剂法 Lyocell 纤维设备成功开车，标志着国内企业在绿色原料制备装备与工艺上取得了不小的进步。

图 6-2　空中型络筒机与 AGV 车演示配合

3. 织造机械

织造机械的产品适应性得到很大提高。剑杆织机在模块化、数字化、智能化与产品多样化方面进步显著，充分发挥了设备应用范围广的优势，生产织物种类可涵盖时装面料、牛仔布、提花毛巾、素毛巾、工业用布、装饰用布、商标与鞋面织物，适织纱线包括棉纱、涤纶、锦纶、芳纶、蚕丝、包芯纱、雪尼尔纱等。喷气织机的品种适应性更贴近市场需求，纬纱颜色发展到两色至八色不等，除传统的短纤胚布、床单布和衬衫面料外，织造产品还扩展到厚重牛仔布、安全气囊、汽车内饰面料、高级衣料、中厚面料、网格布等其他领域。喷水织机也从过去单一的常规纤维织造向差别化发展。从单喷单纬、平纹凸轮开口发展到双喷和自由选色技术。已能织造斜纹、缎纹、三元组织的变化组织，配用提花机后可以织造更复杂的花纹织物，织造品种涵盖了如装饰用布、气囊布、充绒布、双层充绒布、春亚纺、消光锦纶、精纺人字尼、渔网布、色织布等。

图 6－3　新型喷气织机

4. 针织机械

针织机械中的圆纬机随着产业链整体加工水平的不断进步，逐渐向高机号发展，满足了面料轻薄化、风格细腻的流行趋势。高机号电脑提花机能够编织花型细致的薄型服用针织提花面料以及家纺产品，深受消费者欢迎。为适应针织面料与产品小批量、多品种、变化快的发展趋势，装备企业研发了互换性强且一机多用的圆纬机，可以实现单面机的平纹、卫衣、毛圈机互换，多针道单面机与双面机互换。电脑横机五年来在电控系统、机械配合、材料适应性方面进步明显，随着全成型电脑横机的突破与成熟，能够进一步缩短工序流程。结合当前大规模个性化定制的发展，电脑横机生产领域 C2M 模式初见端倪，消费者可通过网络选定服装款式，在满足对服装要求个性化的同时实现即时下单，迅速交货。

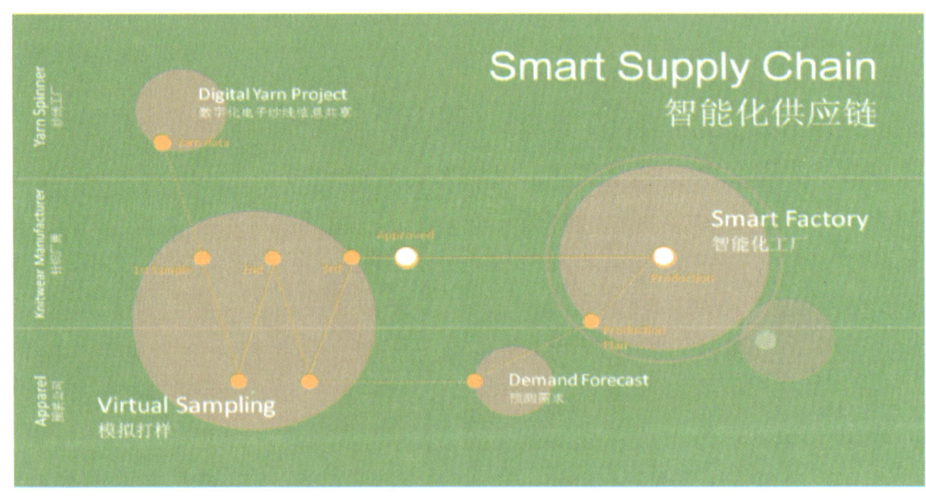

图 6－4　智能化供应链示意图

5. 印染机械

工艺成熟、面料产品质量好的间歇式染色机通过研发新技术不断在节水节能方面取得新进展，配套印染设备工艺参数在线监测与控制技术得到长足发展，染料与主机自动配送系统也在逐步应用。针织物连续湿处理设备通过控制技术改进，设备工艺得到逐步完善，正在逐渐被用户接受。技术发展最快的数码喷墨印花机，凭借缩短传统印染工艺流程、生产批量不受限制和适应个性化订单的特点，新机型不断推出，除高精度往复式扫描机与高速 Single - Pass 设备外，还有网印与数码喷墨联合机和宽幅打纸机不断投入生产。

图 6-5 数码印花机

6. 服装机械

服装机械智能转型成果显著，平缝机产品从自动化向智能化、网络化快速升级；智能缝制单元实现产业化、系列化与大规模应用，针对服装、牛仔、制鞋等行业研发的智能化程度更高的自动缝制单元设备品种快速增多。铺布和裁剪通过新型激光技术提高裁剪速度，借助图像分析技术协助排版提高布料利用率和裁剪准确性。缝纫加工中新型缝纫机可实现半自动化操作，通过人工完成缝制准备和辅助工作，缝纫机自动车缝，实现多人承担的工序由一人完成。服装生产智能调度与吊挂线设备已发展到能够根据生产工艺的要求，自动将衣片、半成品及成衣按加工顺序输送到各个工序，直接输送到每个操作人员最方便的位置。

图 6-6 服装吊挂线

二、“十四五”纺织机械发展机遇与挑战

（一）消费升级催生纺织机械发展新需求

1. 收入增长带动纺织工业需求不断提升

“十三五”时期，居民生活水平不断提高，收入得到稳步增加，消费对国民经济增长发挥了基础性作用。穿着类支出的消费支出占比过去五年稳定在7%左右。受益于整体消费支出的增长，中国纤维与纱线加工量得到了稳步增长，对我国纺织工业的需求也得到进一步提升。

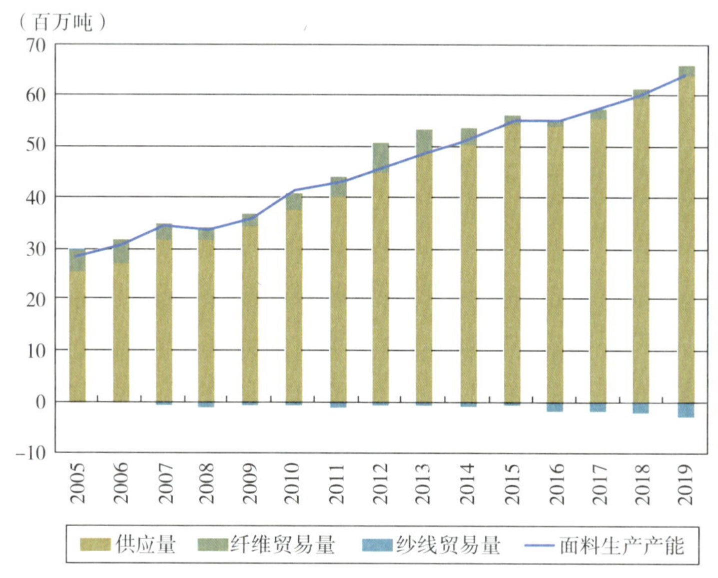

图6-7　中国纤维和纱线加工量

资料来源：The Fibre Year 2020.

2. 消费升级催生纺织机械发展新需求

“十四五”时期，国内消费升级对纺织工业制造技术与纺织机械设备提出了更高的新要求。例如，服装面料生产技术占比的改变，过去服装面料生产技术主要以机织为主，相对单一。得益于市场的旺盛需求，传统机织服装的面料制造份额已大大降低，变化丰富，品种繁多的针织面料已超过机织成为最主要的服装面料生产技术。

随着国内加快形成以国内大循环为主体、国内国际双循环的新发展格局，中国超大规模的中等收入群体是新时期发展的基础。年轻消费群体更加追求个性化、时尚化；中年消

费群体更加注重品质与更新速度；老年消费群体更加突出功能性纺织服装产品。例如，2020 年 9 月，正式对外公布的阿里集团犀牛智造平台，正是对传统服装供应链进行柔性化改造，将行业起订数与交付时间大大缩小，从供给段不断探索改进小单量、多批次、高效高品质的创新解决方案。这些多层次、多维度的需求也对纺织装备提出了更迅捷的响应速度与更高的要求。

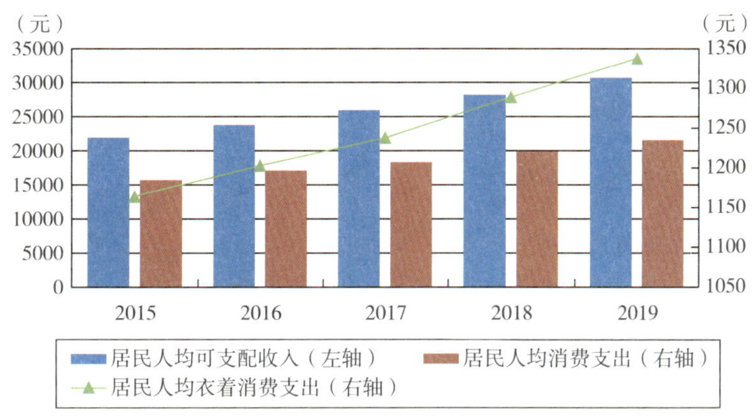

图 6－8 2015～2019 年居民人均可支配收入、消费支出与衣着消费支出

资料来源：国家统计局。

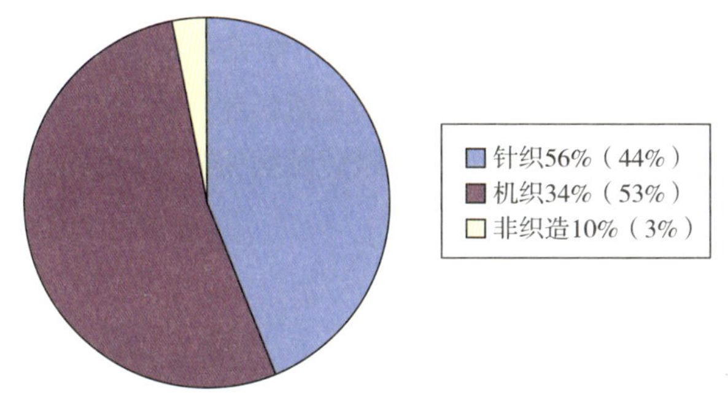

图 6－9 2019 年面料生产技术份额

注：括号内数字为 2005 年数据。

（二）新兴技术提供纺织机械发展新动力

1. 新一代科技革命支撑纺织工业高质量发展

当今世界以大数据、云计算、人工智能等为代表的新一代科技革命在各个产业领域迅速广泛渗透，对各国的政治经济与社会发展都产生了深刻影响。2020 年 7 月，中央审议通过了《关于深化新一代信息技术与制造业融合发展的指导意见》，提出将新一代信息技术与制造业进行融合发展，加强对制造业全要素、全流程、全产业链的管理和改造，提升制造业的数字化、网络化和智能化水平，带动制造业高质量发展。伴随着新一代科技革命的快速演进，数字与信息已逐渐成为土地、劳动、资本以外新的生产要素，我国纺织工业将乘势而上，加快探索与新业态、新模式相结合的高质量发展。

2. 智能制造赋能纺织机械发展新动力

纺织生产兼具离散型与流程型制造的特点，“十三五”时期，纺织服装用户企业已应用了不同层次的智能装备，如智能化纺纱生产工厂、化纤长丝数字化车间、色织纱印染数字化工厂等，均实现了自动化、数字化，大部分已实现了网络化，部分实现了智能化。“十四五”时期，先进控制技术、传感器与新型合成材料的进步与应用，将使纺织机械获得新的发展动力，继续提升纺织机械的技术水平、生产效率和产品质量，逐步打通纺织产业链从纤维制造到纺纱、织造、染整和成衣的智能制造全流程。

（三）绿色可持续带动纺织机械发展新机遇

1. 纺织工业深化可持续发展

可持续发展是当今全球在应对经济、社会及环境多重问题下所提出的发展战略。清洁能源、可持续经济增长、可持续工业化、负责任消费与生产等都与全球未来发展密切相关。纺织工业已开始从品牌企业、销售环节与制造环节中采取行动，包括资源的可持续利用、供应环节管控等方面。例如，Nike 的 Flyknit 鞋面材料、Air 鞋底材料等技术，一年可消化 3100 万个塑料瓶、可将 90% 以上的 Air 鞋底制造过程中的废料循环使用；阿迪达斯与 Parley for the Oceans 合作，将危害海洋的渔网与塑料回收制成运动鞋材料；优衣库自 2017 年起公布了逾 100 家品牌供应商的名称与地址。全产业链在社会责任与绿色环保方面的探索与实践，为纺织工业深化可持续发展孕育了新的机遇。

图 6－10　Nike VaporMax 2020 环保设计理念

2. 绿色生产成为纺织机械重要发展方向

纺织工业的绿色可持续生产升级，通过技术创新、利用清洁能源、改进工艺装备将成为纺织机械发展的重要方向。在行业层面，如欧洲最大的工业协会德国机械设备制造业联合会推出了“欧盟纺织机械蓝色能效手册”，意大利纺织机械制造商协会推出了“可持续发展绿色标签”；在设备层面，如气流、溢流小浴比染色、高效短流程前处理印染设备、数码印花、平幅连续水洗机、水回用与余热回收等先进技术与装备等均得到了快速发展。当绿色环保生产越来越受到全产业链重视，对节能环保技术需求也会越来越高，这为“十四五”时期技术与装备的发展带来了新的机遇与思考。

三、“十四五”纺织机械助力纺织时尚发展的思路与设想

（一）立足国内市场需求，坚持全球化发展

1. 立足我国国内市场发展需求

我国纺织工业作为世界最大的纺织经济体，从 2012 年以来，我国纤维加工总量始终稳居世界第一且占比超过 50%。国内纺织工业如化纤、纺纱、织造、针织、非织造、印染等，全产业链完整，伴随消费需求不断升级，纺织机械装备既可以通过不断创新满足国内纺织工业多样化发展需求，也可以依托庞大的国内市场不断升级现有存量设备，将新研发新成果迅速投入产业化应用，密切开展与纺织服装企业和消费者的持续良性互动，不断完善与升级。

2. 坚持开拓国际市场

我国纺织工业面临的外部环境更加复杂，随着我国劳动力成本持续上升，我国纺织行业部分低附加值业务将持续向以东南亚为主的国家转移，脱钩、摩擦与疫情使得逆全球化趋势有所抬头。我国纺织机械进出口贸易从 2015 年起实现贸易顺差，通过良好的性价不断赢得国际市场份额，出口金额持续提升。“十四五”时期，伴随我国纺织机械加工水平与设备性能的不断进步，提高品质与服务水平成为进一步开拓国际市场的重要努力方向。

（二）强化共性基础性研发，推进智能化装备发展

1. 强化基础技术开发与共性支撑技术融合

我国纺织机械行业应着力提高关键基础件水平，从制造技术与基础研究入手，研发量大面广的纺织专用基础件高效复合加工专用数控装备、专用热处理装备与自动化生产线，保证产品加工质量稳定，提高纺织专用基础件的使用寿命。紧密对接信息网络技术、传感与控制技术、物流与仓储等智能制造共性技术最新发展，加强适合纺织工业制造特征的智能制造技术与纺织装备的融合应用。

2. 促进智能化纺织装备的发展与应用

纺织智能装备的发展应包括研发纺纱、化纤、织造、针织、染整等智能单机设备和自动接头、挡车、自动识别抓取、立体缝制与拼接缝合等纺织专用机器人，促进纺织服装加

工实现连续化、自动化、智能化，探索应用于涵盖5G技术、工业互联网和人工智能等新一代信息技术的纺织智能工厂，实现纺织装备互联互通、远程运维、网络协同制造和大规模个性化定制，加快推动各领域智能化纺织装备在全产业链的升级与发展。

（三）攻关纺织原料可持续生产、推广绿色环保技术与装备

1. 发展纺织原料可持续生产与循环利用

我国纤维加工总量中83.6%是化学纤维，而化学纤维的90%以上源于石化资源的合成纤维。“十四五”时期，行业将继续攻关可降解的新型化纤原料技术与装备，推动扩大纺织原料绿色生产。重点发展包括交联固化联合机等非原纤化纤维专用设备、预混合机、蒸发溶解机和大容量干湿法纺丝机等关键单机，高效薄膜蒸发等技术，高黏度齿轮泵和喷丝板等基础零部件。此外，还将研发废旧纤维及纺织品高效再生制备技术与装备，包括真空连续除氧干燥设备、解聚反应器、全自动反冲洗过滤器、连续离心机和多相高温氧化装置等关键单机，废旧聚酯纺织品化学法连续再生技术等。

2. 提升纺织绿色环保技术与装备

作为全球最大的纺织工业纤维加工国，我国印染纺织品产量占世界的比重超过60%，排放废水近20亿吨。这些加工生产环节的能源消耗和环境污染也需要进一步改善。“十四五”时期，纺织生产技术与装备将重点发展数控针织物染整连续化绿色成套装备，攻关高精度针织物圆网印花机、高速全幅宽数码印花机、针织物拉幅定形机等关键单机。开发并应用自动调浆及染化料智能化配送系统和自动验布机及机器视觉系统等，建立能源主动管控、能耗预测和预测性维护等能源管理系统，降低能源消耗与污染物排放水平，缓解资源环境压力，推动我国纺织工业可持续发展，提升绿色化生产水平。

（丛政　中国纺织机械协会）

本章参考文献

[1] 中国纺织工业发展报告2018/2019. 北京：中国纺织出版社，2019.

[2] 中国国际纺织机械展览会暨ITMA亚洲展览会展品评估报告. 北京：中国纺织出版社，2018.

[3] 我国纺织产业智能制造发展战略研究报告. 北京：中国工程院咨询研究项目.

[4] 全球纺织行业生产力. 北京：中国纺织出版社，2019.

[5] 新时尚·新设计·新商业——中国纺织服装产业发展的新生态. 深圳：中国纺织，2020.

第七章 中国纺织类非物质文化遗产发展及“十四五”时期展望

中国是世界文明的发源地之一，5000 多年的发展历史留下了丰富璀璨的非物质文化遗产，它们展现了中华文明的精华、承载着劳动人民的智慧、彰显出民族精神的核心、见证着时代的变迁。回顾“十三五”时期中国纺织类非物质文化遗产的发展成就，展望“十四五”时期中国纺织类非物质文化遗产的发展趋势，促进中国纺织类非物质文化遗产高质量发展，实现非物质文化遗产的活态传承。

一、中国纺织类非物质文化遗产概述

（一）中国纺织类非物质文化遗产概念及分类

近年来，我国各级政府和社会各界逐渐意识到非物质文化遗产（以下简称非遗）的重要性和特殊性，高度重视其保护、传承与发展工作，已全面建立国家、省、市、县四级非遗名录保护体系，将其分为民间文学，传统音乐，传统舞蹈，传统戏剧，曲艺，传统体育、游艺与杂技，传统美术，传统技艺，传统医药，民俗十大类别。

为积极响应国家号召，纺织行业高度重视行业传统文化和技艺的保护、传承与发展，深入挖掘纺织类非物质文化遗产（以下简称纺织类非遗）资源，将分布于传统美术、传统技艺及民俗三大类别的纺织类非遗项目单独梳理，并根据纺织类非遗的特征重新进行行业划分，提出纺织类非遗的四大主体部分：一是以苏绣、湘绣、蜀绣、粤绣及少数民族刺绣为代表的刺绣技艺；二是以蚕丝织造、棉麻织造等为代表的织造技艺；三是以蓝印花布、少数民族蜡染、扎染等为代表的印染技艺；四是以蒙古族、苗族等少数民族服饰及内联升千层底布鞋制作技艺等为代表的服饰技艺。

图7－1　纺织类非遗

（二）中国纺织类非物质文化遗产资源现状

截至2020年初，我国已公布四批国家级非遗代表性项目1372项（子项3145项），五批国家级非遗代表性传承人3068名。根据行业资源特征，纺织类国家级非遗项目197项，纺织类国家级非遗代表性传承人182名，资源覆盖31个省市自治区。我国入选联合国教科文组织人类非遗名录名册项目共40个，其中，中国传统蚕桑丝织技艺、南京云锦织造技艺、黎族传统纺染织绣技艺三项纺织类非物质文化遗产项目列入其中。

纺织类非遗资源分布及区域开发不平衡。根据中国纺联非遗办统计数据，国家级纺织类非遗项目超过10个的省市自治区依次为贵州省、新疆维吾尔自治区、江苏省、浙江省、四川省、西藏自治区，主要集中在少数民族聚集、文化生态环境多元化的西部省份和经济发达、非遗保护投入力度大的东部省份。

刺绣技艺在纺织类非遗项目中种类最多。从纺织类非遗特征来看，刺绣技艺项目在行业资源中的占比最大，项目数量为60个，其次依次是服装服饰、织造技艺和印染技艺项目，数量分别为58个、54个和25个。

表7－1　国家级非物质文化遗产代表性项目及传承人（纺织类）区域分布情况

序号	地区	项目数量（个）	传承人数量（人）
1	贵州省	27	17
2	新疆维吾尔自治区	20	18
3	江苏省	13	20
4	浙江省	12	10
5	四川省	12	15

续表

序号	地区	项目数量（个）	传承人数量（人）
6	西藏自治区	11	9
7	湖南省	9	11
8	海南省	8	4
9	青海省	8	7
10	内蒙古自治区	7	7
11	北京市	6	7
12	山西省	6	3
13	上海市	6	6
14	广东省	6	8
15	河北省	5	3
16	云南省	5	7
17	甘肃省	5	5
18	黑龙江省	4	4
19	湖北省	4	4
20	广西壮族自治区	4	3
21	辽宁省	2	1
22	吉林省	2	1
23	福建省	2	1
24	江西省	2	2
25	山东省	2	1
26	重庆市	2	3
27	陕西省	2	
28	宁夏回族自治区	2	2
29	天津市	1	1
30	安徽省	1	1
31	河南省	1	1

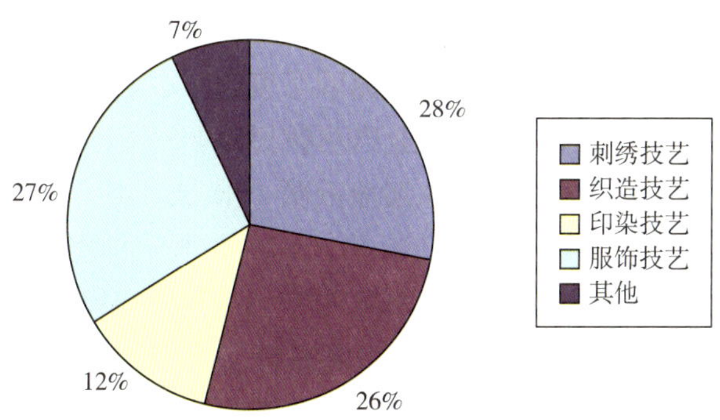

图 7－2　国家级非物质文化遗产代表性项目（纺织类）行业分类情况

注：部分纺织类非遗项目有跨行业分类现象，在行业分类统计中总数会大于 197 项。

（三）中国纺织类非物质文化遗产基本特征

纺织类非遗是民族历史与文化共同载体，活态呈现出纺织行业、纺织人最广泛、最深切的情感与生活。它不仅具有非遗资源的共有特征，还展现出纺织行业的独特价值，具体表现在：

1. 历史悠久、内涵深厚

伏羲化蚕、嫘祖养蚕、西施浣纱、古丝绸之路的开辟、黄道婆传播棉纺技术……这些流传至今的纺织故事，是我国辉煌的纺织历史和深厚行业文化内涵的集中体现。

2. 品种丰富、分布广泛

纺织类非遗是中国传统手工技艺，可细分为纺、染、织、绣、印、服装服饰等多个门类，同时广泛分布于我国各个地区，尤其是中西部少数民族聚集区，拥有大量具有鲜明地方和民族特色的项目。

3. 手工制作、彰显个性

随着全社会消费升级，个性化、品质化的时尚消费正在成为新时尚的消费主流。纺织传统工艺的核心是创造性和个性化的手工制作，正在从满足人们基本生活需求目标转变为满足高品质、个性化消费目标。

4. 亲和百姓、融合生活

纺织类非遗以服装家纺产品为载体，与人们的衣食住行等日常生活密切相关，与大众生活具有天然的融合性，能够更好地走进生活。

5. 绿色环保、延展性强

纺织类非遗产品以优质天然原材料和植物染色为基础，绿色环保的传统手工制作工艺，并且依据不同市场层次、不同群体需求，定制个性化产品，产业延展性强，产品衍生范围广泛。

二、“十三五”时期，中国纺织类非物质文化遗产发展回顾

“十三五”时期，国家和各级政府高度重要非物质文化遗产工作，文旅融合不断推进，科技创新逐步赋能，非遗文化事业保护工作深入推进，非遗文化产业有序开发，纺织类非遗发展出现新气象。

1. 文旅融合创造新局面

第十三届全国人大一次会议通过国务院机构改革方案，设立文化和旅游部，统筹文化事业、文化产业和旅游资源的开发与融合发展，形成优势叠加的良性发展局面。

纺织类非遗与旅游产业的融合，不是简单机械的叠加，而是全面深度的融合。一方

面，纺织类非遗与人们衣食住行紧密连接，具有消费属性、市场优势，纺织类非遗产品和特色文化服务可以丰富旅游市场内容，激发旅游市场活力；另一方面，旅游体验让消费者身临其境地感受文化、从而购买产品与服务，既能够有效地达到文化传播效果，又能够创造出经济价值，旅游市场的消费潜力刺激文化资源的挖掘与产品的开发，为纺织非遗产业发展树立导向。

近年来，非遗成为宣传各地旅游业的最佳标签，“非遗游”逐渐成为一种时尚。人们出游已不再单纯满足于山水游玩，感受当地不同形式的文化与风俗，体验当地居民的生活方式成为首要选择。以荣昌夏布为例，2008 年，荣昌夏布制作技艺就被列入国家级非物质文化遗产名录。但长期以来，荣昌夏布产品以出口低附加值的坯布为主，产品结构单一，国内市场开发度低，产业发展遭遇瓶颈。2016 年，荣昌斥资 4.6 亿元，打造了“中国夏布·时尚小镇”，将小镇打造为集夏布加工生产、展示展销、设计研发、旅游观光为一体的综合性 4A 级旅游景区。在“以文促旅，以旅兴文”思想指导下，夏布加工生产、展示展销等体验活动作为小镇的特色旅游内容，吸引大量国内外游客参观游览。游客的旅游消费导向又促进了传统夏布产业转型升级，开发出大量具有浓郁地方特色的夏布旅游文化商品和非遗特色体验游内容，不仅延伸夏布产业链，提高夏布产品的附加值，而且壮大了夏布产业的传承力量。

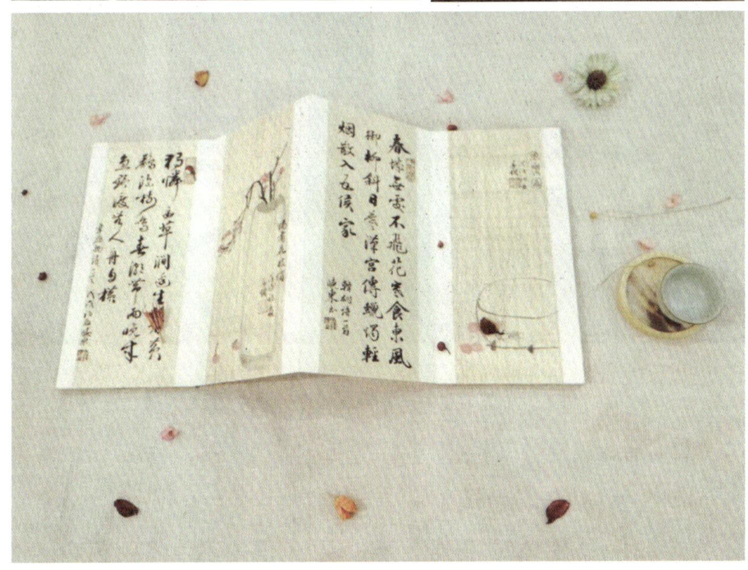

图 7-3　荣昌夏布旅游文化产品

2. 科技创新呈现新发展

科技创新是文化发展的重要引擎，新一代机械技术、信息技术成果等为非遗的保护、传承与发展提供了更多可能和空间。“十三五”时期，科技创新为纺织类非遗产业的发展带来良好的开端，进一步探索纺织类非遗产业与科技创新的融合，有利于打造可持续发展的纺织类非遗产业模式。

科技创新加速推动纺织类非遗产品的生产开发。传统纺织类非遗以手工技艺为主，生产效率低，难以实现产品标准化生产，从而无法满足市场需求。如宋锦被誉我国“三大名锦”之首，但手工织锦工艺复杂，造成其产量低、价格高、市场认知度不足等问题，逐渐导致市场需求萎缩。2012 年，上久楷丝绸科技文化有限公司董事长吴建华，带领技术团队制作出第一台符合传统宋锦织造工艺和各项技术参数的数码提花机，将宋锦的生产效率提高了 100 倍，不仅大大降低了生产成本，而且提升了产品品质。“十三五”时期，随着生产技术的进一步提升，宋锦原料生产发生了改革，为产品的设计研发提供了保障，各种文创产品应运而生，频繁出现在 APEC 会议、抗战胜利 70 周年活动、G20 峰会、金砖峰会、阿斯塔纳世博会等重大国际文化交流活动中，宋锦开始焕发出新的无限生机。

以多媒体为终端互联网科技的发展，促进了纺织类非遗的快速广泛传播。近年来，越来越多纺织类非遗的相关机构、博物馆、企业、传承人尝试移动媒体的传播方式，各类网络平台、APP、公众号、微博、小程序、短视频、直播平台等呈现爆发式增长，让本已脱离人民日常生活的纺织类非遗项目重新出现在眼前，提升其传承传播能力。除此之外，纺织类非遗在互联网销售上更是乘风破浪。互联网作为新的交易平台，打破了非遗资源的地域限制，实现了跨区域传承与销售。互联网正在通过更为生活化、时尚化、市场化的手段将纺织类非遗融入当代社会，解决纺织类非遗面临的产业与市场等诸多问题。2020 年，受新冠疫情影响，面对举步维艰的线下市场销售，电商平台的销售优势愈加明显。

图 7－4　依文中国手工坊深山绣娘及刺绣产品

例如，在让中国传统手工之美影响世界的理念的指引下，依文集团董事长夏华带领着中国手工坊团队不断穿梭在大山深处，找到 13000 多名绣娘，整理出 5000 多种中华民族传统纹样，他们利用数字化技术进行资源采集，把原生态的非遗资源转化为数据化资料进行保存，建立了中国手工艺者数据库、中国手工艺元素纹样数据库，将这些逐渐消失的人和物发掘出来并永久保存。同时，数据库与全球设计师共享，以互联网为媒介，全球各地的品牌和设计师可以与深山绣娘合作，让绣娘们待在家里就能接到订单，真正实现了在家门口“背着娃绣着花，养活自己养活家”的梦想。

除此之外，夏华还邀请国内外设计师对深山里的纺织类非遗资源进行开发和设计，然后通过电商平台的资源优势进行公益销售，实现对手艺人的帮扶，为当地带去大量订单。通过十几年的努力，夏华和团队走进上百个贫困县，直接带动了13000多名绣娘走上脱贫之路，摸索出让贫困地区的手工艺人走出大山、走向世界的脱贫致富新模式。

3. 产业融合开拓新思路

“十三五”时期是我国文化产业快速融合发展的时代，纺织类非遗产业融合的范围不断扩大，呈现相互借力助力的发展趋势。

纺织类非遗产业融合类型分为两大主体部分：一是与服装、文旅、影视、教育等传统产业融合，将纺织类非遗文化元素移植到服装服饰、旅游产品等有形的实物产品上，提高服装服饰、旅游产品的文化附加值，再通过服装服饰、旅游产品的市场消费需求，将纺织类非遗产品转化成经济价值。近来，网络热播剧《延禧攻略》曾掀起了纺织类非遗与影视产业融合的高潮，剧中刺绣服装、绒花服饰、缂丝扇等非遗元素的植入，以独特的文化观感吸引观众；苏绣、缂丝、苏扇等非遗项目也在观众中掀起话题热度，以新方式展现了自身的文化魅力，获得更广泛的社会认知。二是与科技、互联网等新兴产业融合，借助高精尖的技术优势，为纺织非遗的保护传承、传播销售提供了更多的渠道。以隆庆祥传统西服制作技艺为例，门店利用3D试衣技术，为顾客提供不同的展示体验，让顾客近距离体验这一非遗技艺的魅力，并通过线上线下交易平台满足其购买欲，让品牌效益得到显著提升。

4. 扶贫脱困肩负新使命

2018年，文化和旅游部发布了《关于大力振兴贫困地区传统工艺助力精准扶贫的通知》，提出非物质文化遗产是助力精准扶贫的重要抓手。欠发达地区的非遗传承人由于缺乏市场开拓、产品宣传的意识，无法将自己的手艺转变成经济价值。相关部门则需要帮助他们对接相关高校或企业，提升产品品质；对接市场渠道，加大宣传和销售力度。纺织类非遗资源遍布各民族、各地区，生产形式灵活多样，尤其是少数民族的刺绣、蜡染、扎染等纺织类非遗项目易于实现产业化、市场化等特点，往往成为政府机构、高校、企业扶贫的首选项目，也成为经济贫困地区实现人口就业、人民增收的新手段。

兴安盟科右中旗是内蒙古自治区蒙古族人口比例最高的少数民族聚居旗，也是内蒙古脱贫攻坚战中的“硬骨头”。近年来，科右中旗委、政府立足当地蒙古族刺绣资源优势，通过实践探索，创新形成了“企业+协会+基地”运营模式，采用订单模式，由企业、协会开拓销售渠道，与客户签订合同，再根据订单需求组织农牧民开展刺绣生产，回收刺绣作品后销售给客户，让农牧民绣工在家中就可以接收各种订单，现已逐步形成了集产品研发、生产销售于一体的蒙古族刺绣产业市场运营机制。

自2016年以来，在科右中旗人大常委会主任白晶莹的带领下，全旗173个嘎查共举办蒙古族刺绣培训班100多期，培养出一级绣工1300多人、二级绣工5000多人、三级绣工8000多人，同时通过开展蒙古族刺绣万人培训大会、中国手工刺绣传承创新大会等活动向全国各地的刺绣人士展示了蒙古族刺绣魅力，得到了社会各界的广泛认同。蒙古族刺绣产业带动2.1万名妇女参与蒙古族刺绣产业、带领2895名建档立卡贫困户，实现人均年收入提高2000元的梦想。2019年4月，科右中旗达到贫困旗县退出指标，退出国家级贫困旗县，蒙古族刺绣产业切实助力了科右中旗的脱贫攻坚进程，成为了脱贫攻坚战中一道亮丽的风景线。

图7-5　蒙古族刺绣产业助力脱贫

“十三五”时期，纺织类非遗的保护、传承与发展工作虽然取得了长足的进步，但是仍然存在一些不充分不平衡的发展问题。一是纺织类非遗传承与保护的理论研究不足，缺乏长效性与针对性对策建议，影响了纺织类非遗保护与传承工作开展的精准性和科学性；二是传承传播能力不足，纺织类非遗传承人群存在从业人员老龄化和人才断层的现象；三是受区域经济文化发展程度及资源分布情况影响，纺织类非遗的传承保护呈现中西部与东部发展不平衡的状态，未形成统一有效的机制；四是纺织类非遗产品开发存在区域、民族特征明显，现代感和时尚感缺乏，产品结构单一等问题，造成纺织类非遗市场化、产业化发展水平低，品牌的影响力不足。

三、“十四五”时期中国纺织类非物质文化遗产面临形势

面对国际政治经济形势的复杂变局、新一轮技术革命的快速渗透，我国经济进入新常态和动能转换阶段，“十四五”时期我国纺织类非物质文化遗产面临着重大的机遇与挑战。

1. 传统文化的高度重视

文化是民族的血脉，是人民的精神家园，是国家强盛的重要支撑。党的十九大报告中，习近平总书记多次指出中华优秀传统文化对于国家兴旺、民族发展的重要推动作用，这些重要论述为非遗的保护、传承与发展指明方向。纺织类非遗作为中华民族赖以生存的物质和精神财富，正紧密结合时代要求，努力实现创造性转化和创新性发展。

2. 转型升级的发展动能

我国传统纺织经济发展模式亟须转变，必须寻找可持续增长点，推动纺织行业高质量发展成为未来行业发展主题。实现行业经济转型，除依靠科技创新外，还需要寻求新资源、新动力，纺织类非遗资源巨大的产业开发前景，结合行业转型的发展动能，纺织产业与文化非遗的融合发展无疑成为最佳选择。

3. 消费升级的需求动力

新经济时代，传统的物质生活消费占比迅速降低，文化艺术消费和精神消费需求不断提升，推动我国文化艺术市场的大发展。强大的消费需求是市场变革、经济增长的驱动力。纺织类非遗通过挖掘深厚的文化价值和工艺价值，不断增强文化与艺术市场的供给能力，满足人民美好生活的新消费需求。

4. “一带一路”的交流契机

“一带一路”建设是实现共同繁荣的共赢之路，是加强全面交流的友谊之路。纺织类非遗在“一带一路”沿线国家的经贸文化往来中具有天然优势，对构建民族文化自信、推进我国文化走出去，具有战略性的意义。

四、“十四五”时期中国纺织类非物质文化遗产趋势展望

当前，非物质文化遗产的保护、利用和传承问题始终是社会各界关注的重要议题。随着我国非遗保护工作成效突出，纺织类非遗与其他产业融合发展不断深入，未来我国纺织类非遗市场开发前景广阔。

1. 非遗 + 服装服饰

服装服饰是纺织类非遗产业融合发展过程中，应用领域最广泛、市场消费潜力最大的部分。“十四五”时期，将纺织类传统工艺运用到现代服装服饰中，通过时尚设计元素的加入，为纺织类非遗注入新活力，仍是市场开发重要方向之一。除实现传统与时尚的有机融合，还需要进一步探索如何利用服装服饰展示出新时代独特的东方时尚文化。

图 7－6　非遗 + 服装服饰

2. 非遗 + 家居装饰

家居装饰是纺织类非遗走进现代生活的最直接的途径之一。新时代，人民对于生活质量的要求越来越高，家居用品不再局限于满足日常生活需求，更多的是追求家居产品的个性、独特和时尚。个性家居用品的主要消费群体是中青年人群，他们不仅注重生活质量，追求时尚，而且具有消费能力，因此，要重点关注这类人群对个性家居用品的需求开发，设计符合当代审美的新时尚家居装饰用品，体现出现代人生活方式的转变。

图 7－7　非遗 + 家居装饰

3. 非遗+社交礼品

纺织类非遗社交礼品开发对象应面向社会中高端消费人士和社会企业等具有定制需求的特殊群体，定制纺织类非遗礼品，不仅需要通过礼品的特殊性传递自身和企业的价值理念，还需要通过一份有温度的社交礼品，提升整个社交品质，丰富企业的文化内涵。

图7-8 非遗+社交礼品

4. 非遗+旅游产品

“非遗+旅游”是“十四五”时期文旅行业发展的主流趋势。纺织类非遗项目不仅可以作为独特旅游资源，而且需要设计、生产出具有可体验、易携带、价格低、集艺术性与观赏性为一体的旅游产品，提供给旅游消费者，通过与旅游内容融合，开发文化体验游，让旅游消费者近距离真实地体验参与，增加旅游的趣味内容，吸引消费者，扩大纺织类非遗的宣传销售途径。

图7-9 非遗+旅游产品

5. 非遗+艺术收藏品

党的十九大以来，国家大力发展文化艺术产业，文化艺术品的消费不断崛起。伴随国家对传统文化以及手工技艺的扶持，小众化的非遗艺术品逐渐在文化艺术市场抬头。“十四五”时期，刺激高端纺织非遗作品在文化艺术市场的消费需求，特别是艺术品拍卖市场，是需要进一步拓展的新领域。

图7-10　非遗+艺术收藏品

6. 非遗+国际文化交流

近年来，在国际文化交流中，非遗体验活动和非遗产品曝光的频率越来越多，尤其是纺织非遗备受关注。刺绣、丝绸、蜡染等纺织类非遗具有优秀的传统文化内涵，体现传统工艺的精湛与匠心，作为国礼用于国际间文化交流或以产品为载体加强国际间商贸往来与合作，可以向世界充分展示中国国粹的独特价值与无穷魅力。

图7-11　非遗+国际文化交流

五、“十四五”时期中国纺织类非物质文化遗产发展对策

“十四五”时期，围绕新时代要求，我们要以问题为导向，着力解决纺织类非遗传承、保护与发展中的不平衡、不充分问题，重点推动纺织类非遗的市场化和产业化发展，实现其活态传承。

1. 推进数字化工程建设

纺织类非遗资源数字化工程建设将作为基础工作开展，一是利用现代数字化技术手段深度整合和挖掘资源，对项目进行信息采集、储存和处理，构建包含文字、音频、影像等内容为一体的纺织类非遗数字资源库，实现资源共享；二是推动虚拟现实技术在纺织类非遗传承传播中的应用，利用其沉浸式体验特点，对纺织类传统工艺进行全息影像的完整展示，增强社会大众在传统文化活动的体验感，为纺织非遗可持续的传承发展提供更多途径。

2. 完善服务支撑体系

纺织类非遗产业高质量发展是“十四五”时期的重要发展目标，应进一步完善政策、科技、市场、金融、人才等多方体系建设。例如，在政策体系上，需要更多激励性的政策，引导非遗走向产业化，完善自身造血机能，实现纺织非遗产业健康良性发展。在人才体系上，纺织类非遗的传承应与高等教育结合，高校即是纺织类非遗传承人才的培训基地，也是纺织类非遗研究的交流平台，形成“产学研”相结合的联动机制，为实现非遗产业可持续性发展的长远规划提供保障。

3. 打造平台化运营模式

平台化运营模式有力地推动了我国非遗产业的转型升级，满足了人们日益增长的精神文化需求。“十四五”时期，纺织类非遗产业应积极探索符合市场经济发展的新模式，引导政府机构、行业组织、社会企业、研究院校、传承人等多方联合推进平台建设，形成“以市场为导向、以产品为载体、以互联网为渠道”的平台化运营模式，高效推动纺织非遗资源聚集、价值挖掘、产品开发、品牌建设，最终实现由产品向资本的转化。以中国纺织非遗大会为例，应全面促进纺织非遗资源、市场、人才、技术、资金等资源共享，提高资源配置效率，推动纺织非遗产业进入健康可持续发展的良性轨道。

4. 推动品牌化高质量发展

纺织类非遗产业的品牌影响力的塑造是重点。首先，要运用新媒体加大品牌的宣传，让更多的消费者认知，扩大品牌影响力；其次，明确品牌定位，迎合消费者个性化需求。据统计，我国“80 后”、“90 后”、“00 后”人口合计超过 5 亿人，然而这一部分的群体正是纺织类非遗产业的主要消费力量，他们追求自我个性，热衷品质高和体验感强的消费，因此纺织类非遗产业要以品牌年轻化、潮流化的特点，吸引年轻消费者。

5. 开展国际文化交流

在经济全球化的背景下，世界各国的联系日益密切，国际间的文化交流与贸易也越来

越频繁。文化输出成为了重要的外交手段。近年来，政府提出“文化走出去”“一带一路”等文化输出政策，表明国家鼓励中国文化走出去，积极参与国际文化交流和国际竞争。“十四五”时期，继续拓展与深化纺织类非遗保护的国际合作是必不可少的内容。一是多方协作推动纺织非遗“走出去”，政府应作为“走出去”主导力量而非唯一力量，需借力行业协会、研究机构、社会企业和传承人等多方参与力量，拓宽文化交流渠道；二是改变单一的展览展示形式，应不断增加纺织类非遗在国际经贸、学术交流、科技研究等领域的活动，进一步丰富和深化国际交流的内容和形式。

（夏静静　陆玉娜　张红　中国纺织工业联合会非遗办公室
王智毓　北方交通大学经济管理学院）

本章参考文献

［1］丁元竹．“十四五”时期非物质文化遗产系统性保护相关政策措施研究［J］．管理世界，2020（11）：22－34.

［2］张雷．基于生态博物馆理念的荆楚纺织类非物质文化遗产保护研究［J］．服饰导刊，2020（4）：28－33.

［3］姜弘，曹明福．我国纺织类非物质文化遗产生产性保护补贴方式研究——基于外部性、信息不对称的考量［J］．中南民族大学学报（人文社会科学版），2018（6）：21－25.

［4］张新森．大数据时代非物质文化遗产天津时调传承研究［J］．黄河之声，2018（17）：142－143.

［5］李蓓蓓．古城背景下的非物质文化遗产的传承与活力复兴［J］．艺海，2018（11）：122－124.

［6］周瑜．数字技术驱动公共服务创新的经济机理与变革方向［J］．当代经济管理，2019（10）：78－83.

［7］杨姗姗，凌亚萍．精准扶贫视域下桂西地区少数民族传统工艺生产性保护模式研究［J］．广西民族研究，2020（8）：148－157.

［8］王菲．纺织类非遗：重在保护与传承［J］．纺织科学研究，2016（11）：74－75.

［9］王卫华，孙佳丰．我国表演类非物质文化遗产的传承与创新——以昌黎皮影戏为例［J］．云南师范大学学报（哲学社会科学版），2018，50（6）：81－87.

［10］张震晓．新时代：构建纺织非遗新生态［J］．中国纺织，2017（12）：132－133.

［11］陈晨．纺织非遗：穿越千年遇见你［N］．光明日报，2018－12－19.

［12］秦雪．平凉纸织画：经纬间编织美好生活［N］．团结报，2020－07－25.

［13］高勇．开启纺织非遗传承发展新时代［EB/OL］．https：//www. sohu. com/a/352276320_ 282707，2019－11－03.

［14］江雅南，李金铭．纺织类非物质文化遗产传承现状及存在的问题［EB/OL］．http：//www. fx361. com/page/2019/0401/4959684. shtml，2019－04－01.

本章附录：国家级非物质文化遗产代表性项目名录（纺织类）

序号	项目名称	批次	行业分类	申报地区或单位	国家级代表性传承人
北京市					
1	京绣	4	刺绣	北京市房山区	刘秀花
2	地毯织造技艺（北京宫毯织造技艺）	2	织造	北京市	康玉生、王国英
3	剧装戏具制作技艺	1－1	服装服饰	北京剧装厂	孙颖
4	盛锡福皮帽制作技艺	2	服装服饰	北京市东城区	李金善
5	内联升千层底布鞋制作技艺	2	服装服饰	北京市	何凯英
6	北京绢花	2	其他	北京市崇文区	金铁铃
天津市					
7	手工制鞋技艺（老美华手工制鞋技艺）	2－1	服装服饰	天津市和平区	邢俊
河北省					
8	京绣	4	刺绣	河北省定兴县	梁淑平
9	传统棉纺织技艺	2	织造	河北省魏县	常张勤
10	传统棉纺织技艺	2	织造	河北省肥乡县	/
11	传统棉纺织技艺（威县土布纺织技艺）	2－2	织造	河北省威县	陈爱国
12	布糊画	4	其他	河北省丰宁满族自治县	
山西省					
13	民间绣活（高平绣活）	2	刺绣	山西省高平市	赵翠林
14	蚕丝织造技艺（潞绸织造技艺）	2－2	织造	山西省高平市	/
15	堆锦（上党堆锦）	2	其他	山西省长治市堆锦研究所	/
16	堆锦（上党堆锦）	2	其他	山西省长治市	弓春香
17	滩羊皮鞣制工艺	2	其他	山西省交城县	张晓春
18	布老虎（黎侯虎）	2	其他	山西省黎城县	/
内蒙古自治区					
19	蒙古族刺绣	2－2	刺绣	内蒙古自治区苏尼特左旗	孟根其其格
20	地毯织造技艺（阿拉善地毯织造技艺）	2	织造	内蒙古自治区阿拉善左旗	刘赋国
21	蒙古族服饰	2	服装服饰	内蒙古自治区	斯庆巴拉木、巴拉嘎日玛
22	蒙古族服饰	2－2	服装服饰	内蒙古自治区正蓝旗	其木格
23	达斡尔族服饰	4	服装服饰	内蒙古自治区呼伦贝尔市	/
24	鄂温克族服饰	4	服装服饰	内蒙古自治区陈巴尔虎旗	其木德
25	鄂伦春族狍皮制作技艺	2	其他	内蒙古自治区鄂伦春自治旗	戈瓦伊尔·长云（葛长云）

续表

序号	项目名称	批次	行业分类	申报地区或单位	国家级代表性传承人
辽宁省					
26	满族刺绣（岫岩满族民间刺绣）	2	刺绣	辽宁省岫岩满族自治县	/
27	满族刺绣（锦州满族民间刺绣）	2	刺绣	辽宁省锦州市古塔区	夏丽云
吉林省					
28	满族刺绣（长白山满族枕头顶刺绣）	2	刺绣	吉林省通化市	/
29	朝鲜族服饰	2	服装服饰	吉林省延边朝鲜族自治州	俞玉兰
黑龙江省					
30	满族刺绣	2－2	刺绣	黑龙江省牡丹江市	孙艳玲
31	满族刺绣	2－2	刺绣	黑龙江省克东县	刘雅梅
32	鄂伦春族狍皮制作技艺	2	其他	黑龙江省黑河市爱辉区	孟兰杰
33	赫哲族鱼皮制作技艺	1	其他	黑龙江省	尤文凤
上海市					
34	顾绣	1	刺绣	上海市松江区	戴明教
35	上海绒绣	3	刺绣	上海市浦东新区	唐明敏、李蔷
36	乌泥泾手工棉纺织技艺	1	织造	上海市徐汇区	康新琴
37	中式服装制作技艺（龙凤旗袍手工制作技艺）	3	服装服饰	上海市静安区	徐永良
38	中式服装制作技艺（亨生奉帮裁缝技艺）	3	服装服饰	上海市静安区	林瑞祥
39	中式服装制作技艺（培罗蒙奉帮裁缝技艺）	3	服装服饰	上海市黄浦区	/
江苏省					
40	苏绣	1	刺绣	江苏省苏州市	李娥瑛、顾文霞、姚建萍、余福臻、张玉英、蒋雪英、姚惠芬、张美芳
41	苏绣（无锡精微绣）	1－1	刺绣	江苏省无锡市	赵红育
42	苏绣（南通仿真绣）	1－1	刺绣	江苏省南通市	金蕾蕾
43	苏绣（扬州刺绣）	1－3	刺绣	江苏省扬州市	吴晓平
44	南京云锦木机妆花手工织造技艺	1	织造	江苏省南京市	朱枫、周双喜、金文、郭俊
45	南京云锦木机妆花手工织造技艺	1－2	织造	江苏汉唐织锦科技有限公司	/
46	宋锦织造技艺	1	织造	江苏省苏州市	钱小萍

续表

序号	项目名称	批次	行业分类	申报地区或单位	国家级代表性传承人
47	苏州缂丝织造技艺	1	织造	江苏省苏州市	王金山
48	传统棉纺织技艺（南通色织土布技艺）	2－1	织造	江苏省南通市	/
49	南通蓝印花布印染技艺	1	印染	江苏省南通市	吴元新、王振兴
50	苏州甪直水乡妇女服饰	1	服装服饰	江苏省苏州市	/
51	剧装戏具制作技艺	1	服装服饰	江苏省苏州市	李荣森
52	香包（徐州香包）	1－1	其他	江苏省徐州市	/
安徽省					
53	挑花（望江挑花）	1－1	刺绣	安徽省望江县	王世福
福建省					
54	惠安女服饰	1	服装服饰	福建省惠安县	/
55	畲族服饰	2	服装服饰	福建省罗源县	兰曲钗
浙江省					
56	瓯绣	2	刺绣	浙江省温州市	施成权
57	宁波金银彩绣	3	刺绣	浙江省宁波市鄞州区	许谨伦
58	蚕丝织造技艺（余杭清水丝绵制作技艺）	2	织造	浙江省杭州市余杭区	俞彩根
59	蚕丝织造技艺（杭罗织造技艺）	2	织造	浙江省杭州市福兴丝绸厂	邵官兴
60	蚕丝织造技艺（双林绫绢织造技艺）	2	织造	浙江省湖州市	周康明
61	蚕丝织造技艺（杭州织锦技艺）	2－1	织造	浙江省杭州市	/
62	蚕丝织造技艺（辑里湖丝手工制作技艺）	2－1	织造	浙江省湖州市	顾明琪
63	传统棉纺织技艺（余姚土布制作技艺）	2－1	织造	浙江省余姚市	王桂凤
64	蓝印花布印染技艺	1－3	印染	浙江省桐乡市	周继明
65	蓝夹缬技艺	3	印染	浙江省温州市	/
66	中式服装制作技艺（振兴祥中式服装制作技艺）	3	服装服饰	浙江省杭州市	包文其
67	伞制作技艺（西湖绸伞）	2	其他	浙江省杭州市	宋志明
江西省					
68	民间绣活（夏布绣）	2－2	刺绣	江西省新余市	张小红
69	夏布织造技艺	2	织造	江西省万载县	宋树牙
山东省					
70	鲁锦织造技艺	2	织造	山东省鄄城县	赵芳云

续表

序号	项目名称	批次	行业分类	申报地区或单位	国家级代表性传承人
71	鲁锦织造技艺	2	织造	山东省嘉祥县	/
河南省					
72	汴绣	2	刺绣	河南省开封市	王素花
湖北省					
73	挑花（黄梅挑花）	1	刺绣	湖北省黄梅县	石九梅
74	汉绣	2	刺绣	湖北省武汉市江汉区	黄圣辉
75	民间绣活（红安绣活）	2	刺绣	湖北省红安县	刘寿仙
76	民间绣活（阳新布贴）	2	刺绣	湖北省阳新县	蔡月娥
湖南省					
77	挑花（花瑶挑花）	1	刺绣	湖南省隆回县	奉雪妹
78	挑花（花瑶挑花）	1－1	刺绣	湖南省溆浦县	
79	挑花（苗族挑花）	1－2	刺绣	湖南省泸溪县	杨春英
80	湘绣	1	刺绣	湖南省长沙市	刘爱云、柳建新、江再红
81	侗锦织造技艺	2	织造	湖南省通道侗族自治县	粟田梅
82	土家族织锦技艺	1	织造	湖南省湘西土家族苗族自治州	叶水云、刘代娥
83	蓝印花布印染技艺	1－1	印染	湖南省凤凰县	刘大炮、刘新建
84	蓝印花布印染技艺	1－1	印染	湖南省邵阳县	蒋良寿
85	苗族服饰	1－1	服装服饰	湖南省湘西土家族苗族自治州	/
广东省					
86	抽纱（汕头抽纱）	4	刺绣	广东省汕头市	/
87	抽纱（潮州抽纱）	4	刺绣	广东省潮州市	蔡赛花
88	瑶族刺绣	3	刺绣	广东省乳源瑶族自治县	邓菊花
89	粤绣（广绣）	1	刺绣	广东省广州市	陈少芳、许炽光
90	粤绣（潮绣）	1	刺绣	广东省潮州市	林智成、康惠芳、孙庆先
91	香云纱染整技艺	2	印染	广东省佛山市顺德区	梁珠
海南省					
92	黎族服饰	2	服装服饰	海南省锦绣织贝有限公司	/
93	黎族服饰	2	服装服饰	海南省民族研究所	/
94	黎族传统纺染织绣技艺	1	刺绣、织造、印染	海南省五指山市	刘香兰、容亚美
95	黎族传统纺染织绣技艺	1	刺绣、织造、印染	海南省白沙黎族自治县	/
96	黎族传统纺染织绣技艺	1	刺绣、织造、印染	海南省保亭黎族苗族自治县	/
97	黎族传统纺染织绣技艺	1	刺绣、织造、印染	海南省乐东黎族自治县	/
98	黎族传统纺染织绣技艺	1	刺绣、织造、印染	海南省东方市	符林早

续表

序号	项目名称	批次	行业分类	申报地区或单位	国家级代表性传承人
99	黎族树皮布制作技艺	1	其他	海南省保亭黎族苗族自治县	黄运英
广西壮族自治区					
100	壮族织锦技艺	1	织造	广西壮族自治区靖西县	李村灵
101	瑶族服饰	1	服装服饰	广西壮族自治区南丹县	何金秀
102	瑶族服饰	1	服装服饰	广西壮族自治区贺州市	/
103	瑶族服饰	1－3	服装服饰	广西壮族自治区龙胜各族自治县	潘继凤
重庆市					
104	蜀绣	1－1	刺绣	重庆市渝中区	康宁
105	夏布织造技艺	2	织造	重庆市荣昌县	颜坤吉、李俭康
四川省					
106	蜀绣	1	刺绣	四川省成都市	郝淑萍、黄敏、孟德芝
107	民间绣活（麻柳刺绣）	2	刺绣	四川省广元市	张菊花
108	羌族刺绣	2	刺绣	四川省汶川县	汪国芳、李兴秀
109	藏族编织挑花刺绣工艺	3	刺绣	四川省阿坝藏族羌族自治州	杨华珍
110	传统棉纺织技艺（傈僳族火草织布技艺）	2－2	织造	四川省德昌县	李从会
111	毛纺织及擀制技艺（彝族毛纺织及擀制技艺）	2	织造	四川省昭觉县	说各惹曲
112	毛纺织及擀制技艺（藏族牛羊毛编织技艺）	2	织造	四川省色达县	冬措
113	地毯织造技艺（阆中丝毯织造技艺）	2－2	织造	四川省阆中市	/
114	蜀锦织造技艺	1	织造	四川省成都市	叶永洲、刘晨曦、贺斌
115	蜡染技艺（苗族蜡染技艺）	1－2	印染	四川省珙县	/
116	扎染技艺（自贡扎染技艺）	1－1	印染	四川省自贡市	张晓平
117	彝族服饰	4	服装服饰	四川省昭觉县	贾巴子则
陕西省					
118	民间绣活（西秦刺绣）	2	刺绣	陕西省宝鸡市	/
119	民间绣活（澄城刺绣）	2	刺绣	陕西省澄城县	/
宁夏回族自治区					
120	回族服饰	1	服装服饰	宁夏回族自治区	/
121	滩羊皮鞣制工艺（二毛皮制作技艺）	2	其他	宁夏回族自治区	丁和平、丁跃成

续表

序号	项目名称	批次	行业分类	申报地区或单位	国家级代表性传承人
			贵州省		
122	苗绣（雷山苗绣）	1	刺绣	贵州省雷山县	张桂英
123	苗绣（花溪苗绣）	1	刺绣	贵州省贵阳市	王启萍
124	苗绣（剑河苗绣）	1	刺绣	贵州省剑河县	杨妹岩、龙女三九（龙三九）
125	苗绣	1－1	刺绣	贵州省凯里市	/
126	苗绣	1－2	刺绣	贵州省台江县	吴通英
127	水族马尾绣	1	刺绣	贵州省三都水族自治县	宋水仙、韦桃花
128	侗族刺绣	3	刺绣	贵州省锦屏县	陈显月、龙令香
129	苗族织锦技艺	2	织造	贵州省麻江县	/
130	苗族织锦技艺	2	织造	贵州省雷山县	/
131	苗族织锦技艺	2－1	织造	贵州省台江县	/
132	苗族织锦技艺	2－1	织造	贵州省凯里市	/
133	苗族蜡染技艺	1	印染	贵州省丹寨县	王阿勇、杨芳
134	蜡染技艺	1－1	印染	贵州省安顺市	王月圆
135	蜡染技艺（黄平蜡染技艺）	1－2	印染	贵州省黄平县	/
136	枫香印染技艺	2	印染	贵州省惠水县	杨光成
137	枫香印染技艺	2	印染	贵州省麻江县	杨万仁
138	苗族服饰	1－1	服装服饰	贵州省桐梓县	/
139	苗族服饰	1－1	服装服饰	贵州省安顺市西秀区	杨文琴
140	苗族服饰	1－1	服装服饰	贵州省关岭布依族苗族自治县	/
141	苗族服饰	1－1	服装服饰	贵州省纳雍县	/
142	苗族服饰	1－1	服装服饰	贵州省剑河县	/
143	苗族服饰	1－1	服装服饰	贵州省台江县	/
144	苗族服饰	1－1	服装服饰	贵州省榕江县	/
145	苗族服饰	1－1	服装服饰	贵州省六盘水市六枝特区	熊光珍
146	苗族服饰	1－1	服装服饰	贵州省丹寨县	/
147	布依族服饰	4	服装服饰	贵州省	王菁
148	侗族服饰	4	服装服饰	贵州省黔东南苗族侗族自治州	/
			云南省		
149	彝族（撒尼）刺绣	2	刺绣	云南省石林彝族自治县	毕跃英
150	傣族织锦技艺	2	织造	云南省西双版纳傣族自治州	叶娟、玉儿甩
151	白族扎染技艺	1	印染	云南省大理市	张仕绅、段银开

续表

序号	项目名称	批次	行业分类	申报地区或单位	国家级代表性传承人
152	苗族服饰（昌宁苗族服饰）	1	服装服饰	云南省保山市	陶元美
153	彝族服饰	4	服装服饰	云南省楚雄彝族自治州	普玉珍
西藏自治区					
154	藏族邦典、卡垫织造技艺	1	织造	西藏自治区山南地区	格桑、边多、嘎日
155	藏族邦典、卡垫织造技艺	1	织造	西藏自治区日喀则地区	/
156	藏族矿植物颜料制作技艺	3	印染	西藏自治区拉萨市	阿旺普美
157	珞巴族服饰	2	服装服饰	西藏自治区隆子县	次塔
158	珞巴族服饰	2	服装服饰	西藏自治区米林县	/
159	藏族服饰	2	服装服饰	西藏自治区措美县	阿旺旦达
160	藏族服饰	2	服装服饰	西藏自治区林芝地区	/
161	藏族服饰	2	服装服饰	西藏自治区普兰县	/
162	藏族服饰	2	服装服饰	西藏自治区安多县	央拉
163	藏族服饰	2	服装服饰	西藏自治区申扎县	次仁旺堆
164	藏族唐卡（墨竹工卡直孔刺绣唐卡）	1－1	其他	西藏自治区墨竹工卡县	米玛次仁
甘肃省					
165	庆阳香包绣制	1	刺绣	甘肃省庆阳市	贺梅英
166	毛纺织及擀制技艺（东乡族擀毡技艺）	2	织造	甘肃省东乡族自治县	马舍勒
167	地毯织造技艺（天水丝毯织造技艺）	2－2	织造	甘肃省天水市秦州区	刘静波
168	蒙古族服饰	2	服装服饰	甘肃省肃北蒙古族自治县	娜仁其其格
169	裕固族服饰	2	服装服饰	甘肃省肃南裕固族自治县	柯璀玲
青海省					
170	土族盘绣	1	刺绣	青海省互助土族自治县	李发秀
171	加牙藏族织毯技艺	1	织造	青海省湟中县	杨永良
172	撒拉族服饰	2	服装服饰	青海省循化撒拉族自治县	马建新
173	土族服饰	2	服装服饰	青海省互助土族自治县	席秀忠
174	藏族服饰	2－2	服装服饰	青海省海南藏族自治州	加羊卓玛
175	藏族服饰	2	服装服饰	青海省玉树藏族自治州	旦增多杰
176	藏族服饰	2	服装服饰	青海省门源回族自治县	/
177	湟中堆绣	2	其他	青海省湟中县	徐全熙
新疆维吾尔自治区					
178	哈萨克毡绣和布绣	2	刺绣	新疆生产建设兵团农六师	/
179	柯尔克孜族刺绣	2	刺绣	新疆维吾尔自治区温宿县	布如力·斯开克
180	维吾尔族刺绣	2	刺绣	新疆维吾尔自治区哈密地区	阿吉尔·赛买提

续表

序号	项目名称	批次	行业分类	申报地区或单位	国家级代表性传承人
181	锡伯族刺绣	3	刺绣	新疆维吾尔自治区察布查尔锡伯自治县	杨秀玉
182	蒙古族刺绣	2	刺绣	新疆维吾尔自治区博湖县	米代
183	地毯织造技艺（维吾尔族地毯织造技艺）	2	织造	新疆维吾尔自治区洛浦县	买吐送・吐地
184	毛纺织及擀制技艺（维吾尔族花毡制作技艺）	2－1	织造	新疆维吾尔自治区柯坪县	阿不力孜・吐尔逊
185	传统棉纺织技艺	2	织造	新疆维吾尔自治区伽师县	吐尔逊木沙
186	传统棉纺织技艺（维吾尔族帕拉孜纺织技艺）	2－1	织造	新疆维吾尔自治区拜城县	帕热坦木・吐尔迪
187	蒙古族服饰	2	服装服饰	新疆维吾尔自治区博湖县	米的可
188	哈萨克族服饰	2	服装服饰	新疆维吾尔自治区伊犁哈萨克自治州	金艾斯古丽・努尔坦阿肯
189	柯尔克孜族服饰	4	服装服饰	新疆维吾尔自治区乌恰县	夏尔汗・克力木
190	塔吉克族服饰	3	服装服饰	新疆维吾尔自治区塔什库尔干塔吉克自治县	/
191	维吾尔族服饰	2	服装服饰	新疆维吾尔自治区于田县	/
192	维吾尔族卡拉库尔胎羔皮帽制作技艺	2	服装服饰	新疆维吾尔自治区沙雅县	玉山・买买提、艾买尔・吐尼牙孜
193	维吾尔族花毡、印花布织染技艺	1	织造、印染	新疆维吾尔自治区吐鲁番地区	牙生・阿不都热合曼、尧尔达・阿洪、买特肉孜・买买提
194	维吾尔族花毡、印花布织染技艺	1－1	织造、印染	新疆维吾尔自治区且末县	/
195	维吾尔族花毡、印花布织染技艺	1－1	织造、印染	新疆维吾尔自治区塔城地区	木斯勒木江・恰尔甫汗
196	维吾尔族花毡、印花布织染技艺	1－1	织造、印染	新疆维吾尔自治区英吉沙县	吾吉阿西木・吾舒尔（胡加西木・吾守尔）
197	新疆维吾尔族艾德莱斯绸织染技艺	2	织造、印染	新疆维吾尔自治区洛浦县	/

注："1"表示该项目是第一批名录认定的国家级非遗代表性项目，"2"表示该项目是第二批名录认定的国家级非遗代表性项目；"1－1"表示该项目是第二批名录认定的第一批项目的第一次扩展项目，"1－2"表示该项目是第三批名录认定的第一批项目的第二次扩展项目，"3－1"表示该项目是第四批名录认定的第三批项目的第一次扩展项目；以此类推。

资料来源：文化部非物质文化遗产司：《国家级非物质文化遗产代表性项目基础信息》2018年1月编制。

第五篇　“十四五”时期中国时尚产业区域发展研究

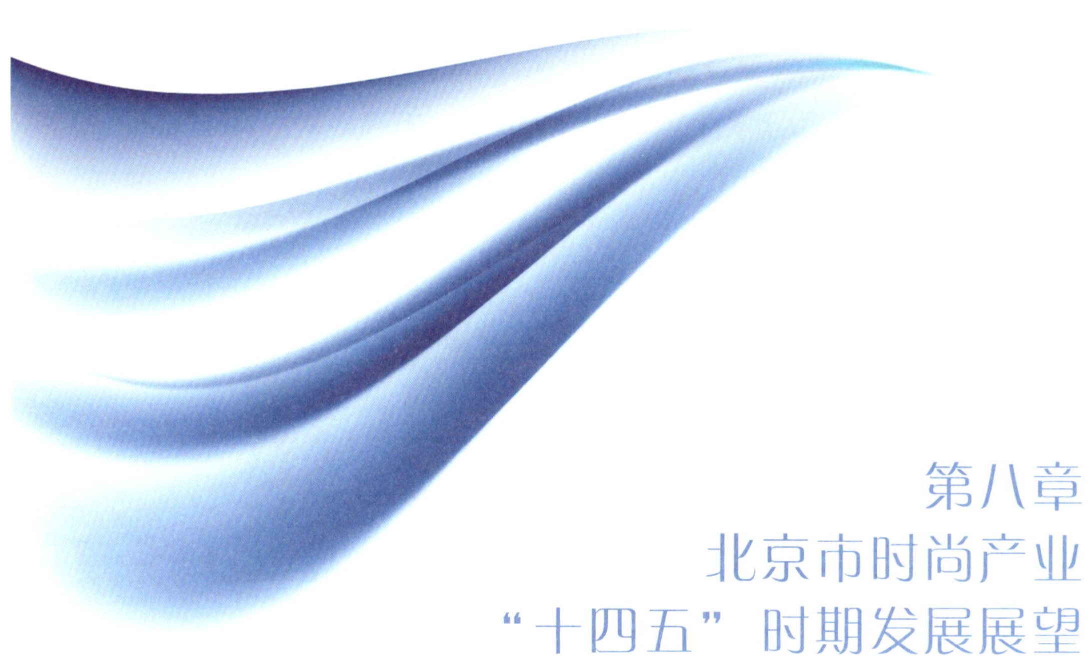

第八章 北京市时尚产业“十四五”时期发展展望

一、“十三五”时期发展成效及问题

（一）力抗疏解压力，基本实现平稳发展

在北京调整城市战略定位和京津冀协同发展的大背景下，“十三五”时期，北京传统纺织服装工业发展受限，纺织服装加工制造企业和加工制造环节加快疏解。2018 年，北京纺织业，纺织服装、服饰业，皮革、毛皮、羽毛及其制品和制鞋业法人单位数量比“十二五”中期分别下降 24%、48% 和 20%，从业人员数量分别下降 63%、52% 和 52%，规模以上企业数量分别下降 50%、28% 和 61%（见表 8－1）。

表 8－1　时尚制造业的法人单位和从业人员

行业	企业单位（家）		从业人员（人）		规模以上企业单位（家）	
	2013 年	2018 年	2013 年	2018 年	2013 年	2018 年
纺织业	440	334	10595	3929	36	18
纺织服装、服饰业	2633	1365	79617	38035	153	110
皮革、毛皮、羽毛及其制品和制鞋业	237	190	5136	2466	18	7

资料来源：北京市第三次、第四次全国经济普查主要数据公报，《北京统计年鉴》。

北京市传统服装企业积极进行低效产能转移和业务结构调整，提效增质，抗住了非首都功能疏解的压力，基本实现行业的平稳发展。2018 年纺织服装行业规模以上企业实现工业总产值 109.84 亿元，比“十二五”末下降 8%，实现营业收入 128.77 亿元，比“十二五”末下降 1.79%（见图 8－1）。

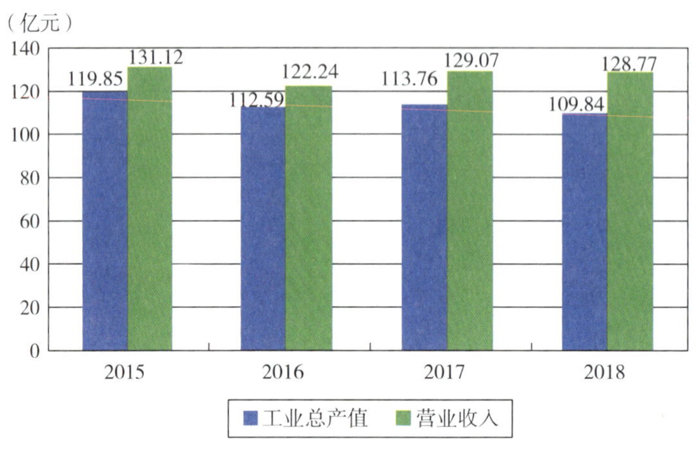

图 8－1　2015～2018 年纺织服装行业规模以上企业主要经济指标

资料来源：《北京统计年鉴》。

（二）传统产业转型升级进展明显

北京市瞄准产业创新制高点，着力构建高精尖产业体系，对时尚产业向“高精尖”转型升级提出明确要求。2016 年，北京市印发《北京市鼓励发展的高精尖产品目录（2016 年版）》，明确鼓励发展高端时尚产品、个性创意产品等设计创意产品。《北京市“十三五”时期工业转型升级规划》明确提出，以时尚设计为引领，加快三维人体自动测量、虚拟试衣、智能供应链物流管理等尖端技术应用，发展高性能纺织品、功能性特种服装、设计师品牌成衣等高附加值产品。

北京时尚产业开展“三品”创建，即“增加品种、提升品质、培育品牌”，爱慕、白领、格雷、赛斯特、铜牛、朗姿、李宁、依文、际华九家北京企业入选工信部“重点跟踪培育纺织服装品牌企业名单”。推动时尚创意产业聚集发展（见表 8－2），其中，751D · PARK 北京时尚设计广场、北服时尚设计产业创新园入选第一批工信部纺织服装创意设计试点园区（平台），依文众创空间入选第三批工信部纺织服装创意设计试点园区（平台）。

表 8－2　北京市时尚产业聚集区/园区（部分）

聚集区/园区	区域	发展方向
751D · PARK 北京时尚设计广场	朝阳	创意设计、产品交易、品牌发布、展演展示、时尚体验
北服时尚设计产业创新园	朝阳	服装设计、服饰设计、平面设计、建筑设计、品牌推广、文化创意、新媒体

续表

聚集区/园区	区域	发展方向
798 艺术区	朝阳	画廊、艺术家个人工作室以及动漫、影视传媒、出版、设计咨询
郎园 Vintage 文化创意产业园	朝阳	时尚潮流秀场、影视传媒、创意办公、品牌展示
莱锦文化创意产业园	朝阳	创意服务、文化创意产业交流、产品展示交易
718 传媒文化创意园	朝阳	影视音乐、出版、广告、服装设计、摄影产业链、三维、动漫、游戏
东亿国际传媒产业园	朝阳	传媒
北京电影学院影视文化产业创新园平房园区	朝阳	影视拍摄、节目制作、产品发布、时尚赛事、社交娱乐、教育培训等
铜牛电影产业园	朝阳	电影前期策划、剧本创作、投资、制作
枫花园汽车电影院	朝阳	以汽车电影为中心的多元文化创意产业集聚区，举办时装秀、品牌展览展示
酒厂・ART 国际艺术园	朝阳	艺术设计
竞园（北京）图片产业基地	朝阳	拍摄制作、图片交易、展览展示、创意设计、行业标准制定与发布
懋隆文化产业创意园	朝阳	传统工艺品展、时尚工艺品研发设计
i 工场文化创意产业园	朝阳	影视制作、广告会展、动漫游戏、新媒体
电通时代文化创意产业园	朝阳	IT、传媒、广告、工业设计
吉里（北京）国际艺术区	朝阳	文化创意、文化推广、知名艺术家工作室、影视制作、新媒体、各类设计
北京塞隆国际文化创意园	朝阳	影视制作、广告设计、网络服务、艺术展览、休闲娱乐
北汽齿轮场文创园	朝阳	文化创意、时尚消费、品牌孵化
DREAM2049 国际文创产业园	朝阳	艺术品展示、艺术培训、文化创作
ideapark 铭基国际创意公园	朝阳	文化创意、设计、影视动漫
C 立方青年文创园	朝阳	影视、设计、策划
万东国际文化创意产业园	朝阳	创意设计、影视传媒、科技创新
嘉诚胡同创意工场	东城	设计、展览展示、影视制作
前门历史文化创意产业集区	东城	文化产业，名街、名商、名品
航星文化科技产业园	东城	动漫、影视、娱乐等
77 文创园	东城	影视传媒
方家胡同 46 号・创意街坊	东城	影视导演、服装设计、建筑设计、音响设计
后街美术与设计创意产业园	东城	建筑设计、艺术品展览与拍卖
北京（永外）时尚创意产业基地	东城	时尚设计创意、传播发布、会展等
“新华 1949”文化金融与创新产业园	西城	文化金融、创意设计、传媒
西什库 31 号	西城	创意设计、艺术、传媒、文化金融、文化消费
尚 8 西城区设计园	西城	建筑设计、环艺设计、室内设计、艺术展示
白孔雀艺术世界	西城	工艺美术品
西长安街现代演艺产业集聚区	西城	演艺产业、旅游产业、商务服务业、休闲娱乐业
西海四八文化创意空间	西城	创意设计，包括建筑、环境景观设计、视觉广告设计、影视及传媒等
北京 DRC 工业设计创意产业基地	西城	设计创意产业
琉璃厂——大栅栏历史文化创意产业集聚区	西城	现代设计、民间工艺、艺术传媒、文化旅游、古玩、文化艺术交易

续表

聚集区/园区	区域	发展方向
清华科技园	海淀	软件、网络、计算机服务、数字出版、新媒体、动漫网游、创意设计
中关村创意产业先导基地	海淀	互联网、软件、游戏、创意设计、动漫画、数字内容、出版传媒
768 创意产业园	海淀	建筑设计、建筑规划、园林景观、工业设计
中关村多媒体创意产业园	海淀	动画、影视制作、数字艺术、手机动漫、电子游戏和工业设计
中国人民大学文化科技园	海淀	出版发行与版权贸易、文化艺术、广播、电视、电影、软件、网络及计算机服务、广告会展、艺术品交易、设计服务
西山文化创意大道	海淀	新媒体艺术、剧场演艺文化、画廊和展示艺术
国家新媒体产业基地	大兴	影视制作、设计创意、数字出版、电子商务
依文众创空间	丰台	时尚与高科技相结合的创新产品研发基地和创新、创意企业孵化基地
贝壳京工时尚创新园	丰台	童装产业孵化、童装销售展示、艺术文化展示、儿童创意教育
宋庄原创艺术集聚区	通州	文化产业会展交易、创意设计和时尚影视传媒
光华视觉工业园	怀柔	影视摄制
北京顺义创意工业设计集聚区	顺义	创意设计

资料来源：根据北京文化创意产业综合信息服务平台、朝阳文化创意产业网、东城文化创意产业网、各园区网站等公开信息整理。

北京市传统纺织服装企业加快转型步伐。北京市的纺织服装行业龙头企业北京时尚控股公司，主动适应首都城市战略定位和高质量发展要求。2016 年 6 月，完成了由“纺织”到“时尚”的公司名称变更，聚力时尚产业发展，围绕“企业转型、产品升级和业态创新”的战略路径加快实施转型升级。构建了品牌运营与运营服务、文化创意与文创服务、信息科技与科技服务三大业务板块（见表 8－3）。

表 8－3　北京时尚控股公司业务板块

业务板块	业绩和成果
品牌运营与运营服务	拥有雪莲、S. L. METÀ、KINGNOSS、雪莲 Colors、坦博、红莲、铜牛、Observation、Topnew、绿典、京冠、Art Fusion ACE、超羽、雷蒙、伊里兰、HAOXUESHENG、枫叶、天坛、PURE TOUCH、无咎 20 余个服装品牌。其中，铜牛、雪莲 Colors、雷蒙、天坛、京冠、绿典、绿典棉桃“图形”、佳泰 8 个为北京市著名商标
文化创意与文创服务	时尚平台：北京时装周时尚产业发展平台、《时尚北京》杂志 文化创意产业园区：莱锦文化创意产业园、铜牛电影产业园、京工时尚创新园、永乐文智园、怀柔杨宋光华视觉工业园等
信息科技与科技服务	拥有市级企业技术中心 3 家，高新技术企业 10 家。燕阳聚氨酯软质装备研发保持国内领先地位，佳华泰节能保温技术处于国内领先地位，泰科斯曼止血材料新产品达到国际领先水平。铜牛信息科技是专业的互联网数据中心服务、互联网接入服务、高端 IT 服务和云计算服务提供商，信息服务产业在微模块数据中心、云服务模式、系统集成及软件应用等领域跨界拓展。企业累计申请专利 320 项，授权专利 225 项

资料来源：北京时尚控股官网。

北京时尚控股公司业绩实现稳步增长。2018 年，实现营业收入 121.9 亿元，比“十二五”末增长 7.81%，年均增长 2.54%（见图 8－2）。旗下雪莲、天坛、雷蒙品牌入选世界品牌实验室（World Brand Lab）2019 年《中国 500 最具价值品牌》，品牌价值分别评估为 150.87 亿元、133.58 亿元及 126.36 亿元人民币（见表 8－4）。

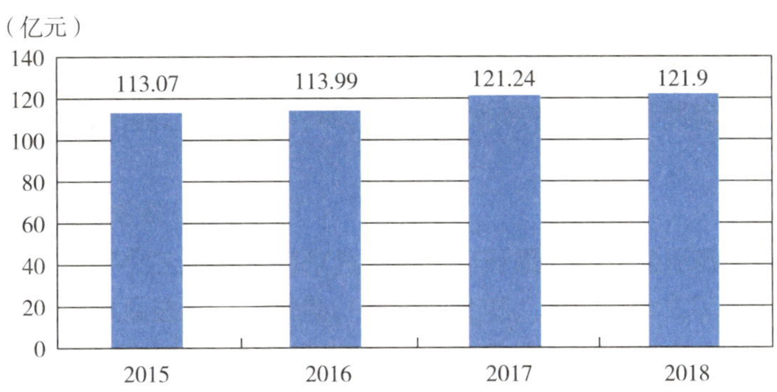

图 8－2 2015～2018 年北京时尚控股公司营业收入

资料来源：《北京工业年鉴》、《中国制造业企业 500 强榜单》。

表 8－4 2019 年《中国 500 最具价值品牌》（35 个纺织服装行业品牌）

排名	品牌名称	品牌价值（亿元所属）	地区	排名	品牌名称	品牌价值（亿元所属）	地区
47	鄂尔多斯	1005.98	内蒙古	375	天坛	133.58	北京
61	魏桥	755.92	山东	381	雷蒙	126.36	北京
73	劲霸男装	668.27	福建	399	经维	87.05	福建
80	红豆	616.72	江苏	402	山花	86.76	山东
81	柒牌	615.78	福建	425	歌莉娅	83.26	广州
137	雅戈尔	432.81	浙江	435	锦江科技	81.69	福建
186	七匹狼	307.36	福建	445	桐昆	77.92	浙江
215	海澜之家	264.94	江苏	446	孚日	77.82	山东
221	波司登	260.93	江苏	450	健将	76.85	广东
229	梦兰	252.84	江苏	457	艾莱依	74.26	浙江
257	杉杉	228.72	浙江	468	森马	70.69	浙江
263	雅鹿	223.35	江苏	478	海螺	62.52	上海
316	丝丽	175.29	广东	481	江南布衣	60.98	浙江
320	太平鸟	172.34	浙江	484	玫姿	57.52	山东
336	雪莲	150.87	北京	486	古今	55.91	上海
340	上海丝绸	147.62	上海	487	三枪	55.82	上海
358	丽丽 Lily	137.64	上海	499	AB	25.36	江苏
366	罗莱	136.57	上海				

2020 年，新冠肺炎疫情期间，时尚控股集团展现了自身的科技创新实力和责任担当。旗下铜牛集团快速研发出一款自吸过滤式硅胶口罩，主体面罩采用食用级硅胶材料，利用人脸识别和大数据技术让口罩更贴合脸型，且可重复使用 3 年之久，其可更换的滤芯实现了仅普通口罩 25% 的材料耗量，更用了不到两周时间就研发出了配合该款口罩使用的“铜牛抗菌口罩贴”，以深海虾蟹壳提取的生物元壳聚糖纤维为核心原料，具有长效抗菌、呼吸卫生、天然亲肤、循环利用、适用广泛等特点，不仅多了一层防护，更实现了只换内贴不换口罩（栏兰，2020）。

（三）京津冀产业协同发展步入快车道

北京纺织服装业加工制造和批发零售环节加速向河北省转移。河北省燕郊东贸国际服装城、保定白沟大红门国际服装城、永清云裳小镇、石家庄乐城国际贸易城、衡水纺织服装产业园、沧州东塑明珠商贸城、石家庄金指数服装广场等地承接京津服装产业转移。永清云裳小镇、石家庄乐城国际贸易城已入驻北京疏解转移的服饰企业或商户超过 3000 余家，1 万余家北京服装批发商户落位沧州。

京津冀三地纺织服装协会发挥京津冀产业协同发展产业联盟的优势积极推动跨区域产业协作。定期举办纺织服装行业交流会，加强京津冀三地服装产业的日常互动。连续举办年度“风尚京津冀百强青年设计师推选活动”，发掘京津冀地区的优秀青年设计师人才。充分利用北京时装周的影响力，组织三地的服装企业、时装设计师、服装专业商贸市场进行时装周主题日时装发布秀。

京冀校地合作深入推进。雄安新区管理委员会和北京服装学院，依托校地合作示范园区建设，推动在产业生态建设、传统产业升级、人才培养、决策咨询、文化交流等领域的全方位合作（原付川，2019）。北京服装学院容城时尚产业园导入北京服装学院、北京原创设计师智力资源，服务的当地服装企业近百家。

（四）时尚产业发展存在的问题

产业整合能力不足。疏解不可避免地导致产业链断环，产业配套半径增大，资源集聚不足。产业链分散，配套能力下降，在一定程度上增加物流成本，延长生产周期。京津冀的全产业链配套能力与珠三角、长三角相比存在一定的差距。

产业聚集化发展不足。缺乏集研发设计、生产制造、展示发布、消费交易、体验服务等于一体的全产业链园区。多数园区在公共服务、配套支撑和资金支持等方面能力有限，不能为时尚创意企业的发展提供强力的保障与动力。

产业国际化程度不高。本土设计师和本土时尚品牌在国际上的知名度和影响力有限。时尚产业的国际传播和营销系统不够完善。国际时尚教育、国际时尚人才、国际时尚资本等国际时尚价值链资源聚集程度不够。

二、“十四五”时期发展机遇

（一）文化建设带来时尚消费新动力

北京市时尚消费潜力巨大。2019 年，北京市总消费规模已经达到 27318.9 亿元，比“十二五”末增长 37.1%。其中，社会消费品零售总额达到 12270.1 亿元，比“十二五”末增长 18.69%，“十三五”时期年均增长 4.38%（见图 8-3）。2018 年最终消费支出对 GDP 增长贡献率达到 70%（顾志娟等，2019）。时尚消费作为北京市促进消费升级的重要动力和集中体现得到了快速增长。数据显示，“北京时尚消费月”作为北京市国际消费枢纽城市建设的重点活动，有效地促进了商品消费及服务消费共同增长。2018 年“北京时尚消费月”活动期间，参与企业销售总额达 5.4 亿元，同比增长 20%（周依，2018）。

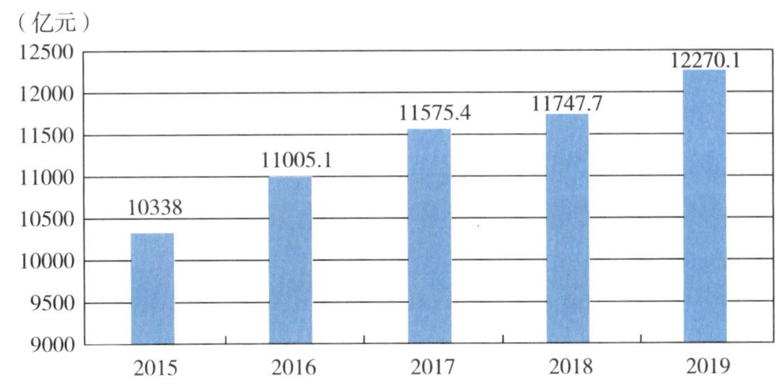

图 8-3 2015~2019 年北京市社会消费品零售总额

资料来源：《北京统计年鉴》、统计公报。

日益增长的文化消费需求成为基于特定文化选择的时尚消费的新动力。以文化为内生驱动力的时尚创意设计是时尚品牌建设的制胜法宝，是时尚消费新需求指向。北京市百年老字号内联升故宫探花系列布鞋一周卖出 200 多双，销售额达 10 万余元（李程莹，2017）；《大鱼海棠》系列布鞋仅在众筹阶段就实现 40 万元的销售额（张劲文，2017）。在淘宝众筹上，故宫博物院授权的《上新了·故宫》节目带货的“福贺（蝠鹤）佳音”主题睡衣，认筹人数超过 1.5 万多人，众筹金额超过 864 万元（张赫和刘玮，2018）。故宫推出的首款彩妆，以清朝嫔妃服饰为主题设计的故宫口红，因其所蕴含的传统文化情趣而与众不同，一经推出便频频刷屏，一度销售断货。北京时尚控股旗下两个新生代品牌 TOPNEW、PURETOUCH 联合抖音，共同设计并发布 1000 件联名限量款“乐不思鼠”新春爆款毛衣，通过抖音原创新春 IP 曝光推动 TOPNEW、PURETOUCH 品牌传播（栏兰，2020）。

北京市加快推动全国文化中心建设，繁荣兴盛新时代首都文化，建设具有国际竞争力的创新创意城市，为时尚产业的发展创造了新机遇。《北京市推进全国文化中心建设中长期规划（2019－2035 年）》明确提出“鼓励和扶持自主设计的服装、服饰、配饰，以及珠宝、化妆品、家居、数字电子产品等高端时尚产业发展。培育时尚设计、时尚消费、时尚休闲、时尚会展、时尚商圈等新业态，延长时尚产业链，构建时尚产业生态圈。”

（二）科技创新赋能时尚产业新生态

北京市人才和科技资源集聚，科技创新发展水平强势领跑全国。首都科技发展战略研究院和中国社会科学院城市与竞争力研究中心联合发布的“中国城市科技创新发展指数 2019”显示，北京市连续多年蝉联第一位（张航和孙奇茹，2020）。北京市的研发投入强度达到 6.17%，远超过创新型国家和地区 2.5% 的水平，在全国领跑世界的重大科技创新成果中，有一半来自北京市（董兆瑞和高星，2019）。英国《自然》杂志增刊《2018 自然指数—科研城市》显示，北京位居自然指数（NatureIndex）全球科研城市前列（陈静，2018）。同时，北京全国科技创新中心建设正在全面加速。2019 年 11 月，北京市发布实施《关于新时代深化科技体制改革　加快推进全国科技创新中心建设的若干政策措施》，推动科技创新体制改革在深水区破冰前行，充分释放科技创新活力。同年 12 月，北京市发布实施《北京市促进科技成果转化条例》从“有的转”（源头）—“有权转”（权益）—“愿意转”（动力）—“转的顺”（体制机制）方面全面突破原有壁垒，极大地激发了科技创新各方主体的积极性。良好的科技创新土壤和环境，集聚的科技创新资源，为时尚产业高质量发展创造了条件。时尚与科技的融合创新，赋能时尚产业新生态。

中国纺织信息中心“智能时尚”研究走在前列，自主研发了全球首款人工智能色彩趋势应用分析工具——AI Color Trend、流行趋势预测与分析智能工具——“掌上趋势”，与微软合作共同打造的人工智能时尚设计平台等（李芳和覃晓，2019）。

雪莲集团布局智能零售，雪莲定制的 3D 智能量体设备 5 秒钟即可精细采集人体 36 个尺寸数据（杜兰，2018），从人体快速立体扫描、数据采集到智能人台辅助打版、版型数据库等系统化智能方案（杜兰，2018），展现未来智能零售新概念。

铜牛集团布局智能服装，研发出了“铜牛智能体征衣”产品，是基于航天生理背心成果的民用化转换，集多功能生理体征数据采集系统与抗菌抑菌、吸湿速干的功能性纺织面料技术于一体，呵护人体健康的同时满足穿着舒适需求，展现铜牛产品结构升级调整的一个重要方向（董一鸣，2018）。

（三）国际交往中心建设驱动集聚全球优势资源

北京市国际交往中心建设进入新阶段。在组织领导层面，2019 年，推进国际交往中心功能建设领导小组设立，市委书记蔡奇担任组长，显示了北京市全力推进国际交往中心功能建设的决心。在顶层设计方面，《北京推进国际交往中心功能建设专项规划》和《北京推进国际交往中心功能建设行动计划（2019－2022年）》正在编制中。北京市持续提升国际影响力，拓展对外开放的广度和深度，有利于不断聚集国际高端要素资源和提升城市文化国际影响力，为北京市时尚创意产业加速融入全球产业链，进一步拓展和延伸时尚产业的影响力带来机遇。

北京市打造了北京国际电影节、世界休闲大会等国际文化节庆活动和中国国际时装周、北京设计周、北京时装周等品牌活动，这些国际活动作为城市文化宣传的载体，张扬了城市的个性，体现出城市的魅力，成为城市时尚形象的名片。“十三五”时期，北京时装周于太庙、王府井、水立方、故宫、凤凰中心、中华世纪坛、国家博物馆等首都文化与时尚地标举行，活动规模品质、社会影响力、国际化程度逐年攀升，成为北京时尚文化向世界发声的重要平台。

三、“十四五”时期发展思路与设想

（一）总体思路

服从服务于首都城市战略定位，围绕“一体两翼”和“京津冀协同”的发展新格局，坚持创新驱动，强化融合发展，加快联动发展，迈开国际化步伐，着力提升时尚产业设计创新能力，着力推进时尚产业业态创新，着力推进京津冀时尚产业链要素的集聚和合理配置，着力提升时尚产业国际影响力，为“十四五”时期北京的经济增长和社会发展注入新动力。

（二）基本原则

1. 创意引领化

强化创意设计在时尚产业发展中的核心地位，倡导全产业链时尚设计理念，整合全球顶尖创意设计资源，全面提升时尚设计能力，打造北京时尚创意产业核心价值链，依靠创意设计形成产业发展新优势。

2. 业态融合化

加快时尚产业与新一代信息技术、人工智能、大数据等新技术的深度融合，促进时尚产业与文化、影视、传媒、旅游、体育、会展等产业的跨界融合，实现生产组织与商业模式变革，形成融合型的新模式、新业态、新格局。

3. 产业集聚化

进一步优化产业布局，加强产业集群化载体建设，增强产业聚集辐射带动力。促进要素资源在京津冀的合理配置和科学分工，完善产业链在京津冀的集聚，形成京津冀集群发展效应。

4. 国际融入化

加快集聚国际高端时尚资源，在时尚领域推动更加多元化的国际合作。大力提升本土品牌的国际知名度，培育一批具有国际影响力的北京品牌。推动企业实施国际化战略，加速融入全球时尚网络。

（三）重点任务

1. 强化创意设计，打造时尚产业发展引擎

提升时尚产业设计创新能力。鼓励企业设立以创意设计中心为核心载体的时尚创意创新体系，进一步整合企业内设计研发力量，引进高等设计资源，形成创意设计核心竞争力。鼓励时尚企业加强与国际设计资源的交流合作，到国际时尚中心设立设计研发中心，收购兼并国外有潜力的时尚设计企业。

提升时尚创意设计公共服务能力。鼓励社会机构建设计孵化器、众创空间、在线设计交易服务平台等时尚创意设计公共服务平台。鼓励企业与院校加强合作，充分发挥各自的优势，打造高端产学研一体化时尚创意平台，加快设计创新成果转化应用。

加快创意设计人才培养。依托北京优秀的时尚教育资源，聚集国际时尚设计资源，加快培养一批原创能力强、设计独特，能够引领时尚潮流，具有国际化视角的高水平设计人才。加强时尚设计师创业孵化，为时尚设计人才创业提供工作空间、资本融资、市场开发等支持和服务。

2. 加快融合发展，创新时尚产业发展模式和业态

构建时尚智慧制造新模式。鼓励时尚企业以技术革新，改造研发、设计、生产、管理、营销等各个环节，推动质量变革、效率变革、动力变革。通过人工智能、大数据、物联网等技术的运用，在研发设计环节，提高技术研发成功率，缩短研发周期；在生产制造环节，建立高效节约的过程优化控制，实现工艺技术改进和产品质量提升，形成依据需求的柔性制造能力；在销售环节，建立更实时、精准匹配的供需关系，准确预测和快速响应市场。

构建时尚定制消费新业态。在人工智能、物联网技术的支撑下，消费者能够远程获取定制服装的详细信息，根据自身需求自行设计样式、色彩、面料和个性化元素等，创造出自己喜爱的产品，并且能够通过虚拟试衣技术得到试穿体验。北京市要紧跟时尚消费新趋势，加快时尚定制业态的发展步伐，推动时尚企业向亲民的大规模个性化定制模式转型，以大规模生产的成本和速度，为消费者提供个性化的定制服务。

构建时尚服务新格局。加快从时尚消费服务向时尚运营服务延伸。在网络服务、智慧门店、售后服务等领域，搭建以客户为中心的全方位运营服务。网络服务方面，为顾客提供智能衣橱管理服务，通过识别用户风格、穿着场合、当日天气等，在顾客现有衣服里给出穿搭建议。智慧门店方面，突破门店作为产品销售载体的单一功能，打造集科技体验、休闲娱乐展览展示、餐饮购物等于一体的，与顾客全方位互动的多功能时尚空间。售后服务方面，提供更加便捷和优质的清洗、养护、修补服务，创新回收利用、租赁共享等服务新模式。

3. 加强产业集群化载体建设，增强产业集聚辐射带动力

加快时尚产业园区提档升级。加强集群化、集团化时尚产业园区载体建设。鼓励园区积极开展集公共技术、创意设计、投资融资、生产服务、检验检测、产品发布、交易展示、人才培养、资源信息、时尚传播、交流合作等于一体的全方位、一站式服务能力建设，提升对时尚初创企业、初创品牌的培育孵化能力，打造开放共享、生态优良的品牌化、专业化、特色化产业集聚区。

增强时尚消费商圈活力魅力。在完成了大规模商圈市场疏解后，北京市传统消费商圈进入提档升级新阶段。要加快消费商圈供给侧结构性改革，转变以服装零售为主的传统商业模式，布局更多科技、艺术、休闲、娱乐、健身类业态，向综合性升级。提升消费商圈的时尚风范、景观环境、服务水平等综合品质，在时尚文化营造、消费环境美化、消费感知提升等方面实现突破，向高品位升级。聚集全球优质品牌，发展国际知名品牌旗舰店、体验店、概念店，引进一批全球“首店、首发、首展”品牌项目，向国际化升级。

构建京津冀产业链集群。强化跨区域协同，发挥北京、天津研发设计、创新创意、品牌培育优势，突出河北原材料供应、制造生产、专业市场的作用，在京津冀构建“前店后厂”的区域分工和合作模式，形成京津冀产业链集群发展的新格局。

4. 加快国际化步伐，提升时尚产业国际影响力

加速集聚国际高端时尚资源。积极对接国际时尚教育资源，加强时尚教育国际合作交流，创新国际合作办学模式，探索建立国际时尚人才培养的长效运行机制，打造高层次、国际化时尚产业人才高地。积极连接国际时尚传播先锋资源，进一步拓宽时尚信息来源和信息量，充分阐释中国时尚理念，大力宣扬中国时尚文化，在全球时尚语境下释放中国价值。

推动本土品牌走出去。搭建优质时尚国际交流平台，推动国际时尚资源和本土时尚文化的充分对接，打开本土原创设计面向国际的窗口，助力本土品牌走向国际。推动企业实施品牌国际化战略，加强国际市场分析和消费者研究，积极开拓国际市场，在产品、渠道、传播层面上不断升级，提高企业品牌国际知名度，加速融入全球时尚网络。

（四）政策建议

1. 加强顶层设计和政策引导

在充分释放存量政策效应的基础上，加快出台时尚产业发展规划、时尚产业高质量发展行动计划等促进时尚产业发展的政策文件。建立健全时尚产业发展的推进和保障机制，加强对原创设计、品牌商标、专利技术等知识产权的行政保护力度，构建与北京市时尚产业发展相适应的人才培养、引进与管理机制，完善时尚人才评价与发现机制。

2. 强化财政资金与金融政策支持

将时尚产业列入市政府各类产业基金、资金池等融资支持政策的投入重点。设立时尚产业发展投资和扶持专项资金，加强财政扶持力度。探索从融资担保、贷款风险补偿、创业创新扶持等方面激发金融机构对时尚创意产业的支持动力。鼓励私募股权投资基金、创业投资基金等各类投资机构投资时尚创意和设计服务领域。

3. 健全时尚产业统计调查制度

将时尚产业纳入北京市统计调查发布范围，在国家现行统计调查制度下，制定北京市时尚产业的统计分类标准、统计口径范围和指标计算方法，完善量化科学的统计分析和管理。完善时尚产业的监测调查制度，准确把握产业发展现状，为产业的评估和宏观决策提供有效依据。

（王婧倩　北京服装学院中国时尚研究院）

本章参考文献

［1］杜兰．北京时尚控股研发新型经济环保口罩［N］．首都建设报，2020-03-06.

［2］原付川．雄安与北京服装学院签署协议共同建设国际时尚智慧园区［EB/OL］．人民雄安网，https：//baijiahao. baidu. com/s? id=1643091078164661478&wfr=spider&for=pc.

［3］顾志娟，程维妙，殷勇．建设更加亲商、开放、创新的北京［EB/OL］．新京报网，http：//www. bjnews. com. cn/finance/2019/12/19/663730. html.

［4］周依．“2018 北京时尚消费月”销售额达 5.4 亿元［EB/OL］．新京报网，http：//www. bjnews. com. cn/news/2018/11/24/524517. html.

［5］李程莹．老字号的再设计与新时尚［J］．中华手工，2017（5）：66.

［6］张劲文．内联升：老字号的传承与创新［EB/OL］．人民画报，http：//www. rmhb. com. cn/wh/201709/t20170908_ 800104335. html.

［7］张赫，刘玮．《上新了！故宫》利润将反哺文物修复［N］．新京报，2018-12-12.

［8］杜兰．时尚控股携手抖音推出鼠年新衣［N］．首都建设报，2020-01-09.

［9］张航，孙奇茹．“中国城市科技创新发展指数 2019”发布　北京位列第一　强势领跑［N］．北京日报，2020-01-05.

［10］董兆瑞，高星．北京科技创新研发投入强度达 6.17%　远超创新型国家水平［EB/OL］．人民网，http：//bj. people. com. cn/n2/2019/0919/c233088-33369451. html.

［11］陈静．最新自然指数：中国 10 个城市跻身全球科研城市 50 强［EB/OL］．中国新闻网，http：//www. chinanews. com/gn/2018/11-01/8665968. shtml.

［12］李芳，覃晓．AI 赋能时尚产业价值链［J］．纺织服装周刊，2019（27）：24.

［13］杜兰．雪莲集团尝鲜 3D 智能量体［N］．首都建设报，2018-06-11.

［14］杜兰．雪莲品牌瞄准智能化［N］．首都建设报，2018-05-14.

［15］董一鸣．铜牛集团开启职业装智能定制［N］．首都建设报，2018-09-21.

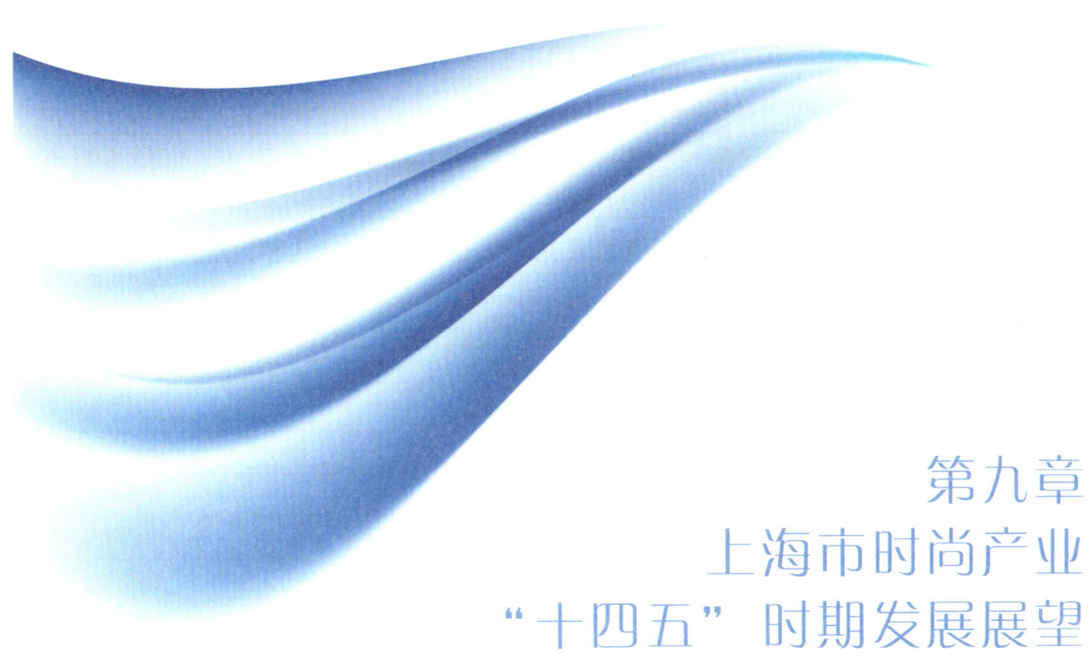

第九章 上海市时尚产业“十四五”时期发展展望

2020年初，一场突如其来的“新冠病毒”席卷全球，世界各主要经济体受疫情拖累经济增速全面回调甚至出现负增长。在全球经济下行压力不断增大的背景下，中美经贸摩擦虽然达成了第一阶段的贸易协议，但未来走向仍不明朗，中美脱钩风险尤在，国际经贸受到巨大冲击。面对百年未有之大变局，上海市时尚产业能否突出创新、创意、设计、品牌等核心要素，融合海派文化、红色文化、江南文化，融入科技、艺术等要素，提高创意能力、市场控制能力和附加值，对其“十四五”时期引领全球时尚潮流，促进经济持续增长和高质量发展具有重要经济意义，也对其实现国际设计之都、时尚之都、品牌之都建设目标具有重要的战略性意义。

一、上海市时尚产业“十三五”时期发展回顾

“十三五”时期，上海市时尚产业发展迅速，呈现产业规模快速增长、产业结构优化升级、空间布局渐显特色、政策环境日益完善、跨界融合形趋势明显、国际交流成效显著等特征，已经成为上海市国民经济的重要组成部分。回顾上海市“十三五”时期时尚产业的发展不仅对了解发展现状具有重要作用，更对开启发展新篇章具有重要意义。

（一）上海市“十三五”时尚产业发展取得的成效

1. 产业规模迅速增长

“十三五”时期，上海市在“一带一路”、长三角一体化、“四个中心”建设等的加持与带动下，经济高质量发展取得突出成绩，时尚产业作为国民经济部门中发展最迅速的文化创意产业的核心，其产业规模总体呈现快速增长的态势。2014 年，上海市时尚产业[①]产值为 1397.47 亿元，2018 年为 2193.08 亿元，年均增长率为 6.83%。产业规模的持续扩大使得时尚产业在上海市国民经济社会中的地位逐步提升，发挥的作用也日渐突出。同时也反映出上海市经济向创新、创意驱动的转型，经济发展质量也在逐步提升。从图 9－1 可知，上海市时尚产业 2014～2015 年增长速度最快，2015～2017 年增速虽有所回落但依然保持在 6% 以上的增长速度，2017～2018 年增速下滑，但仍保持了 6.09% 的增长速度。上海市时尚产业产值占 GDP 的比重由 2014 年的 5.81% 上升到 2018 年的 6.71%，在国民经济中的作用也日渐突出（见图 9－2）。

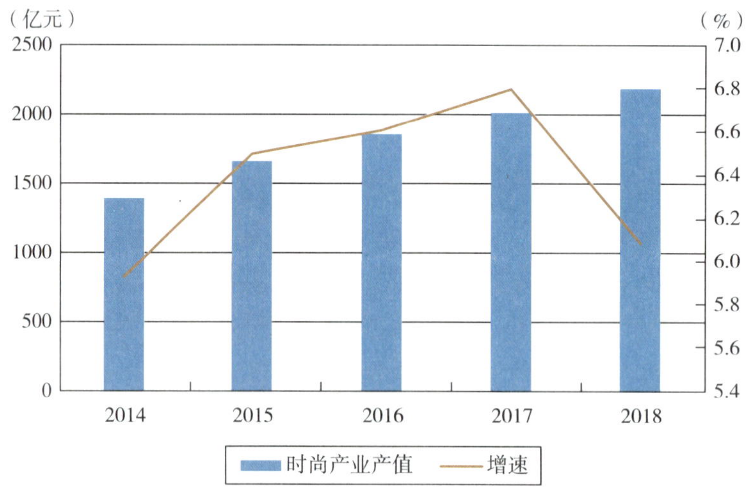

图 9－1　2014～2018 年上海市时尚产业产值及增速

2. 产业结构不断优化

时尚产业在社会经济中主要分布在第二、第三产业中，是新兴的知识型产业，也是将

① 时尚产业并不是一个独立的产业门类，而是通过各种高科技、创意、媒体的因素，对各类传统产业资源要素进行整合、提升、组合后形成的一种较为独特的产品、商品运作模式。本章将时尚产业分为时尚产品、时尚服务和时尚文化三个部分。时尚产品主要指时尚制造业企业制造的有形时尚消费品，如时尚休闲服装鞋帽、皮草皮具、各类珠宝饰品、名表名车、化妆护肤品、美食和消费类电子产品等。时尚服务是指以各类服务业方式所进行的与时尚相关的行业，如美容美发、健身旅游、主题餐厅和主题酒吧等。时尚文化是指当下流行的娱乐活动以及相关产品和消费方式，如嘻哈文化形式，包括街舞、涂鸦、DJ、MC、滑板、轮滑、街头篮球等；新的娱乐文化形式如动画漫画、电子游戏，以及形象设计、相关的角色扮演、摇滚音乐、嘻哈和 R&B 等音乐风格、流行舞曲均属于时尚文化的范畴；此外这些文化元素所特有的服装、饰物、装备等产品也属于时尚文化的范畴。

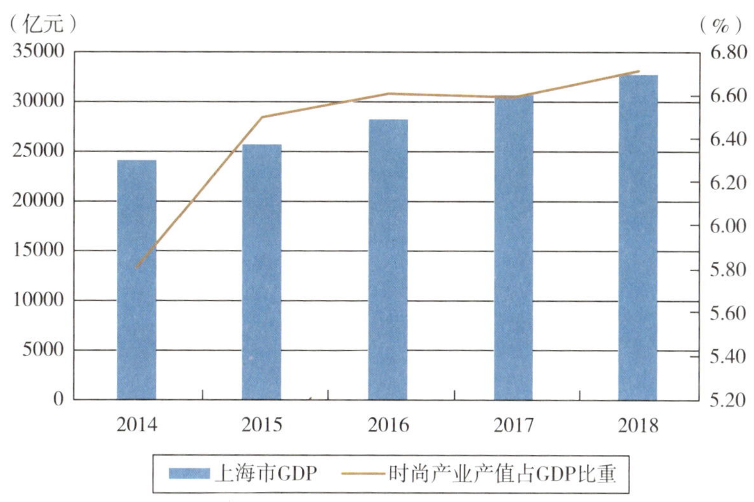

图 9－2　2014～2018 年上海市 GDP 及时尚产业产值占 GDP 比重

第二产业与第三产业融合的粘合剂，是第二、第三产业融合发展的高端产业。“十三五”时期，上海市政府格外重视如时尚产业之类的生产性服务业的发展，给予其发展所需的各种资源、要素。在上海市政府的大力支持下，上海市时尚产业的发展不仅产值规模持续扩大，产业结构也在持续优化。在时尚品制造方面，通过改革传统制造业，将落后的产能淘汰，引进更新的生产技术进行，这也使得传统的服装业、纺织业、家具制造业等行业的从业人数从 2014 年的 147.89 万人下降到 2017 年的 35.37 万人，虽然时尚制造业的从业人员数量下降，但是总体产值却基本维持稳定，利润总额还有所提升，这些从传统制造业解放出来的劳动力可以投入到其他行业的生产，有利于提高劳动生产效率。时尚创意产业、时尚服务业发展需要满足市场变幻莫测的需求，需要在发展过程中引入新的互联网生产技术、研发更新的生产工艺、设计更有创造性的产品、提供更具人性化的服务等。时尚产业的发展是产品生产从“能生产”到“生产好”的过程，产品功能、外观、质量等都有较大的提升。因此时尚产业不论是从创意产业角度还是从制造业的角度，都能够促进上海市经济的发展。2014～2018 年上海市时尚制造产业的产值分布如图 9－3 所示。

3. 空间布局渐显特色

上海市时尚产业的空间布局已形成“一轴两河多圈”[①] 集聚的态势，在延安路时尚产业发展主轴上，静安时尚创意、800 秀、8 号桥、淮海路时尚消费、环东华等时尚制造与服务的影响力在逐年提升；在苏州河和黄浦江的两岸，国际时尚产业园区、杨浦滨江工业设计、“江南智造”等时尚创意产业发展有星火燎原的趋势，逐步从两河沿线向其他方向扩展；在虹口、浦东、奉贤等全市的各个区域都有时尚创意产业的分布，环同济设计创意产业集聚区、中广国际广告创意产业园、复旦软件园等“多圈”型的空间布局特征已经显现。

① “一轴”，即延安路城市发展轴，环东华、静安时尚创意、800 秀、淮海路时尚消费、8 号桥、张江国家级文化科技融合示范基地；“两河”，即黄浦江和苏州河；“多圈”，即多个城市区域圈。

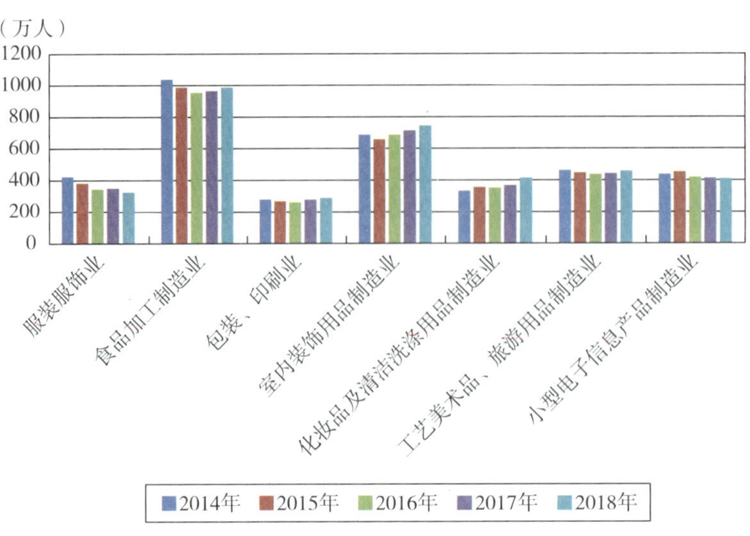

图 9－3　2014～2018 年上海市时尚制造产业的产值分布

此外，上海市经济和信息化委员会官网公布的时尚创意产业集聚区的数据显示，截止到 2016 年，上海市级时尚创意产业集聚区数量为 98 家。从图 9－4 可以看出，上海市时尚创意企业分布较为集中，主要分布在徐汇区、长宁区、虹口区、静安区等上海市中心城区，而宝山区、闵行区、嘉定区和松江区等工业集聚度高的辖区的时尚创意企业的分布则较少。虽然创意企业主要集中在市区，但各郊区也都有创意企业的分布，并且新增的时尚创意产业大多落户于郊区，说明时尚创意企业有向郊区扩散的趋势。中心城区的人才资源、公共设施、文化资源等条件较为优越，但是随着上海市的发展，中心城区的空间有限，企业的租金成本、人工成本也越来越高，这使得时尚创意产业不得不向郊区扩散。另外，如杨浦区和松江区的高校资源较为集中，优质人才也相对充足，这两个郊区成为吸引时尚创意企业落花的重要郊区，浦东新区、闸北区、黄浦区、宝山区、松江区的时尚创意产业均呈现崛起之势（见表 9－1）。

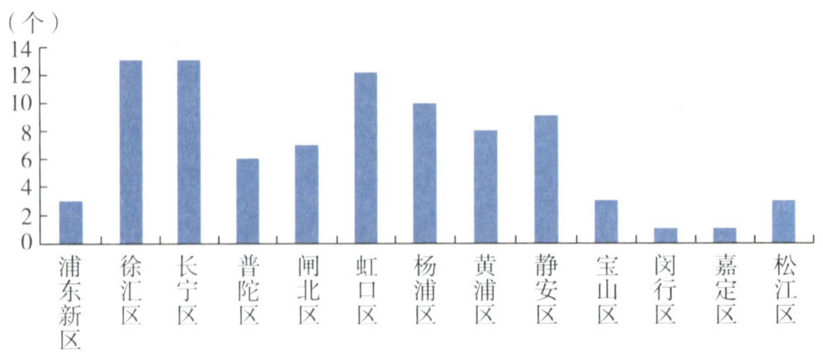

图 9－4　2016 年上海时尚创意产业集聚区的地域分布

表9-1 上海部分行政区时尚创意产业的布局重点和特色载体

区县	重点产业	特色载体
长宁区	软件研发和信息服务业、时尚设计	环东华大学时尚产业带
杨浦区	工业设计、建筑设计、城市规划设计	同济建筑设计集聚圈
徐汇区	咨询策划、研发设计、数字内容应用设计	高校及各类研究所
黄浦区	旅游纪念品设计	专业化公共服务平台
普陀区	动漫设计、软件设计、工业设计和文化艺术	苏州河沿线、华东师范大学周边地区
卢湾区	建筑设计、广告设计等	品牌园区，如八号桥、田子坊
静安区	传媒、出版	电视台、报业集团的资源
浦东新区	动漫和网游的研发设计等	产业基础、人才和政策优势
嘉定区	咨询策划、文化旅游、研发设计	手工艺的传承
宝山区	动漫衍生品的研发、以节能环保为主题的研发设计	老厂房、老仓库
松江区	影视制作、传媒等	影视基地

资料来源：根据《十三五规划预研究报告》相关内容整理。

4. 政策环境日益完善

上海市“十三五”期间确定了要建设国际“时尚之都”、“设计之都”、“品牌之都”的发展目标，并围绕着“三都”建设目标出台了一系列的政策措施，为促进时尚产业的发展提供了良好的政策环境。上海市认真学习国家发布的与时尚产业相关的文化创意产业的精神，结合上海文化创意产业的实际，先后出台了《上海市人民政府关于贯彻〈国务院关于推进文化创意和设计服务与相关产业融合发展的若干意见〉的实施意见》、《上海市工艺美术产业发展三年行动计划（2014－2016年）》、《关于本市加强品牌建设的若干意见》等一系列政策措施，完成了《上海市文化创意产业分类目录》修订，确定了时尚产业重点支持的行业，引导时尚产业的发展。此外，上海市还制定了《上海市促进文化创意产业发展财政扶持资金实施办法》，仅2020年就资助扶持846个项目和成果，市、区县扶持资金合计1630万元，撬动社会资金投入12.8亿元。

5. 跨界融合形成趋势

时尚产业内不仅包含第二、第三产业，更包含二三产业融合发展的新产业。在全球经济不景气、中美经贸摩擦不断、新一轮科技革命持续的大背景下，时尚产业充分发挥自身优势，积极推动新技术、新产业、新业态、新模式快速发展，引入大数据、云计算、人工智能、区块链等新一代信息技术，深化与制造业和服务业的融合发展，已经初步形成了跨界融合的发展趋势。上海市在时尚消费品与时尚服务的提供方面已呈现出数字化、信息化、互联网化的特征；在时尚工业设计方面，中国工业设计研究院等重要科研院所着力推进数字化实验室等服务平台建设。2020年，上海市推出《促进在线新经济发展行动方案（2020—2022年）》，这为时尚产业与新一代信息技术融合发展提供了新的路径。此外，上海市在“十三五”期间还开展了设计创新示范企业的认证工作，鼓励支持时尚设计企业的发展，一批具有国际竞争力的上海原创时尚设计企业正在崛起，“新设计、新材料、新工艺、新产品、新能源、新市场”的新型时尚产业链正在形成，与各个行业的跨界融合趋势也逐渐形成。

6. 国际交流显现成效

上海市时尚产业“十三五”期间积极推进国际交流，拓展国际化发展渠道，搭建国际时尚交流合作平台，在对外交流的体制机制创新、活动创新、服务创新等方面也取得了新的突破。2015 年 10 月，上海市举办第十届上海国际内衣泳装原辅料和国际时尚内衣展，引领国际时尚内衣与泳装潮流。2016 年 9 月 10 日，第 38 届中国国际家具博览会在上海虹桥国家展览中心举行，2019 年 4 月，国际家具大师作品展及设计论坛在上海市举行，106 个国家和地区的 3000 多家参展商参加。2020 年 7 月，“2020 上海国际时尚产业博览会”（简称世尚荟）在上海新国际博览中心举办。2020 年 9 月，国际服装服饰博览会 2019（秋季）开展，吸引世界时尚达人来沪观展。此外，上海市作为全球第五大时装周的举办地，已经成为世界时尚的“会客厅”，穿梭着各类时尚设计师、时尚达人，汇聚着引领世界时尚潮流的“中国定制”。上海市时尚产业国际交流成效显著，发展所需的创新高度、影响力度、市场广度等要素已经齐备，正迎来时尚发展的“黄金时代”。

（二）时尚产业发展存在的问题

上海市发展时尚产业、建设时尚之都虽然具有较明显的优势，但是这与时尚产业发达的米兰、巴黎、纽约、伦敦等城市相比还有很大的差距。上海市发展时尚产业，建设国际时尚之都的问题主要有自主创新能力不足、高端人才不够、产业链不够长的问题，这些问题不及时解决会影响上海时尚产业的发展。

1. 自主创新能力不足

自主创新是产业竞争力的核心，上海市发展时尚产业，建设国际时尚之都需要非常强的自主创新能力。从世界五大时尚之都的发展经验看，各个国际时尚之都有不同的特色，自主创新的方向和侧重点也有所不同。上海市时尚产业的发展虽然拥有较大的消费市场，但是却缺乏本土的时尚设计师、时尚倡导者、时尚引领者，当然更加缺少具有自身文化特色的时尚品牌。上海市已有的时尚品牌大多相互模仿，真正有创意的设计较少，至今也没有找到特色鲜明、不可替代、能结合自身将古典和现代融合的文化背景的风格，无法体现出海派文化的特征，也无法突出上海市的消费潮流、消费理念和时尚特色。因此，上海时尚产业自主创新能力总体较弱，这是制约其成为国际时尚之都最重要的因素。

2. 高端人才不够

时尚产业的发展中，高端的时尚设计人才是非常重要的，是时尚产业发展最活跃的因素。时尚设计师、时尚摄影师、形象造型师、时尚评论员、时尚模特、时尚品牌策划专家等不仅能够推动时尚潮流的发展，而且是时尚产业运行的主导力量。目前，上海市各高校和专业院校培养的毕业生远远不足以满足上海市时尚产业发展的人才需求。上海市发展时尚产业，缺乏高端的时尚人才、缺乏技术含量高的时尚创新创意人才、缺乏时尚产品设计人才、缺乏品牌营销人才、缺乏资本运作人才。

3. 时尚产业链不长

时尚产业通过对市场、人才、品牌、企业、活动等要素的整合，对接形成独特产业链。时尚产业的产业链包括原料生产、时尚设计、产品加工、品牌营销、商贸物流等环节（见图9－5）。虽然上海市发展时尚产业具有比较好的产业基础，但是上海时尚产业链的发展却缺少成体系的科技创新和研发力量，高级工艺制造能力、营销渠道、专业信息、资本的支撑不足，时尚品牌、文化艺术氛围缺失，特别是时尚产业的创意、设计、制造、营销、推广、培训等诸多环节割裂，各类资源要素分属不同行业、跨越不同部门，均在寻求各自的利益最大化，导致文化与时尚、时尚与创意、设计与市场、产业与活动之间的联动不够，亟待整合，形成相对完整的产业链。

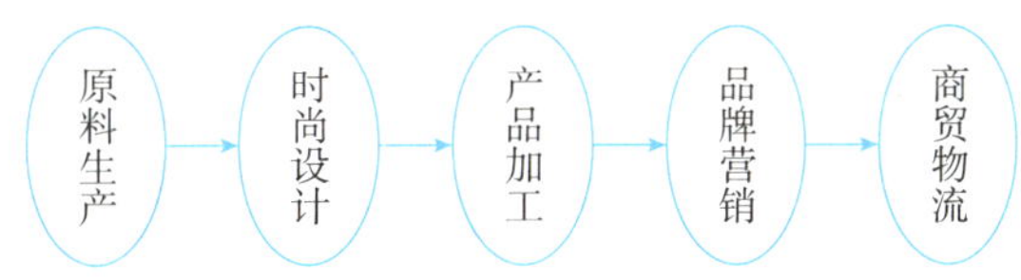

图9－5 时尚产业的产业链

二、上海市时尚产业“十四五”时期发展机遇与挑战

我国已经是世界第二大经济体，并且在新冠疫情的防控、经济重启恢复工作均走在了全球前列，这对社会经济的持续、稳定发展具有重要意义。上海时尚产业的发展离不开我国整体经济实力的增强，也离不开对中华传统文化发扬和文化自信的确立。“十四五”时期，时尚产业的发展已经迎来大好发展时机，但也面临着诸多困难和挑战，必须抓住时机，攻坚克难，加速时尚产业的发展，提升经济的高质量发展水平。

（一）上海市时尚产业发展面临的主要机遇

1. 后疫情时代显现“弯道超车”的历史机遇

上海市时尚产业经过多年的积淀与发展已经取得了不错的发展成绩，也积累了大量的发展经验。潮流服饰、时尚饰品的原创设计、工艺创新不断加强，时尚品牌定位、时尚商业模式逐步创新，东方文化正强力在时尚领域渗透，时尚设计咨询、时尚传播、流行趋势等时尚服务业发展迅速，上海市的时尚产业正处于从量变到质变的升级过程。在后疫情时代，世界主要经济体受国内疫情防控、经贸摩擦、政治风险等因素的冲击，经济发展增速明显回调甚至负向增长，而中国无论是在疫情防控方面还是在经济恢复方面均表现良好，因此时尚产业发展弯道超车的机遇已经凸显。

2. 长三角一体化不断推进凸显的战略政策机遇

长三角地区拥有全国1/4的经济总量、1/5的人口数量，是经济增长最活跃，创新发展最强劲，大学、科研院所、创新企业最集中的区域，在长三角一体化国家级发展战略的推动下会形成各类资源要素的加速集聚，科研合作和创新技术溢出的不断增加，协同创新基础不断夯实的有利局面。长三角一体化发展战略能够为上海市时尚产业的发展提供更多的优质设计人才、时尚创新理念、创新创意企业、时尚消费空间，满足时尚产业发展所需的各类发展要素。因此，上海市时尚产业的发展要牢牢抓住长三角一体化不断推进凸显战略政策机遇，提升产业整体的价值链水平，实现从质变到量变的升级，实现国际时尚之都的发展目标。

3. 新一代信息技术为时尚产业发展带来的科技创新机遇

随着互联网、大数据、云计算、区块链、人工智能等新一代信息技术的不断更迭与创新，新科技革命带来的产业变革也在深深地影响着时尚产业的发展。在生产设计方面，新一代信息技术能事先追索到消费者的偏好，为先进的设计技术赋能，使得时尚品设计更具个性化，提升整体时尚设计能力和水平。在时尚品制造方面，新一代信息技术能够促使时尚产业满足“科技·时尚·绿色”高质量发展要求，推动创新设计新生态的发展。在时尚消费方面，新一代信息革命带来的科技创新正在改变消费风向，融汇大数据、云计算、区块链、人工智能、云制造等新科技的时尚产业，将彻底改变现有的时尚消费模式。新一代信息技术为时尚产业的发展带来了重大科技机遇，是时尚产业从外延向内核全面突破的重要契机。

（二）上海市时尚产业发展面临的挑战

1. “逆全球化”思潮涌动带来的世界经济深度调整的挑战

随着新冠疫情的全球大流行，西方发达国家受疫情冲击纷纷开启补齐产业链的计划，逐渐开启将部分产业转移回国的计划，“逆全球化”思潮频繁涌动。民粹主义和贸易保护主义势力的抬头对世界经济贸易产生了重大挑战。时尚产业的设计、研发、生产、销售都离不开全球各地区的合作与配合。全球化能够为上海市的时尚产业打造有特色的时装秀和时尚展览会，搭建时尚企业交流与合作的平台提供经验借鉴，能够集聚一流的时尚创意人才和设计师为上海市市场产业发展供给人才要素；全球化能够加强不同国家文化与时尚的交流，对于时尚灵感的碰撞和时尚火花的迸发具有重要作用；全球化能够充分利用各个国家不同领域的科技成果，将科技与时尚创意结合，对提高时尚产业的科技水平具有难以比拟的优势；全球化能够使资本流动限制变小，为时尚产业发展提供强有力的资金支持；全球化能够为上海时尚产业提供更加广阔的市场。因此“逆全球化”思潮涌动带来的世界经济深度调整对上海时尚产业的发展带来新的挑战。

2. 国内多城市竞争激烈带来的多样竞争挑战

经历了改革开放40多年的发展，中国的各大城市都经历了快速发展期，也受到了资源、环境的硬性约束，随着供给侧结构性改革的持续推进，淘汰落后产能、促进产业结构升级调整成为各城市的主旋律。近年，北京、广州、大连、沈阳、成都等城市积极发展时尚产业，这对上海市时尚人才的吸引、时尚要素的吸纳形成了不小的挑战，对上海市时尚产业的发展地位形成了冲击，形成了国内时尚产业发展的竞争大格局。北京市是我国的古都，历史文化积淀深厚，拥有北京服装学院、清华工艺美院等专业的高端时尚人才的培养机构，加之北京市的经济发展和工业基础也比较好，这对上海市建设国际时尚之都形成了不小的挑战。广州市毗邻香港地区，能够受到香港地区时尚产业的辐射，在时装、皮具、珠宝首饰、美妆、汽车等的时尚程度、流通广度和深度等都领先国内。因此面对激烈的国内城市竞争，上海市要在全国的众多城市中脱颖而出，获得国际时尚之都的称号还需要下大力气。

三、上海市时尚产业“十四五”时期的发展趋势

“十四五”时期是两个“百年奋斗目标”的历史性交接期，也是世界百年大变局的窗口期，上海时尚产业发展在全球产业链、价值链重构，中美经贸摩擦等诸多不确定因素下，既要符合前期的各种积累，又要面对新一轮信息技术革命带来的新技术、新工艺、新业态和新模式，要紧紧抓住新技术革命带来的技术创新、数字化转型、消费升级等机遇，适应科技创新带来的数字化、信息化、智能化的发展方向，迎合个性化消费趋势，砥砺前行，推动经济的高质量发展。

1. “时尚化”仍是上海市时尚业发展的主流

服装业是时尚消费的核心，也是时尚产业发展较为稳定的部分。“十四五”时期，随着我国经济社会的持续发展，新一轮的消费升级也在悄然进行中，“80 后”、“90 后”、“00 后”已经成为追求时尚潮流的主力与服装消费的主流群体，对服装的个性化、新奇化特征更加突出，也更愿意为符合其消费理念的潮流服饰埋单。在这样的消费环境下，时尚产业的发展将迎来全产业链的革新：即服装设计从差异化、精品化向时尚化、潮流化的方面转变；服装生产由满足穿暖的基本需求向满足“美”的方向变革；服装消费从实体经营向线上虚拟穿戴、网红直播等方式转变。服装业从设计研发、生产、销售等环节均融入了时尚、娱乐等新元素。上海市的纺织服装行业正在依托人工智能等新兴技术进行时尚化改革，未来服装消费的“时尚化”仍是时尚制造业发展主流。

2. “品牌化”引导上海市时尚产业加速升级

我国已经是世界第二大经济体，国内消费市场的规模在不断扩大，居民消费理念、消费偏好、消费模式也在逐步发生变化，消费升级的趋势日渐明显。消费升级一方面要求时尚产业加快创新升级和“品牌化发展”，另一方面也能为时尚产业的发展提供更加广阔的发展空间，为时尚品牌的打造、升级也提供更多的发展机会。上海市时尚产业发展要抓住消费升级的机遇，积极开办各类国际时尚展览，由来样加工、代理经销国际一线时尚品牌向时尚品牌设计、高端品牌突破转变，由品牌下单一品种的发展向多元化产品发展拓展。

"品牌化"加速升级，能够推动上海时尚产业向供应链、价值链、产业链的中高端迈进。

3. "数字化"推动新一代信息技术催生时尚产业发展新热点

大数据、云计算、区块链、人工智能等新一代信息技术快速发展，5G 将在"十四五"时期进行大规模的商业应用，中国、美国、欧盟、日本等国会形成强大的 5G 市场，这将加速催化新一代信息技术带来的产业变革。在新一轮科技革命加速发展的背景下，以 5G 为代表的高新技术与上海时尚产业将加快跨界融合发展步伐，推动时尚产业的变革步伐，特别是挖掘和形成时尚电子产品的消费潜力和新兴热点。此外，发挥上海集成电路、人工智能等领域的优势，加速人工智能在时尚产业终端的应用，大幅提升时尚终端的各种体验，为培育新的时尚消费业态和热点带来无限可能。

4. "融合化"促进现代服务业与时尚服务业发展新模式

上海市现代服务业在经济社会发展中所起的作用日益凸显，个性化的消费需求增加使得现代服务业逐步与时尚产业融合发展，"时尚化"已成为现代服务业的标签。以个性化定制的知识付费为代表的时尚学习消费，以艺术展览、影视戏剧、手工创意体验为代表的时尚潮流休闲文化消费，以 Cosplay、DIY 家庭厨房等为代表的亲子时尚互动消费，以盒马生鲜、美囤妈妈、超级物种等为代表的时尚新零售，时尚产业与现代服务业融合发展的新模式已经得到多数消费者的认可，时尚潮流服务与时尚消费已经从富裕阶级、中产阶级逐步向普通大众过渡。"融合化"的发展趋势使得时尚消费的渠道和消费终端延伸到了影视、文化、音乐、体育、会展等各个行业，也创造出了更多时尚消费模式。

5. "创新化 +"、"资本化 +"引领时尚产业新突破

创新是时尚产业发展的灵魂，能够为上海市时尚产业持续注入勃勃生机和无限活力，将大数据、云计算、区块链、人工智能等新一代信息技术、新材料技术、生物科技等科技创新成果融入时尚产业，帮助时尚企业提高产品质量和生产效率，改善产品品质，增加新时尚产品的供给。时尚产业的发展不仅需要创新的加持，还需要"资本 +"的助力。红杉中国启动了支持时尚产业的股权投资基金后，风险投资对时尚产业的发展也越来越关注，大力支持时尚技术研发、培育时尚品牌、推动时尚企业并购。

四、上海市时尚产业"十四五"时期的发展路径

上海市时尚产业发展要努力适应"时尚化、品牌化、数字化、融合化、创新化、资本化"的发展趋势，按照"大设计、大市场、大融合"的发展要求，充分发挥上海优越的区位条件、深厚的产业基础、开放的国际化合作等发展优势，强化时尚创意设计产业的发展，促进时尚产业与其他产业的融合发展、延伸拓展和服务升级，积极整合国际国内的优质时尚产业资源，补齐并强化时尚产业链，着力建成国际知名的"设计之都""时尚之都""品牌之都"，为上海城市升级、经济高质量发展注入新的活力。

（一）聚焦设计重点领域，着力推进国际“设计之都”建设

时尚设计环境污染少，产品附加值高，处于时尚产业链的高端部分，是各国争相发展的重要产业之一。上海市时尚产业紧抓大数据、云计算、人工智能、5G等新一代信息技术的发展机遇，将以数字为核心的先进技术引入时尚设计，推进国际“设计之都”建设。

首先，做强工业设计。充分利用上海在大数据、人工智能等高新技术领域的优势，以信息化与工业化深度融合为主线，将人工智能、时尚制造等技术与理念引入工业设计中，逐步完善工业设计体系。其次，做大建筑设计。围绕建筑设计、室内装饰等重要建筑设计领域，将时尚设计与传统的建筑设计相融合，开发一批既具有时尚元素又能满足工业建筑设计需求的应用软件，让时尚为工业建筑增添新色彩。再次，做优时尚创意。借助长三角一体化、自贸港建设等政策机遇，重点推进上海时尚之都建设的各类合作项目，吸引并集聚国内外优质的时尚产业发展资源，加强海派文化、红色文化和江南文化与现代时尚元素的结合，重点围绕纺织服装、珠宝首饰、日化用品、建材家居、时尚数码等领域开展时尚设计，开展中国主导的时尚流行趋势发布，提升上海市作为国际时尚之都的影响力与话语权。最后，做实“四新”设计。将时尚元素注入新技术、新产业、新业态、新模式“四新”经济，实现时尚产业与多种产业跨界融合和多样资源互联共享，延长“四新”经济的产业链，提高“四新”经济的附加值。

（二）发挥时尚创意引领作用，大力构建国际“时尚之都”

充分发挥时尚创意设计的引领作用，重点聚焦纺织服装、珠宝首饰、建材家居、日化用品、时尚数码等重点领域，加快创新与创意品牌发展的双轮驱动，适应消费升级的发展要求，提升时尚产业的发展水平，增强上海时尚产业的国际竞争力。

1. 转型升级服装服饰业

在现有服装服饰业发展的基础上充分发挥时尚创意设计的引领作用，对服装服饰的新产品研发设计、工艺流程、品牌建设进行时尚发展引导。大力支持服装服饰的头部企业加强核心品牌的建设，加大时尚原创研发设计投入，提升核心竞争能力；鼓励中小服装服饰企业推进品牌建设计划，加快时尚营销模式创新，逐渐由贴牌、代工向自主品牌转变。推动上海市国际时尚中心、东方美谷、虹桥时尚创意产业集聚区等一大批时尚产业重大项目的建设，吸引国内外知名的服装设计师齐聚上海，为上海服装服饰业发展贡献智慧。提升上海服装文化节、上海时装周、中国时尚产业论坛等各类时尚活动的影响力。

2. 延伸发展日用化学品业

在以美容护肤、美发美妆等为代表的日用化学品业中增强时尚研发、创意设计的力度，围绕个性化、定制化、高端化等消费升级的需求，延伸日用化学品的产业链，培育并形成一批能够与兰蔻、雅诗兰黛、欧莱雅等国际知名的企业集团与自主品牌。积极将东方文化、新兴科技融入时尚日用化学品业，注重时尚创意设计与科技创新，开发受市场欢迎的安全护肤、纯天然香精香料、护肤彩妆等产品的创意，不断优化时尚创意新产品的配方与生产工艺，逐步提升时尚创意新产品的科技含量和技术装备的自动化程度，加强日用化

学品的时尚性、安全性与有效性。

3. 提升发展珠宝首饰业

加大对黄金、珠宝、眼镜、钟表等时尚产品的研发设计和品牌营销的力度，全面提升珠宝首饰业的创意设计含金量和产品附加值，增强领导企业的国际竞争力。利用上海豫园地区黄金珠宝产业的知名度、美誉度和品牌集聚度高的优势，持续将海派文化、红色文化、江南文化的精髓注入珠宝首饰产品的设计中，充分挖掘珠宝首饰产品的东方工艺精华和潜在发展优势，支持建设集设计研发、生产制造、展示发布、商贸交易等于一体的上海国际珠宝商贸功能区，并积极与崇明、奉贤等地的黄金珠宝主题商旅文化产业形成互动。探索建立上海市时尚眼镜城、钟表谷，推动眼镜、钟表等产品的国际化和时尚化发展。

4. 创新发展家居用品业

积极引导家居用品企业将科技与时尚引入产品的研发、设计、生产、营销等环节，加强品牌的时尚创意和自主创新能力，坚持走设计创新与科技发展的道路。迎合消费不断升级的发展趋势，围绕人民生活的多样化需求，推广应用新技术、新材料、新设备、新工艺，加大生态环保、健康安全、美观时尚的家纺、家具、家电等产品，发挥家居用品业的装饰化的功能，提高整体产业的生产附加值和经济效益。鼓励支持国内外知名的家居用品龙头企业总部、研发机构、营销中心落户上海，吸引多样人才进入。

5. 培育发展时尚数码业

依托上海市经济发展水平较高和拥有庞大数码产品消费时尚的优势，加强时尚设计与数码产业的融合发展，在数码产品的研发设计过程融入时尚的元素，满足消费者对数码产品多样化的需求。深化数码产业的国际交流与合作，增强自主创新与研发能力，鼓励有条件的企业培育具有时尚特色的原创数码品牌。跟随消费升级与产业融合的发展趋势，以市场需求为导向，打造手机、电脑、PAD、电子阅读器、数码相机、电玩电游等现代时尚数码产业集群，全面提升上海时尚数码业的国际市场竞争力。

6. 提升创新时尚服务业

以时尚设计咨询、时尚贸易、时尚广告会展、时尚传媒等时尚服务业为重点发展领域，引导提升创新时尚服务业的发展水平，提高上海市时尚服务业的国际影响力。培育并引进各类时尚研发中心、时尚咨询等机构，积极引进国内外龙头时尚研发和咨询机构入驻，发挥各类时尚咨询机构的功能，提升时尚服务业的能级；探索建立上海市时尚产业跨行业的销售通路整合机制，鼓励开展网络直播、电子商务等多元时尚营销贸易服务，拓宽上海市时尚产业“走出去”渠道；鼓励支持时尚传播业的发展，将移动互联、5G 等新技术应用到广告业、会展业、报刊业和广播电视传媒业，提升时尚服务业发展能级，积极争取更多的世界级专业时尚活动、节事赛事落户上海。

（三）强化设计支撑功能，大力构建国际“品牌之都”

关注品牌经济的整体性、系统性与协同性，强化各类时尚产业的设计支持功能，凝聚共识、共同谋划培育上海市不同时尚产品品牌，打造行业品牌，塑造上海城市品牌，构筑宽领域、多层次的上海时尚品牌发展体系，加快上海从产品经济向品牌经济转型发展。

1. 培育产品品牌

加强企业的品牌战略管理，在思想上要从追求品牌的数量向注重品质转变，完善品牌设计理念、品牌掌门人选取、品牌经理和专员的培训工作。鼓励企业立足城市的品牌发展资源，从争创世界、国家、市级知名品牌三个层次制定品牌发展目标，提升一批强品牌、振兴一批老品牌、培育一批新品牌和引进一批好品牌等方式，形成品牌集聚高地，推进“品牌之都”建设。

2. 打造行业品牌

在产品品牌构建的基础上充分发挥创新创意，实施时尚产业发展行业品牌打造行动，形成由产品品牌集群构成的行业品牌，实现从“上海时尚”到“长三角时尚”，再到“全国、全球时尚”的时尚行业发展升级。依托临港、张江、漕河泾等具有的优质基础，将时尚创意、时尚设计融入先进制造业，打造一批具有国际影响力的时尚制造行业品牌。支持时尚产业园的发展，着力打造一批特色时尚产业园区品牌。

3. 塑造上海城市品牌

整合上海市已有的时尚创意设计、时尚制造、时尚服务等资源，充分挖掘、提炼各种时尚资源的优势，传承和弘扬上海时尚产业的工匠精神、首创精神、契约精神，树立良好的国际时尚形象。举办国际化的品牌经济论坛，支持如上海时装周等具有国际影响力的节庆活动、展览展示，开展“品牌上海”的国际宣传。鼓励社会力量参与城市时尚品牌宣传活动，齐心协力建设国际品牌高地。

（四）优化空间布局，加强时尚产业载体建设

1. 进一步优化产业空间布局

在“十三五”发展基础上，将时尚产业发展的“一轴两河多圈”的空间发展布局发展为“一轴一带两河多圈”，进一步优化时尚产业的空间布局。首先，进一步扩展“一轴”的发展功能，在贯通中心城区的东西发展轴线上加强时尚设计、时尚创意、时尚咨询、时尚消费等企业的布局。其次，形成新兴的“一带”时尚经济发展圈，利用城市中环和外环部分工业用地“退二进三”的发展时机，积极推进环上大国际影视园区、创智天地、越界创意园等时尚产业园区的建设。再次，继续丰富“两河”的发展内容，充分发挥黄浦江和苏州河两岸沿线海派文化、红色文化、江南文化底蕴深厚的优势，推动时尚创意与设计产业发展。最后，深化“多圈”层级，推进“十、百、千”产业载体建设工程，让时尚产业遍布上海各个区域。

2. 推进时尚产业载体建设

加强时尚产业发展的集群化、集团化载体建设。大力支持各类时尚创意产业园区、生产性服务业功能区建设，以园区为载体集聚各类时尚创意与设计服务企业，并依托这些时尚创意与服务企业推动时尚产业与制造业的融合发展，提升制造业的产品附加值。推动时尚特色消费、时尚渠道的载体建设。以新虹桥地区、南京西路、淮海中路、南京东路—外滩、陆家嘴等时尚商业街区为重点，汇集海内外品牌时尚商品，提升上海时尚消费的空间与品位，发挥上海时尚产业风向标的重要作用。培育时尚个性化、多样化、特色化的定制

消费商业模式，以时尚设计师品牌、新锐品牌等受欢迎的原创设计为基础，拓展时尚发展空间。

五、上海时尚产业发展的政策措施

上海市发展时尚产业，建设国际时尚之都不仅具有促进经济增长和推动产业结构优化升级的重要作用，还能够提高城市的国际知名度、美誉度和影响力，对上海市的长远发展具有非常重要的意义。上海市发展时尚产业，应当在政策上提供便利。

（一）制定上海时尚产业战略发展规划

上海市发展时尚产业，首先就要确定时尚产业的发展战略，制定时尚产业发展的专项规划。市场在资源配置中虽然起决定作用，但这并不妨碍政府通过手中的政策集中力量办一些有利于长远发展的大事。时尚产业是新兴产业，需要政府给予良好的发展政策，明确其产业定位和未来的发展方向。伦敦在建设并维持国际时尚中心时也颁布过《伦敦：文化资本——市长文化战略草案》，这为伦敦时尚产业的发展奠定了基调，明确了伦敦建设世界时尚文化中心的目标，并且制定了具体的实施措施。上海市在对时尚产业制定发展战略规划的同时，还应当成立相应的规划落实和促进机构，通过这一机构使得政府部门、企业、科研院所、媒体进行通力合作，促进时尚产业按照规划的方向发展。

（二）加快制定和完善产业政策和相关法律

时尚产业是新兴产业，是多个产业的综合，拥有非常庞大的产业体系，在发展过程中也会遇到之前所没有遇到的问题，所以应当加快制定和完善产业政策和相关的法律，为时尚产业的发展提供政策和法律保障。时尚产业发展的产业政策主要集中在土地、融资、税收、财政转移支付等方面，这些产业政策不仅能为时尚产业发展提供良好的商业环境，还能够激发大众对时尚产业的创业热情。此外，政府还应当加大时尚产业园区的建设，延长上海时尚产业链，提升企业的自主创新能力。对于时尚产业的发展，政府主要应当在产业导向、战略布局、关系协调等方面发挥指导作用，通过市场机制来促进相关企业的协调发展。

（三）保障土地资源供给

上海市政府优先保障新增文化创意产业项目土地供应，文化创意产业项目使用工业、研发总部用地的，可以“带产业项目”挂牌方式供地①。在新增经营性用地出让中，通过

① 资料来源：上海市政府印发的《关于加快本市文化创意产业创新发展的若干意见》。

出让前的规划实施评估，按照区域文化设施配置情况，优先配建文化类公共设施。支持各类市场主体合作，利用工业厂房、仓储用房、传统商业街等存量房产、土地兴办文化创意和设计服务，在符合城市规划的前提下，土地用途和使用权人可暂不变更。利用划拨方式取得的存量房产、土地兴办文化创意产业，连续经营一年以上，符合划拨用地目录的，可按照划拨土地办理用地手续；不符合划拨用地目录的，可采取协议出让方式办理用地手续。引导社会力量投资兴办剧场、博物馆、美术馆、文化创意园区等文化创意产业基础设施，鼓励各级政府给予用地等政策支持。

（四）建立时尚产业发展专项基金

时尚产业的发展离不开资金的投入，政府倡导建立时尚产业发展专项资金，用于扶持时尚企业的发展，这对促进时尚产业链的延伸与时尚产业的发展无疑具有非常重要的意义。上海市为进一步发挥市级宣传文化专项资金、促进文化创意产业发展财政扶持资金、服务业发展引导资金等专项资金的引导和杠杆作用，加大财政资金投入，突出重点项目扶持力度。规范各级各类文化创意产业发展专项资金的使用管理，加大对关键领域、薄弱环节、重点区域的支持力度。充分发挥文化创意产业投资基金的引导作用，撬动社会资本投入。政府倡导时尚企业进行 PPP 的融资模式，将社会资金转移到企业中来，促进时尚企业的发展。政府还可以给从事时尚研究的高校和科研机构予以科研经费的支持，奖励好的时尚创意。

（五）加强时尚产业人才的培养和引进

时尚人才是时尚产业的核心要素，加强时尚产业人才的培养和引进，要贯彻《十三五规划纲要》精神，坚持服务发展、人才优先、以用为本、创新机制、高端引领、整体开发的指导方针，充分发挥国内人才作用，积极引进和用好海外高层次人才。上海市应加强政府的宏观管理，为时尚人才的发展提供公平公正、尊重人才的良好环境。依托高等院校设立一批高层次文化艺术人才工作室和紧缺艺术人才创新工作室，支持高等院校、科研院所和文化创意企业联合共建人才实训基地。鼓励社会力量参与，培育、引进知名文化创意人才培训机构。促进文化领域非学历教育培训市场规范发展。鼓励文化创意企业以知识产权、无形资产、技术要素入股等方式，加大对骨干人才的激励力度。推进用人制度改革，推进完善文化人才分类评价。

（六）加强国际与国内合作

在经济全球化已经渗透到各个国家与各行各业的今天，上海市要促进产业结构优化升级，发展时尚产业，单纯依靠自身的力量显然是不够的。上海市要与巴黎、米兰、伦敦、纽约、东京等世界时尚之都加强交流与合作，充分利用其丰厚的人才、品牌、产业资源，促进上海市时尚产业的发展。完善文化出口重点企业和重点项目认定管理。鼓励通过新设、收购、合作等方式对外投资，在境外收购文化创意企业、演出剧场和文化创意项目实体，在境外设立演艺经纪公司、艺术品经营机构、文化经营机构。鼓励文化创意企业借助电子商务等新兴交易模式开拓国际业务，培育发展文化创意跨境电子商务。此外，上海市紧邻长三角城市群，要加强与长三角城市的交流与合作，利用长三角城市中的服装、制鞋等产业历史积淀和著名商标与企业，促进上海市时尚产业的发展。上海市要发挥各种合作机制的作用，多层次、多渠道、多方式推进国际、国内科技合作与交流，支持时尚产业的科研发展。

（刘慧　上海立信会计金融学院保险学院）

本章参考文献

[1] 深圳特区报评论员．全力打造全球知名的新锐时尚产业之都［N］．深圳特区报，2020－04－11.

[2] 冯幽楠，孙虹．日本三大时尚产业发展经验借鉴［J］．丝绸，2020，57（4）：68－75.

[3] 梁龙．加快时尚产业数字化转型　深挖消费新潜力［J］．中国纺织，2020（1）：93.

[4] 王利．重塑时尚供应链　中意携手赢未来［J］．纺织服装周刊，2019（47）：24.

[5] 刘晓青．当 AI“入侵”时尚业［J］．中国服饰，2019（10）：52－55.

[6] 成娜．时尚产业的科技成色［J］．产城，2019（7）：78－79.

[7] 茅淑桢．消费者需求下时尚产业与电子商务的融合发展［J］．商业经济研究，2017（6）：204－206.

[8] 王敏．上海时尚产业集聚的影响因素及动力机制研究［D］．东华大学，2017.

[9] 王璐．特色小镇产业生态链及其空间载体构建研究——以余杭艺尚小镇为例［J］．小城镇建设，2016（3）：75－79.

[10] 孙莹，汪明峰．纽约时尚产业的空间组织演化及其动力机制［J］．世界地理研究，2014，23（1）：130－139.

[11] 颜莉．时尚产业组织模块化价值创新能力评价研究［D］．东华大学，2013.

[12] 唐忆文，詹歆晔，蔡云，屠烜．国际时尚产业发展趋势及上海借鉴［J］．上海文化，2013（4）：66－72.

[13] 颜莉，高长春．模块化视角下上海时尚产业发展路径研究［J］．人文地理，2012，27（3）：60－66.

[14] 颜莉，高长春．时尚产业模块化组织价值创新要素及其影响机制研究——以五大时尚之都为例［J］．经济问题探索，2012（3）：141－148.

[15] 肖林．未来 30 年上海全球科技创新中心与人才战略［J］．科学发展，2015（7）：14－19.

[16] 夏毓婷．论国际时尚之都建设的价值导向与战略重点［J］．湖北行政学院学报，2014（6）：48－51.

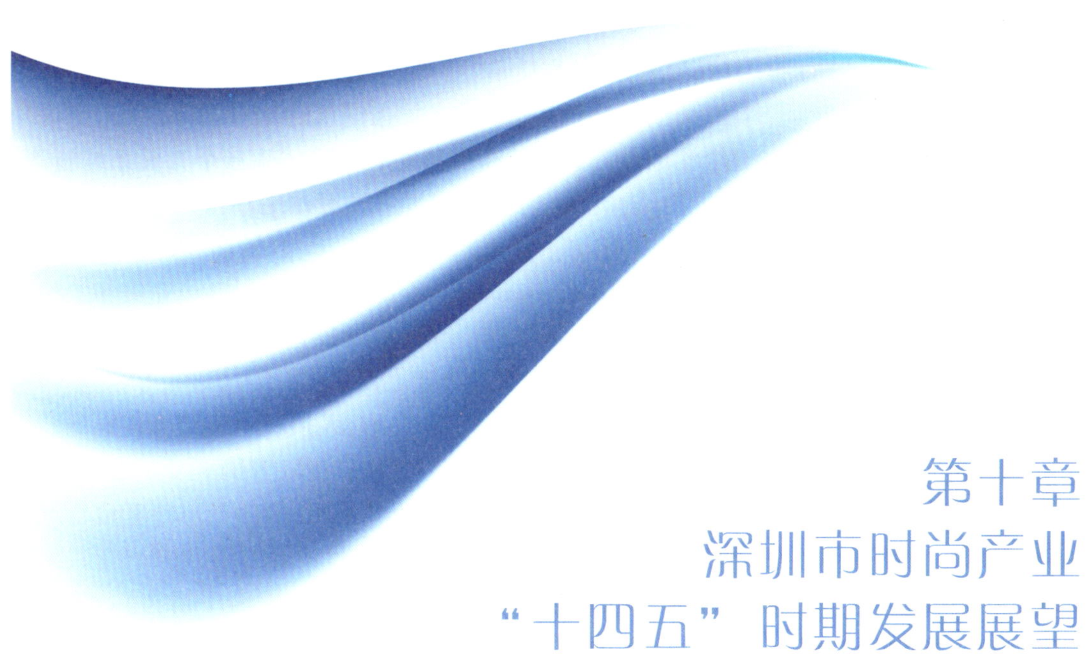

第十章 深圳市时尚产业“十四五”时期发展展望

一、“十三五”时期深圳市时尚产业发展情况

“十三五”时期，深圳市时尚产业政策环境得到了完善和优化，行业集群发展初具规模，数字化创意化转型加速推进，消费能力、产业配套、科技支撑、时尚文化潮流和教育人才等支撑条件日益优化。

（一）政策环境逐步完善

从国家层面看，“双区”战略对深圳发展时尚产业、建设时尚之都提出了新方向和新要求。2019 年 2 月，中共中央、国务院印发《粤港澳大湾区发展规划纲要》，提出支持深圳市引进世界高端创意设计资源，大力发展时尚文化产业，努力成为具有世界影响力的创新创意之都。同年 8 月，《中共中央国务院关于支持深圳建设中国特色社会主义先行示范区的意见》发布实施，提出到 2035 年建成具有全球影响力的创新创业创意之都，支持深圳市建设创新创意设计学院，引进世界高端创意设计资源，设立面向全球的创意设计大奖，打造一批国际性的中国文化品牌。

从市级层面看，深圳市围绕发展创意设计产业和时尚产业高质量发展出台了相关措施。2019 年 7 月，《关于推动深圳创意设计高质量发展的若干意见》颁布实施，从推动创意设计产业高质量发展、夯实深圳创意设计基础设施、加强创意设计人才培养引进、提升深圳创意设计全球美誉度、健全深圳市创意设计高质量发展保障体系五个方面系统施策，促进创意设计与实体经济深度融合，提高深圳创意设计整体质量水平和核心竞争力。2020 年 3 月，《深圳市时尚产业高质量发展行动计划（2020—2024 年）》颁布实施，通过实施创新能力提升、工业设计提升、品牌国际化、知识产权保护与激励、时尚产业聚集、国际化拓展和高端人才培养 7 大任务及 18 个具体工作，全面系统推进时尚产业高质量发展，到 2024 年初步建成亚洲领先、全球知名的新锐时尚产业之都。

从各区层面看，近年来各区抢抓产业时尚化、时尚产业化发展机遇，结合各自比较优势，出台相应的政策文件，推进时尚产业集聚发展。作为中心城区的福田，2018 年和 2019 年连续两年发布实施《福田区支持时尚产业发展若干政策》，从时尚总部基地、产业园建设运营、场地租赁、活动举办、人才、R&D 投入、平台建设等给予政策支持。龙华区于 2018 年印发了《龙华区关于大浪时尚小镇产业发展资金扶持的若干措施》，从加快产业集聚、推进产业创新、加强人才集聚、打造时尚品牌、完善产业配套等方面支持大浪时尚小镇建设国际知名的时尚特色小镇。罗湖区于 2017 年出台了《罗湖区产业转型升级专项资金扶持黄金珠宝产业实施细则》，龙岗区于 2018 年出台了《龙岗区经济与科技发展专项资金支持眼镜产业发展实施细则》，加速推进相关政策落地实施（见表 10－1）。

表 10－1　“十三五”期间发布的涉及深圳时尚产业的政策文件

序号	时间	发布单位	文件名称
1	2017 年 6 月	罗湖区人民政府	《罗湖区产业转型升级专项资金扶持黄金珠宝产业实施细则》
2	2018 年 7 月	龙华区人民政府	《龙华区关于大浪时尚小镇产业发展资金扶持的若干措施》
3	2018 年 9 月	龙岗区经济促进局	《龙岗区经济与科技发展专项资金支持眼镜产业发展实施细则》
4	2018 年、2019 年	福田区人民政府	《福田区支持时尚产业发展若干政策》
5	2019 年 2 月	中共中央、国务院	《粤港澳大湾区发展规划纲要》
6	2019 年 7 月	中共深圳市委、深圳市人民政府	《关于推动深圳创意设计高质量发展的若干意见》
7	2019 年 8 月	中共中央、国务院	《中共中央　国务院关于支持深圳建设中国特色社会主义先行示范区的意见》
8	2020 年 3 月	深圳市人民政府	《深圳市时尚产业高质量发展行动计划（2020—2024 年）》

（二）优势行业集聚发展

深圳市时尚产业经历了多次转型，正由以时尚制造为主向时尚服务为主转变，由产业价值链低端环节向产业价值链高端环节跃升，形成了服装、钟表、黄金珠宝、眼镜、皮革等优势产业集群，各区也已形成重点突出、特色鲜明、协同发展的空间布局。

1. 服装产业

行业经济总量名列中国大中城市前茅，牢牢占据全国女装引领地位，拥有研发设计、中试、生产制造、展览展示、集散销售、总部经济等完整产业链，形成了大浪国家自主创新示范区集群、福田品牌总部商业集群、南山原创设计师集群等标杆性产业集群区。深圳市拥有服装企业2500多家，90%以上拥有自有品牌。深圳时装在全国大中城市一线商场占有率超过60%，有近十家品牌企业成功上市，部分企业通过资本运作跨国并购了一些国际品牌，在国外开设专卖店，聘请国际知名时装设计师合作，形成了"中国女装看深圳"的行业格局。

2. 钟表产业

深圳市已成为世界三大钟表生产国（瑞士、日本、中国）的龙头区域之一，同时也是全球钟表工业产业链的配套基地。我国手表产量占全球的80%，深圳手表产量超全国的一半，约占全球的42%。"深圳制造"代表着中国钟表业的最高水平，深圳品牌销售额占国产品牌的70%以上，现有钟表企业1500多家。"深圳手表"已成为业界认可的区域品牌，位于光明区的深圳时间谷，涵盖了从研发设计、精密制造到市场品牌营销的完整产业链。

3. 黄金珠宝产业

深圳市已成为中国珠宝首饰的制造交易中心、物料购物中心和信息交流中心，形成了涵盖生产、研发、设计、批发以及道具的包装、展示、灯光、检测等完整产业链。全国有色宝石镶嵌首饰、金镶玉首饰绝大部分是深圳制造，翡翠镶嵌、玉石镶嵌规模以上的制造企业几乎都在深圳市，3D硬金制造加工、硬金镶嵌宝石首饰制造加工也几乎都在深圳市。罗湖水贝黄金珠宝产业集聚区是中国珠宝玉石首饰特色产业基地，素有"世界珠宝看中国，中国珠宝看深圳，深圳珠宝在水贝"的美誉。

4. 眼镜行业

深圳市是世界著名的中高端眼镜生产基地，全球70%的中高端眼镜都出自深圳市。龙岗区是"全国时尚眼镜产业知名品牌示范区""中国眼镜出口基地"，深圳眼镜产业集群入选全国第四批产业集群区域品牌建设试点名单。龙岗区横岗眼镜经历了从"十二五"末仅有十余家企业运营自主品牌，且在市场上缺乏影响力，发展至50余家企业拥有自主品牌且营运状态良好的局面，形成产业配套设施完善，产品质量高端、优质，设计师队伍强大、卓越，产业链熟练工人和技术人才储备充足的高端眼镜产业生产基地。

5. 皮革行业

伴随多数依赖订单加工的小型企业不断被淘汰，一批具有一定规模的企业坚持品牌化运作，不断进行管理提升，形成了国际化、时尚化、自主化、信息化、立体化发展的新格局。深圳市鞋包皮衣类产品自主品牌达到300多个，"百丽""哈森"牌真皮皮鞋等一批重量级品牌已跻身"中国十大鞋王"，成为国内著名品牌。从分布来看，生产制造型企业基本都分布在龙岗、宝安、盐田、坪山、光明等区域，总部基地及市场商贸流通主要集中在罗湖、福田、南山区域。

6. 其他行业

深圳市家具产业基础好，配套完整，品牌知名度在全国名列前茅，板式、软体家具发展迅猛。深圳是全国行业规模最大、产业链最完整的国家级工艺礼品产业基地，创意设计和销售环节牢牢占据行业领先地位。深圳市是国家影视动漫基地，数字技术研发、数字阅读、数字媒体、网络视频、影视、动漫游戏等行业发展良好。深圳市还集聚了大量会展服务企业，会展服务业市场化、专业化、国际化程度高，为时尚相关重大活动提供了有力支撑。

（三）数字化创意化转型加速

依托5G、VR/AR、大数据、云计算等新一代信息技术，促进优势传统产业与数字化生产相结合，带动直播带货、云上系列活动、网络展会等模式创新，时尚产品与内容进一步丰富，打造全新的互动体验和商业渠道。

1. 时尚产业与数字化生产融合

服装等行业实现大规模个性化定制化生产，以大浪时尚小镇为例，加大力度支持企业实现数字化改造，助推数字化转型，推动“传统制造”向“数字经济”转型，打造时尚产业数字小镇，抢抓数字经济发展制高点。大浪时尚小镇服装产业已从低技术含量、低附加值、出口加工型向高技术含量、高附加值、自有品牌型模式转变，75%以上的服装企业将销售额的5%～15%作为研发设计经费，在生产管理、研发设计、生产监控等环节有效运用ERP系统、CAD、三维设计、RFID技术等高新技术。

2. 数字科技与时尚活动融合

在新冠病毒性肺炎疫情席卷全球、时尚经济受到冲击之后，转变传统线下时装周模式，通过新技术与升级加速消费者与电商、数字化平台的融合已成为当前时装周的发展新趋势。从2020年4月10日到4月16日为期7天，深圳时装周在抖音的官方账号发布了70场新品短视频，通过制作、传播精良的短视频，呈现新品和新概念，大众通过短小精干的视频了解品牌的最新设计和潮流风尚。以“时尚不缺席”的姿态，创新打造“云看秀+云订货”为一体的云上盛事，促进时尚产业和区域经济发展。

3. 家居产业和时尚创意融合

政府、协会、企业等多方协作的深圳时尚家居设计周暨深圳国际家具展于1996年创办，经历了23年、34届，从首创风格化展馆分区到引入国外展团，从升级为深圳时尚家居设计周到举办国际装配式精装住宅展，从单一家具展到集家具、软饰、住宅为一体，以国际设计的融合与创新驱动传统制造向文化创意产业转变，时尚元素突出。

（四）支撑条件日益优化

时尚产业的发展是一项系统性的复杂工程，不仅涉及规划、政策、产业要素、品牌、空间以及环境要素等资源配置，而且离不开经济水平提升、产业配套能力、科技赋能、文化引领、人才培育和集聚等支撑条件的成熟完善。过去5年深圳市时尚产业支撑条件得到了显著改进。

1. 经济发展水平较高，消费需求潜力大

时尚产业的发展以城市规模和经济发展水平为基础。随着人们生活质量水平的提高，对时尚产品、时尚服务的需求也不断增强。从消费需求来看，当城市人均GDP超过5000美元时，城市市民对时尚的需求会急剧增长。深圳作为我国一线城市，2019年人均GDP达2.7万美元，居民人均可支配收入接近1万美元，时尚消费需求潜力巨大（见图10－1）。

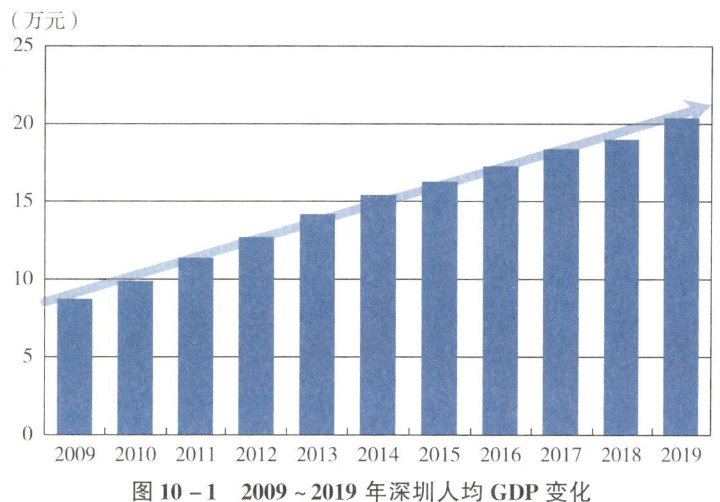

图 10－1 2009～2019 年深圳人均 GDP 变化

2. 产业配套和市场环境较为完善

经过多年发展，深圳市服装、黄金珠宝、眼镜、钟表等时尚产业逐步实现了从“深圳加工”到“深圳制造”再到“深圳创造”的跨越。深圳市时尚产业具备完善的产业链，拥有涉及设计、制造、销售、品牌策划等全产业链企业和机构。深圳产业配套能力较为完善，研发设计、信息软件、物流、金融服务以及专业服务业为时尚产业制造业发展提供了配套支撑。同时，深圳作为改革开放的“窗口”和“试验田”，为时尚产业的发展提供了宽松的体制环境和灵活的市场机制。

3. 科技支撑作用明显

深圳市是全国乃至全球重要的科技产业创新中心，自主创新发展能力位居全国前列，深圳市雄厚的科技创新基础将成为深圳时尚产业发展的新载体，促进时尚产业设计过程、生产方式、商业运营、消费模式全面变革。科技和时尚产业全链条的深度融合发展，更是让时尚产品的形态变得丰富多彩，为时尚产业注入新活力，促使未来的产业发展向智能可穿戴设备、AR/VR 技术等不断延伸拓展，推进与黄金珠宝、钟表、服装、眼镜等时尚产业的融合发展。

4. 时尚文化潮流涌动

深圳市实现了从“文化沙漠”到“文化高地”的巨变，形成了开放多元、兼容并蓄的城市文化和敢闯敢试、敢为人先、埋头苦干的特区精神。中国文化元素和深圳浓厚的创新文化基因融合，既是开发时尚产品、打造时尚品牌的根本要求，也是提升时尚产业层次、引领国际时尚潮流的内在驱动力。同时深圳众多文化博览会、时装周、设计周等活动，为企业提供了交流合作平台，为时尚产业的推广创造了机会。文博会、文交所、中国文化产业投资基金和国家对外文化贸易基地等国家级文化产业平台对时尚产业发展的带动作用日益凸显。

5. 教育、人才队伍建设不断加强

“十三五”时期，政府、各高校联合国内外知名设计学院推动合作办学。同济大学设计创意学院的未来需求实验室已落户深圳市南山区，并于 2019 年举办了同济大学深圳

NEEDS Lab 产学研成果展。深圳技术大学设计创意学院已开设相关设计专业，且师生在校企合作项目以及红点、iF 等国内外比赛中取得优异成绩。哈工大（深圳）国际设计学院、深圳大学帕森斯设计学院也在推进筹建。除此之外，由南方科技大学牵头的深圳创意设计学院已落户宝安，拟引进世界高端创意设计资源，孕育高级创新创意设计人才，为加速时尚产业的发展、建设“设计之都”提供有力支撑。

二、深圳市时尚产业发展的不足及“十四五”时期发展机遇

（一）存在的不足

1. 品牌影响力和知名度依旧不够

从时尚产业的发展实践看，顶级时尚品牌是时尚产业发展的核心要素。深圳市时尚产业起步较晚，与米兰、巴黎、伦敦等国际时尚之都相比，深圳时尚品牌的国际化水平和全球知名度还有较大差距，品牌综合运营能力较弱，全球时尚影响力和号召力还有待提升。2019 年，BrandZ 全球品牌价值 100 强中深圳仅有科技、保险领域的腾讯、中国平安、华为三个品牌上榜，而服装、钟表等领域无一品牌上榜。通过资源整合运用，为深圳服装品牌的传播和发展建立全方位的服务，扩大国际影响力是整个行业的迫切需求。

2. 数字化转型亟须加速推进

在技术驱动下，时尚产业的资源组织方式、与市场的连接方式都在发生深刻调整，交易数字化是突出特征。从国内看，网络市场的培养已基本完成。以交易数字化为基础，场景经济、网红经济、共享经济、社群经济、订阅经济等新模式、新业态层出不穷。模式创新成为行业的重要价值来源。线上线下协同发展，大力推进行业的数字化转型迫在眉睫。

3. 人才队伍建设仍有待加强

优秀的设计师不仅要有独特的设计理念和创作风格，还应娴熟掌握工艺流程、产品制版、现今流行趋势以及设计成本控制等全方位的技能。与国际时尚之都相比，深圳在时尚创意设计院校建设方面仍有较大差距，创新创意设计学院仍处于规划建设阶段，建成及发挥功能仍需时日。具有国际影响力的设计师人才、时尚领域复合型管理运营人才、精品传承工匠人才等时尚高端人才稀缺。

4. 产业服务体系亟待完善

时尚产业是一个国际语境性、全球链接性很强的产业类别。比起纽约、米兰、巴黎等国际时尚之都，深圳城市国际影响力还有较大差距，时尚媒体匮乏，全球化的时尚资讯吸纳和传播能力、重大时尚活动的频次和影响力、时尚人才的国际化程度和规模能力都相对偏弱，整体产业链环境有待提高。由于缺少成体系的时尚原创能力和关键技术研发能力、

时尚媒体、时尚教育、资本运营、国际化展示和交流平台的支撑，时尚产业的进一步发展仍面临障碍。

（二）发展机遇

1. "双区驱动"战略，为深圳市发展时尚产业提出了更高要求

深圳市承担建设创新创业创意之都的新使命，要加快推动城市转型、经济转型、科技转型。时尚产业具有跨界融合、多维交叉等特征，逐步渗透和根植到经济社会的全过程和各领域，发展时尚产业是顺应世界产业发展趋势的客观要求，也是提升综合竞争力的重要手段。

2. 全球城市格局发生变化，为深圳市发展时尚产业创造了有利条件

近年来，全球时尚产业发展竞争格局和贸易秩序正在发生深刻变化，法国、意大利、美国等时尚产业发达国家的时尚产业正加快向发展中国家转移。创意设计、品牌营销等领域高层次人才明显加速流入我国，技术、品牌、市场、资本等高端要素也加速集聚，世界经济、科技、时尚中心逐渐向亚洲转移，将为深圳发展时尚产业提供重大的历史机遇。

3. 消费体验的升级，为深圳市发展时尚产业带来了超大规模市场

我国已经进入满足人民日益增长的美好生活需要的高质量发展新时代，消费升级为时尚产业释放巨大的市场需求，我国拥有全球最大的消费市场，同时随着城乡居民收入水平不断提高、消费结构不断升级、供给侧结构性改革不断深入，个性化、多样化、高端化的消费需求逐渐成为主流，为时尚产业发展提供巨大市场需求潜力（见图 10－2）。

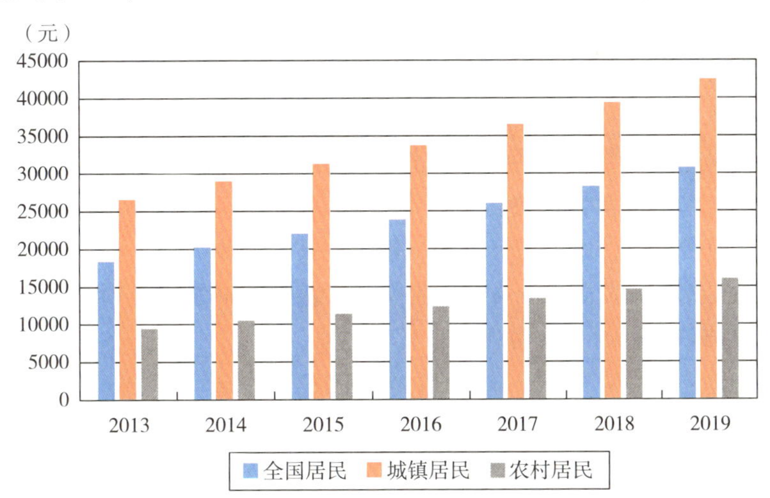

图 10－2　2013～2019 年全国居民人均可支配收入变化

4. 新兴科技和数字化模式创新，为深圳市发展时尚产业赋予了新活力

人工智能、互联网、大数据、云计算等新一代信息技术与时尚产业深度融合，促进时尚产业设计、生产、运营、消费等环节产生变革。同时，在技术驱动下，时尚产业的资源组织方式、与市场的连接方式都在发生深刻调整，场景经济、网红经济、共享经济、社群经济、订阅经济等新模式、新业态层出不穷，模式创新成为行业的重要价值来源，大力推动时尚产业进行数字化转型，为时尚产业提供有力支撑。

三、“十四五”时期深圳市时尚产业发展思路与路径

（一）发展思路

抢抓粤港澳大湾区和中国特色社会主义先行示范区“双区驱动”重大历史机遇，把握超大规模市场优势，坚持科技引领与技术赋能相结合，坚持产业链环节与功能相结合，坚持营造良好的生态环境，坚持生产端与消费端共同发力，突出特色与优势，切实把握深圳市时尚产业发展的重点与方向，着力提升时尚产业竞争力，打造全球知名的时尚之都。

1. 突出时尚与科技深度结合，相互赋能

坚持创新驱动发展，推进自主创新能力建设，加强时尚产业与科技产业密切联系、互促共生，强化精品意识，秉承工匠精神，发挥优势，面向未来，突出科技时尚新趋势、新特点、新优势，以时尚温暖科技、以科技升华时尚，促进时尚与科技深度融合发展。

2. 突出发展时尚产业链的高端环节与功能

深圳市不仅是我国经济中心城市，也是时尚前沿城市，土地空间资源十分有限，发展时尚产业应该注重“条”“块”结合，在发展环节和功能上，聚焦重点领域把提升时尚产业在设计、品牌、营销、创新、智造等关键环节上的能力作为出发点，打造具有深圳特色的，符合城市气质的，市场影响力大、引领作用强的时尚产业功能体系。

3. 突出产业链、产业集群、产业生态建设

注重产业集聚发展，空间集约利用，打造紧凑型时尚城市空间，建设一批时尚集聚区。优化产业发展生态环境，汇聚时尚资源，着力打造集研发设计、生产制造、品牌集聚、展示发布、消费教育、体验服务等多功能于一体的时尚产业，完善知识产权、人才队伍、产业研究等支撑产业发展的条件，辐射带动大湾区时尚发展。

4. 突出生产与消费相结合，构筑产业循环体系

时尚产业主要是面向消费者，以消费升级为目的的融合型、功能型、动态型产业。深圳应充分立足扩大内需战略基点，加速融入“以国内循环为主、国际国内互促双循环发展”的新格局，发挥时尚生产制造优势，加快构建时尚消费服务体系，营造时尚消费的浓厚氛围，利用国际国内两个市场、两种资源，不断丰富时尚产品种类，打造更多深圳时尚品牌，形成时尚生产端与时尚消费端双轮驱动的产业发展格局。

（二）发展路径

“十四五”时期，建议从提高产品服务供给能力、挖掘产业消费新潜力、增强产业创意设计能力、促进发展产业品牌能力、提升科技创新能力、发展产业制造能力、培育国际化营销能力、完善产业支撑能力八个方面，综合施策。

1. 提高产品服务供给能力

依托现有基础优势，重点打造福田车公庙湾区时尚总部中心、罗湖水贝黄金珠宝首饰产业集聚地、南山高新区科技时尚集聚区、龙华区大浪时尚小镇、光明区“中国时间谷”、龙岗区横岗眼镜产业集聚区等产业集聚基地，以时尚产业发展载体建设为重要抓手，促进时尚产业集群化发展。推动时尚与科技、生产、生活、文化融合发展，打造“时尚＋”新业态。鼓励科技企业加强创意设计，注入文化、美学、时尚元素，培育更具时尚感的科技产品和服务；推进虚拟现实、增强现实、人工智能、增材制造等技术应用，发展跨界融合的时尚新产品和新服务，提升时尚产品科技感。大力发展智能手机、智能可穿戴设备、无人机等时尚电子新业态。培育发展在线展示、交易、拍卖、定制等时尚电子商务新业态。探索发展时尚运动、时尚健康、时尚动漫等新业态。

2. 挖掘产业消费新潜力

坚持高标准规划、高品质建设，打造多维度时尚消费空间，促进产品集聚、品牌集聚、消费集聚，支撑消费升级，提升城市活力。以核心商圈为重点，着力推动空间升级、业态升级、品质升级，培育建设品牌集聚的国际化时尚消费热点。坚持国际视野，以重点区域为重点，打造引领性的时尚风范地标。各区通过加快传统商街改造升级的方式，培育活力时尚特色街区。开拓时尚消费新领域和新模式，激发时尚消费潜力。以时尚化为特征，着力发展时尚休闲消费，促进时尚信息消费和时尚文化消费的发展，同时推进时尚消费夜间经济的发展。

3. 增强产业创意设计能力

围绕创意设计价值链部署创新链，优化创新服务资源布局，集聚各类创新要素，着力突破创意设计基础理论、核心工具、关键技术等，提高创意设计基础能力。聚焦重点领域，建设一批重点实验室、工程实验室、工程研究中心、协同创新创意设计中心，提升创意设计原创能力。推进创意设计园区升级改造，加快推进载体建设，促进时尚文化与创意设计融合发展。鼓励企业发展设计环节，促进时尚设计元素融入全社会各领域。支持制造业、建筑业等行业领军企业分离设计环节，设立独立的设计企业，培养和壮大全社会设计服务力量。实施国际化发展战略，积极推进创意设计企业引进与培育工作，加强国内外合作，提升国际化发展水平。

4. 促进发展产业品牌能力

立足全球视野，实施品牌创新工程，强化精品意识，打造精品文化，建设自主时尚品牌梯队，发展深圳时尚自主品牌，鼓励本土设计师品牌发展形成有特色、有竞争力的品牌体系。加强与国际时尚策源地的交流与合作，通过投资、收购、兼并、特许等方式，整合国际时尚品牌销售渠道，吸引世界著名时尚产品进驻，吸引国际知名时尚企业在深圳市设立分支机构，吸引国际设计大师来深圳建立工作室、创立时尚品牌。实施“深圳品牌”整体营销推广计划，设立深圳市品牌海外推广中心，助力“深圳女装”“深圳手表”“深圳珠宝”“深圳家具”“深圳时尚科技”等深圳品牌提升全球认知度、美誉度、知名度。

5. 提升科技创新能力

加大人才、资金、数据等要素投入，提升技术创新水平。鼓励时尚企业建设各级各类创新载体，提升产业自主创新能力。研究新方法、新技术、新工艺，开发新工具、新材料、新装备。鼓励企业运用人工智能、大数据、云计算等科技手段开发数字化设计工具，提升行业数字化设计能力。加强企业与高校、科研机构开展跨界融合创新，提升时尚科技含量。结合各细分领域差异化发展需求，发展一批创新服务平台，提升市场化运作水平和行业创新服务水平。建设面向创业孵化、创业资本、市场开发、信息共享、体验展示、网上交易、知识产权、管理咨询等需求的公共服务平台。培育若干科技服务平台，加强时尚产品的检测、认证、评估、行业标准制定等工作。

6. 发展产业智造能力

发展时尚制造新模式，大力推广应用工业互联网，创新生产制造模式，提高新技术应用水平，促进制造型企业或第三方平台提升供应链数字化能力，发展更加贴近消费者需求的时尚产品。鼓励龙头企业运用新一代信息技术，建设工业云平台和消费者大数据库，大力培育个性化订制、柔性制造、云制造等时尚高端制造业态。促进优势传统产业时尚化转型，通过时尚设计、品牌运作、展览展示、信息传媒、数字科技等手段，促进时尚元素与优势传统产业深度融合。在时尚产业的重点领域，鼓励企业加大新技术、新工艺、新功能、新材料的研发，引导企业加强组织优化、流程再造、信息化建设，缩短产品设计、生产、销售周期，为市场提供独特的时尚产品。

7. 培育国际化营销能力

吸引世界级时尚活动落户深圳市，行业协会、企业联合国内外知名承办商在深圳举办时尚活动，吸引国际知名公司、知名品牌来深圳市召开全球新品发布会，举办“云”系列活动，提升时尚活动国际影响力。加强媒体引进与建设。鼓励国内知名时尚媒体机构在深圳市设立分支机构，合作出版新型时尚杂志。支持深圳市媒体转型，通过资源整合，搭建深圳市本土专业的时尚媒体矩阵平台，引导广播、电视、互联网、新媒体、平面媒体等传播载体，加大对时尚产业、时尚活动等的报道力度，发布时尚流行趋势、推广时尚生活观念、分享时尚生活体验，开创深圳市时尚风格。建设面向渠道、时尚买手、设计师的时尚资讯网站和新媒体。发展时尚品牌自媒体，运用互联网思维，开展粉丝营销，传播品牌文化，展示时尚新品。

8. 完善产业支撑能力

积极推进知识产权领域改革，进一步提升深圳市时尚产业知识产权保护和运用能力。建立健全时尚品牌、创意设计项目知识产权预备案制度，鼓励时尚企业和设计师及时进行专利申请和著作权登记。完善知识产权入股、分红等形式的激励机制和管理制度。高标准建设设计学院，加强高校时尚专业学科建设，引进国内外知名的时尚教育资源，培养跨界融合、接轨国际时尚的专业人才。加强时尚产业理论研究、跟踪研究、运行分析、指数发布等工作，完善时尚产业统计、监测、调查制度，开展时尚产业基础理论、产业组织、市场特性、品牌传播等基础性研究工作。研究成立时尚经济研究院，跟踪研究国内外时尚产业发展情况，编制深圳时尚产业发展报告，发布权威时尚指数。

（汪云兴　钱柔冰　阮萌　综合开发研究院（中国·深圳））

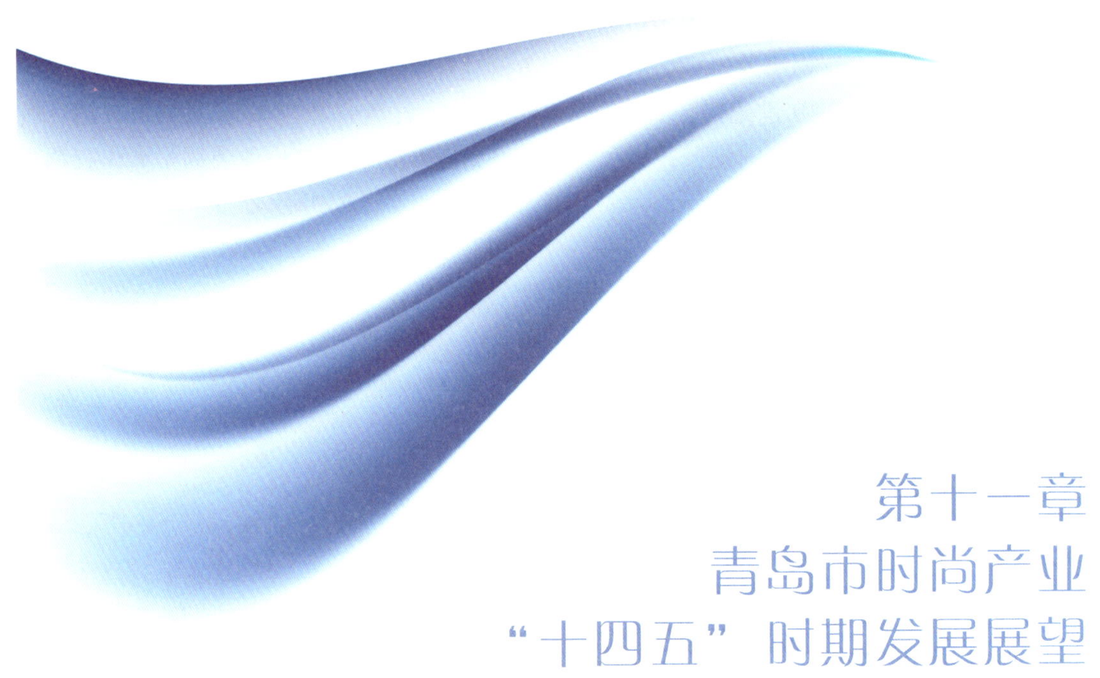

第十一章 青岛市时尚产业“十四五”时期发展展望

一、青岛市时尚产业发展历程梳理

青岛市自建置以来就具有引潮流所向、开风气之先的浓厚时尚基因。纺织业是青岛工业体系形成最早、从业人员最多、对经济贡献最大的行业，被誉为青岛市的“母亲工业”。改革开放以来，青岛市纺织业逐渐向科技、文化、品牌方向转型升级，时尚元素更加丰富，并且已完全具备打造国际时尚城的基础和条件。可以说，青岛市时尚产业的前身——纺织服装行业的发展与整个城市社会经济的发展需求同步：先是满足计划经济时代下人民穿衣用布之需；产业规模不断壮大的同时也曾遭遇市场经济下的转型“阵痛”；在经历资源优化配置、产品创新和品牌化发展后，青岛市时尚产业正在以延续历史文脉、整合产业链高端要素资源为方向，加速向高端制造和现代服务业转变。

（一）起步期（19 世纪末建置至 20 世纪 50 年代）

在 1891 年建置前，青岛市曾有小规模的纺织手工作坊和染坊。1902 年，本地民族工业尚未起步，德国和我国合资在青岛市创立“德华缫丝厂”（原国棉九厂前身），开启了城市纺织工业的历史。德华缫丝厂引入近代西方的建厂经验、先进设备和管理模式，成为青岛最早的轻纺企业。19世纪初，日本纺织资本纷纷入注青岛市建立多家棉纺织厂，机器动力纺织形成规模。这一时期，我国民族工业开始起步，民族工商业者周学熙出资购买德华沧口缫丝厂，改建为棉纺织厂，定名“青岛华新纱厂”，成为青岛乃至全国民族工业的代表之一（张晓言，2016），直到30年代华新纱厂仍为青岛地区唯一的华资棉纺工业。20世纪30年代中期，青岛市已经形成了纺纱、印染、机械制造等门类齐全、产业链条完整的体系。中华人民共和国成立，为恢复战后经济、建设新中国，青岛市纺织各企业在广大工人的努力下，仅用10多天时间就全部恢复了生产，解决了广大人民群众穿衣用布之需。

图11－1　1902年设立的德华沧口缫丝厂

资料来源：青岛日报官网，http：//www. dailyqd. com/arc/2016－04/20/content_ 324753. htm.

综上所述，青岛市纺织工业的萌芽和兴起过程是一次引进西方纺织技术、开拓生产的过程。受殖民时期的欺凌和封建制度的压迫，青岛市纺织工业在夹缝中求生存，通过大规模生产实践，纺织产业工人和技术力量开始出现，为日后纺织服装产业的发展打下了坚实基础。

（二）发展期（20世纪50年代至20世纪末）

20世纪50～80年代，青岛市纺织业规模不断壮大，生产规模、技术装备以及产品出口等在全国纺织工业中占有举足轻重的地位，从而赢得了“上（海）青（岛）天（津）”的美誉（陈义方，2017）。1987年，青岛市纺织服装企业推行企业承包经营制开始，企业组织结构调整迈出了新步伐。通过改制，真正地实现了政企分开，产权明晰，减轻了企业负担和社会负担，调动了广大职工的积极性，提高了纺织企业经济效益（杨光，2018）。

进入 90 年代，青岛市纺织行业的结构和机制得到了进一步优化，先后培育出青岛市丝绸公司、青岛中泰化纤集团等市直单位，对实现青岛市纺织服装行业分工专业化打造和壮大青岛市产业集群做出了应有贡献。

（三）成熟期（21 世纪以来）

21 世纪，美债危机、欧债危机加速蔓延，国际市场疲软，订单量大幅削减，制造业逐渐丧失成本优势，纺织服装的加工制造开始不断向越南、孟加拉、印度尼西亚等劳动力成本更低的国家转移。此时，青岛市纺织服装行业开始进行战略挑战，发展重点从加工制造逐渐转向品牌经营、科技研发和创意设计。

2002 年，青岛纺联控股集团有限公司成立。公司依托多年百年积累的技术优势，从产业链的最前端入手，开展高端纤维的研发攻关、生产制造，然后通过以工厂为基础、研发和品牌并重的一体化发展，带动纱线、面料、家纺、服装等整个价值链的提升，与国内外众多客户建立稳定的合作关系。同时，一些本地民营企业主动融入“互联网 +”浪潮，探索数字化与智能制造相结合，实现成功转型。2008 年以后，青岛市紧抓后奥运时代山东半岛蓝色经济区建设的发展机遇，提出打造“帆船之都”，发展“时尚体育”，建设了多个时尚地标与全民运动场馆，城市时尚活力突出，国际知名度大幅度提升。

图 11－2　2002 年 11 月成立的青岛纺联控股集团有限公司

资料来源：青纺联官方网站，http：//www. textile－cn. com/index. php/About/history.

2012 年，青岛市对时尚产业做出战略性调整，突出“产城融合”的建设理念，先后在即墨、胶州、莱西等地打造了四个纺织服装产业集聚区。而后，青岛纺织谷、国际服装产业城、东方时尚中心相继建成，吸引了数百家特色服装企业、研发机构、时装品牌商入驻。为了丰富市民的文化生活和游客的城市文化体验，青岛市还修建了青岛时尚图书馆、青岛纺织博物馆、青岛电影博物馆等时尚文化设施，成为培育时尚文化的重要载体。

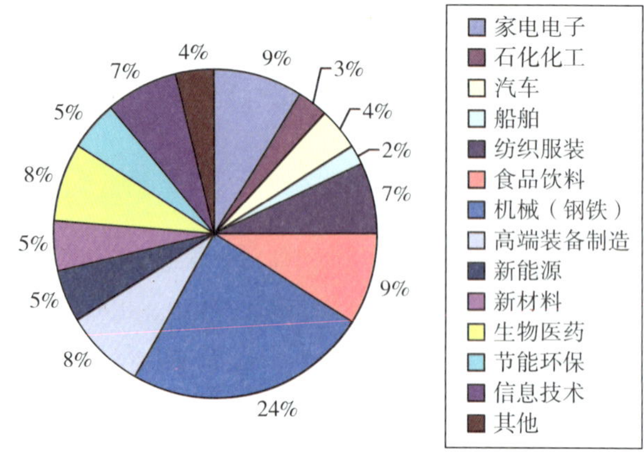

图 11－3　2011 年青岛市工业产业集聚区产业占比情况

资料来源：《青岛市工业产业集聚区（基地）布局规划》，http：//www.qingdao.gov.cn/n172/upload/131016150506316084/140614213618333836.pdf.

表 11－1　青岛市纺织服装产业集聚区主要行业

集聚区名称	主要行业
即墨纺织服装产业集聚区	纺织服装
即墨制鞋产业集聚区	中高档皮鞋
胶州纺织染整与制帽产业集聚区	高档纺织面料，运动帽、休闲帽、太阳帽等成品，辅料销售，制帽机械
莱西纺织服装与鞋帽产业集聚区	纺织、印染、中高档服装、鞋帽、运动服装、运动箱包、高档针织品

资料来源：《青岛市工业产业集聚区（基地）布局规划》，http：//www.qingdao.gov.cn/n172/upload/131016150506316084/140614213618333836.pdf.

2019 年，中共青岛市委十二届五次全会把“时尚”作为青岛市建设国际大都市的四个定位之一，并提出要发动国际时尚城建设攻势（杨振武，2011）。由此可见，青岛市已明确把“时尚”作为提升城市影响力的关键要素之一。

表 11－2　2000 年以后青岛市时尚产业发展梳理

年份	时尚产业发展“大事记”	特色/成效
2002	青岛纺联控股集团有限公司成立	从单一产业链条向产业集群转变
2003	以红领集团为代表的时尚企业开始探索“互联网＋”，实现信息化转型	数字化与智能制造相结合，开创工业 4.0
2008	协办北京奥运会，提出“时尚体育，全民参与”理念	
2012	《青岛市工业产业集聚区（基地）布局规划》印发	在即墨、胶州、莱西等地打造 4 个纺织服装产业集聚区
2014	依托原青岛国棉五厂（始建于 1934 年的上海纱厂青岛支店）旧址打造的青岛纺织谷正式开园	发展文化、时尚、商贸相结合的新业态，培育时尚产业发展新动能

续表

年份	时尚产业发展“大事记”	特色/成效
2018	上海合作组织青岛峰会成功举办，青岛创新性提出了“时尚体育”的概念	重点发展帆船、足球、冰雪、电竞、马术、智力运动等，建设一批时尚体育设施、街区，组建时尚体育专业队伍
2019	青岛国际时尚城建设攻势作战方案（2019—2022年）出台	首次明确把“时尚”作为城市发展的主要目标
2020	青岛西海岸新区发布《关于推进时尚经济高质量发展的意见》，提出：加快时尚经济与传统优势产业深度融合	时尚影视、时尚啤酒、时尚会展、时尚音乐、时尚创意设计、时尚工艺美术、时尚体育七大产业着手

综上所述，青岛市纺织工业的百年发展带动了地方经济的进步、地域文化的形成和城市品牌的塑造，对于本地工业及全国纺织工业均产生了积极的影响。

二、青岛市时尚产业发展现状

近年来，青岛市不断加速时尚产业布局，合理规划产业发展龙头、重点领域和发展方向，形成了全要素的时尚生态圈层。以青纺联、红领、即发为代表时尚企业正在由生产端向设计端、市场端转型，重视原创与技术研发。同时，一批本土新锐设计师、造型师、模特、品牌策划专家不断涌现，成为青岛时尚产业的中坚力量。可以说，当前的青岛纺织服装业完成了从“重生产”到“擅设计”、从“服装”到“时尚”的转型（刘腾，2016），时尚产业从集群走向产城融合、政产学研用结合的发展阶段。

（一）产业集群效应不断凸显

2009年以后，青岛市围绕新一轮产业升级、结构调整，对时尚产业进行重新定位与空间布局优化。按照“立足本土设计、服务产业、服务企业”的策略，传统服装产业的制造环节开始从市区转移，在即墨、胶州扩大规模，形成了城区以国际贸易为中心、郊区以制造和装备为两翼的产业格局，培育了即墨中国针织名城、西海岸新区王台中国纺机名镇、胶州李哥庄中国制帽之乡等国家级特色产业基地（付晓晓，2018）。目前，即墨已经成为继广东佛山虎门地区，浙江杭州、湖州地区之后的全国第三大童装生产基地。

（二）产业发展层次持续优化

在“互联网＋”的时代浪潮下，青岛市时尚产业形成了以品牌企业为龙头、名牌产品为主导、研发设计为支撑、电商崛起为趋势的发展格局（林刚，2017）。即发、红领、雪达、红妮成为工信部重点跟踪培育服装家纺自主品牌企业，龙头效应不断扩大。在网红直播大生态下，2020年，即墨区万达广场项目、拼多多直播平台产业带项目、青岛众泽网红孵化基地、昱心（北方）腾讯直播基地等 8 个项目落户即墨国际商贸城，围绕设计端打造中国北方最大的样衣交易中心、围绕销售端打造青岛网红直播基地。

（三）企业创新能力稳步提升

2010 年，以即发、红领、青纺联等为代表的一批纺织服装企业不断提升创新能力，在新技术、新工艺、新装备方面求突破，使产品结构更趋优化，科技含量和附加值不断提高。2014 年，即发集团通过与大连工业大学、中昊光明化工研究院等院校开展产学研合作，开始了超临界 CO_2 无水染色技术产业化研发应用（倪梦蝶和胡丹婷，2013）。同样以互联网思维深入提升企业智能水平实现全力转型的还有青岛红妮集团。2017 年，红妮集团响应市委市政府提出的发展思路，通过新旧能转换加快企业的发展步伐，全面升级工厂的智能智造和绿色制造，布局共享经济（黄晓，2018）。红妮集团通过智能下单、智能研发、智能生产、智能仓储、智能物流五大核心平台的创新升级，实现了去中间化的创新；依托大数据、整合信息流，实现了智能驱动个性定制、数据链接柔性智造。

（四）时尚载体建设加快推进

2008 年，青岛市政府发布《青岛市市区商业网点专业规划（2008－2020 年）》，重点对市级、区级商业中心（含现代商贸服务业集聚区），大中型商业零售网点，商业街，大型专业批发市场（含二手车市场），社区商业服务设施，餐饮网点和住宿网点七大内容进行了规划调整，由此奠定了青岛市繁华的商业基础。

位于市南区的香港中路是青岛市民心中“元老级”的时尚商圈，海信广场、百丽广场等国内外高端品牌零售商场坐落于此。位于市北的台东商业步行街为了适应时代发展，恢复老城旧貌打造复古特色，进驻了以恒泰广场为代表的商业综合体。随着时尚经济的加速落地，青岛形成了：以中山路、台东、东部、李村、崂山、新都心、浮山后为代表的七大时尚商圈；以中山路、青岛啤酒一条街、八大关等为代表的时尚街区；以青岛蓝谷、东方影都、中联创意山谷 2.5 产业园、1919 创意产业园、创意 100、纺织谷等为代表的时尚产业集聚区（宣柱锡，2011）。在硬件打造上，青岛时尚图书馆、青岛纺织博物馆、青岛电影博物馆等兼具文化与游览功能的文化设施成为培育青岛时尚文化的重要载体。2020 年，北服青岛时尚产业园正式开工改建，项目建成后，将集时尚人才培养、时尚研究、时尚消费体验中心、传统文化传承中心、时尚产业展示中心、时尚设计聚集中心、时尚企业发展中心等功能于一体的引领时尚产业发展的创新创业生态园（王萌，2020）。受新冠疫情影响，北服青岛时尚产业园将在房租减免、税收优惠、人才扶持、合作模式等多个方面全力支持时尚企业发展。园区将搭建线上线下共享平台、提供专业服务，夯实运营，全力降低企业投入成本，加强产品软实力，拓宽营销渠道。2020 年计划重点引进 30 家时尚类企业，合作百余位国内外优秀时尚独立设计师。

（五）时尚创意产业快速发展

2018 年，青岛市出台《关于在新旧动能转换中推动青岛文化创意产业跨越式发展的若干意见》（以下简称《意见》），确立了九大重点文创产业发展计划；三年内，实现全市文化创意产业增加值年均增长 20% 以上，占全市生产总值比重达到 10%。在“创意设计业促进计划”中，时尚设计策源地成为关键词，《意见》提出：要加强各类时尚研发设计中心、时尚智库、时尚咨询机构建设，积极吸引国内外时尚设计咨询企业入驻青岛，聚集一批在国内外有较大影响力的设计大师。为充分挖掘“时尚 + 创意 + 设计”市场潜力，2019 年，青岛市举办青年国际时装设计师大赛。大赛通过启动仪式、大赛初评、汉服展演、创新论坛、总决赛 5 大时尚板块活动，整合了知名设计师、国际服装设计院校师生、时尚企业、行业协会等多方资源，打通产学研多个平台，围绕时尚产业热点议题积极探讨，进一步提升了青岛时尚发布、文化创意、品牌展示效应（贾臻，2019）。

三、存在问题

（一）核心区带动辐射能力弱

从产业空间布局来看，以中心城区之一——市南和紧邻北岸城区的即墨组团为代表，尽管两地的时尚产业发展水平和行业产值在全市处于领先地位，但对周边地区的辐射带动作用不强，联系度有待提高（见表 11－3）。市南区的时尚产业战略布局具有较强前瞻性，无论是产业配套体系还是平台载体建设都相对完善；而同为中心城区的市北和李沧，时尚产业发展重点分别集中在中央商务区商业综合体建设和时尚夜经济，产业还处于起步阶段，规模效应尚不明显；崂山区依托旅游资源，以传统节庆活动为切入点，主打“旅游 + 时尚”，但以啤酒节、旅游节为代表的活动受制于气候等多个因素，淡旺季收益差距明显。尽管近年西岸城区不断加快时尚产业布局，但现阶段仍暴露出产业规模小、聚集力弱等问题。因此，青岛市时尚产业尚未形成三城联动、协调发展的格局，东岸城区的产业资源和优势地位没有得到充分利用和发挥。

表 11－3 青岛市中心城区和即墨组团的时尚产业战略布局

地区	时尚产业战略	产业载体
市南	打造时尚幸福的现代化国际城区	时尚园区、孵化平台
市北	建设现代时尚商业综合体	中央商务区特色楼宇、商业综合体
李沧	重点民生活动：发展时尚夜经济	传统街区
崂山	“旅游 + 时尚”	以啤酒节、旅游节为代表的节庆活动
即墨	世界级童装产业集群先行区	服装服饰产业园及园区配套服务

（二）行业运行与管理机制有待完善

青岛市具有行业影响力的大型时尚集团数量较少，多数时尚类相关企业经营规模与品牌影响力较小；尽管借助一些园区的孵化平台解决了创业初期人员培训、技术与资金对接等问题，但入驻企业还未充分发挥市场主体作用，导致本地设计师品牌的商业化实力不足，难以对接高质量的服务与资金支持。同时，青岛拥有纺织服装行业协会、纺织服装行业商会、工艺美术协会、工业设计协会等多个促进产学研结合的社会组织，长期以来在资源整合、人才需求对接、法律咨询、信息化建设等行业规范与管理方面发挥了积极作用，但青岛市尚未形成科学的时尚及相关产业管理体制，这与产业的快速发展趋势以及面临的激烈竞争不相适应。

（三）人才队伍建设亟待加强

山东省是国内高校聚集地之一，拥有众多院校及庞大的毕业生资源，青岛市本地也有数所院校开设艺术类、时尚设计类相关专业。根据齐鲁人才网的调查，2019 年山东省已沦为"人才输出"大省，毕业生中选择留在山东省的人数仅占 17.7%，不足 2 成（见图 11－4）。在 16 地市中，人才吸引力排名前四的分别是济南市、青岛市、烟台市和潍坊市，其人才吸引指数分别为 16.55、11.58、10.21 和 9.9。但青岛市在"人才虹吸"效应上远不及济南，2019 年第一季度，两地的人才交换比（流入济南市的青岛人数量与流入青岛市的济南人数量的比值）为 1.21，即每当青岛市向济南市流入 1.21 名人才时，才会有 1 名济南人才流向青岛市（见图 11－5）。未来随着省内就业环境的改善，青岛市将面临更加激烈的人才竞争。单就时尚产业而言，青岛市缺乏完善的高素质人才引进配套政策，尤其针对既深耕原创设计又懂行业管理的精英，这将进一步制约青岛市时尚产业未来发展。

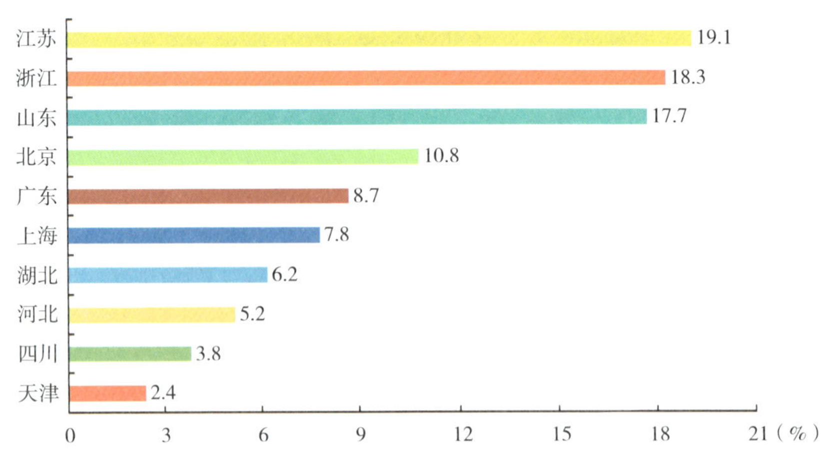

图 11－4　2019 年山东省毕业生流向占比

资料来源：齐鲁人才网《2018 山东秋季人才流动报告》、《2019 年一季度山东省人才流动报告》。

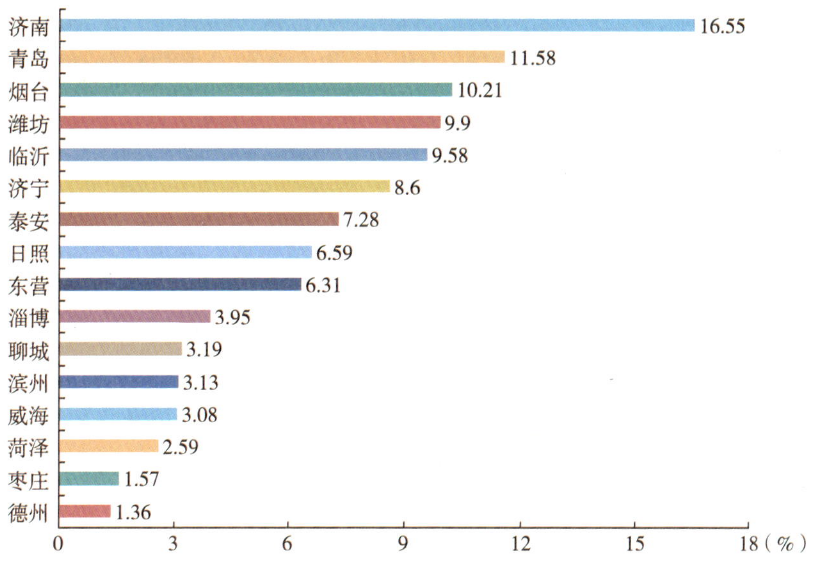

图 11－5　2019 年一季度山东省各市人才吸引指数

资料来源：齐鲁人才网《2018 山东秋季人才流动报告》、《2019 年一季度山东省人才流动报告》。

四、青岛市时尚产业“十四五”时期发展展望

“十四五”时期，我国时尚产业将面临前所未有的发展机遇，时尚经济也将成为我国现代化经济体系的新增长极和动力点。作为创意活跃、消费时尚、文化多元、体育发达、会展高端的国际时尚城，青岛市的时尚产业在“十四五”时期将展现出更多具有自身特色的发展趋势。

（一）时尚经济在青岛市产业发展格局的主导地位将不断上升

为助力国际时尚城建设攻势，青岛市首创《时尚及相关产业分类（2019）》、时尚产业核算方法和时尚产业发展综合评价指标体系，动态监测时尚产业发展活力，2018 年时尚产业增加值占 GDP 比重为 7.7%。根据《青岛市时尚消费品零售业发展规划》，2017～2020 年，青岛市时尚消费品年均增长率 10% 以上，到 2020 年时尚消费品规模达到 120 亿左右（刘文剑，2014）。

“十四五”时期，时尚产业全球化趋势日益明显，互联网与新媒体成为时尚产业重要的助推器。随着电商直播平台的崛起，新一代消费者更关注时尚产品思维与个性化展示。青岛市时尚经济的发展要以传统纺织轻工业振兴为方向、以生产性服务业园区为依托、以政府公共服务为支撑，建议在产业政策、宣传推广、商业环境、投资融资、人才培养等方

面加大对时尚产业发展的扶持力度，营造良好的产业发展生态环境。考虑到当前已经进入全球知识网络时代，绿色低碳、网络智能、共创分享、合作共赢可持续发展将成为发展趋势，青岛市可发挥优势，在创新设计、基础共性核心技术研发方面展开突破，打造引领全球的时尚产品、工艺流程与装备、经营服务新业态，尤其可在信息网络与大数据、应用软件、生物制药、医疗保健、高端材料、高端制造、咨询服务、时尚设计与品牌、文化创意、风投众筹等领域发挥科技创新、产业创新和业态创新的引领带动作用。

（二）国际化战略布局成为青岛本土企业提升竞争力的必然之举

青岛市的时尚产业已经进入繁荣发展期，但就目前来说，时尚企业仍面临出口受阻、外资品牌渠道下沉等问题。本土企业摆脱困境，必须要走国际化道路。建议青岛大力鼓励本地时尚企业抢抓新一轮科技革命和产业变革的重大机遇，加快新旧动能转换，实施国际化战略。加强与首尔、东京、米兰等国际时尚城市的交流合作，采取收购兼并、特许授权、代理加盟等方式与国际一线时尚品牌合作，快速融入全球时尚网络。支持本地龙头企业，积极参与国际知名时尚品牌展，在知名时尚城市和国际友好城市的繁华商业街区开设自主品牌旗舰店，不断扩大品牌的国际知名度和影响力。

（三）时尚产业链条环节向微笑曲线两端全速迈进

根据全球时尚产业发展趋势，一个品牌的流行仅靠在营销方式上的短期投入不会获得新一代消费者长久青睐。新一代的时尚消费者更加注重产品的唯一属性，包括设计感、材质、文化内涵等，他们倡导“可持续时尚”，反对以动物杀戮为代价换得产品诞生。这对时尚供给侧提出了更高要求，即在智能制造的基础上重视产品的概念设计和品牌打造。

“十四五”时期，建议青岛市时尚企业：一是要以需求为导向，不断优化产品结构。在加强自主品牌研发的同时，加强国际市场的营销网络建设，综合运用线上、线下市场推广等办法，创新贸易方式，实现产品智能化、个性化和品类多样化。二是企业研发投入重点要从时尚产品的外观形态、功能、结构、包装设计拓展到商业模式设计、服务模式设计和数据流与数据挖掘的设计上。三是走科技融合的智能制造道路，打造全新的时尚商业模式，即：工厂直面消费者，以客户需求数据驱动生产制造，去掉中间商、代理商、渠道商等环节，打通上游的产业链和下游的市场渠道，制造企业不再是单纯的生产工厂，而是整合了海量数据的互联网产业平台（沈俊霖和孙欣，2017）。

（四）活力时尚街区建设将助力青岛市国际消费中心城市品牌塑造

根据前文所述，青岛市时尚业态分布呈现遍地开花的格局。“十四五”时期，随着青岛市经济转型升级，时尚产业也将迎来变革，现有时尚消费载体的规模和形态势必发生变化。同时，在电商经济高度发达的当下，通过提升消费体验吸引并留住顾客已经成为所有时尚消费载体共同的发展方向。

时尚街区的最大特点是城市、生活、商业和时尚氛围的有机融合，最大的经营亮点是利用下沉式广场等开放空间推进时尚文化活动。时尚街区不仅是城市的时尚中心、潮流圣地，也是公共空间、生活能量聚集地。打造活力时尚街区不仅能够提升青岛市市民的消费体验感、培育城市时尚生活氛围，也能改变人们以往在“封闭”空间的消费习惯，赋予购物之外更多的时尚休闲体验。“十四五”时期，青岛市应坚持高标准规划、高品位建设，在辖区及县市打造若干环境优美、现代时尚、名品聚集、服务优质、具有国际时尚风范的地标式时尚消费街区，聚力建设好鲁商中心、欢乐滨海城、青岛时尚创意园、恒大文化旅游城、胶州华润城、海尔国际广场等国际化时尚文化载体，以引进外来品牌和激活本地优势商家相结合的原则，丰富时尚业态，以“开放式街区”为创意主线，融入表演艺术、文化创意，推动建成国际化区域性高端时尚产品消费聚集区。

（刘雅婷　北京服装学院中国时尚研究院）

本章参考文献

［1］百年青岛　百年纺织——青岛纺织百年发展概述［J］. 东方企业文化，2016（8）：41－44.

［2］张晓言 . 揭秘德华沧口缫丝厂：青岛最早的轻纺企业［EB/OL］. http：//qingdao. sdnews. com. cn/lishi/201604/t2016042.

［3］国资拟全面退出！混改下的青纺联，能否重振昔日辉煌［EB/OL］. 青岛新闻网，http：//news. qingdaonews. com/qingdao/2020－03/13/content_ 21408963. htm.

［4］百年青岛，百年纺织［EB/OL］. 青岛市情网，http：//qdsq. qingdao. gov. cn/n15752132/n20546576/n20714196/n20714272/151215192824560031. html.

［5］陈义方 . 纺织大国崛起历程（一）［N］. 中国纺织报，2017－01－18.

［6］杨光 .40 年，“青岛制造”激情岁月［EB/OL］. http：//www. dailyqd. com/news/2018－10/19/content_ 443902. htm.

［7］青岛以青纺联工业园的形式打造“纺织谷”［EB/OL］. 世界服装鞋帽网，http：//m. sjfzxm. com/body/18_ 006/340755.

［8］杨振武 . 加快推进国际文化大都市建设［J］. 求是，2011（24）：20－21.

［9］刘腾 . 新区崛起“青岛时尚地标”的背后［EB/OL］. http：//epaper. xihaian-news. com/shtml/jnsx/20160517/.

［10］付晓晓 . 从纺织名城到时尚之都看青岛服装的时尚变迁［EB/OL］. http：//news. bandao. cn/a/140364. html.

［11］林刚 . 青岛服装产业链：时尚高端上档次［EB/OL］. 青岛日报，http：//www. dailyqd. com/news/2017－07/05/content_ 394.

［12］万达广场、拼多多直播平台产业带等 8 项目签约落户即墨　打造青岛最大的网红直播基地［EB/OL］. 中国山东网，http：//qingdao. sdchina. com/show/4513981. html，2020－04－29.

［13］倪梦蝶，胡丹婷．一家代工企业的转型升级［J］．企业管理，2013（7）：102－105.

［14］黄晓．红妮集团：完成三个转变智造助企业腾飞［EB/OL］．青岛新闻网，http：//www. jiaozhouren. net/forum. php? mod = viewthrea，2018－11－20.

［15］宣柱锡．建设“时尚之都”打造“深圳质量”［J］．特区实践与理论，2011（2）：80－82.

［16］王萌．北服青岛时尚产业园正式开工　今年将实现开园运营［EB/OL］．青岛新闻网，http：//news. qingdaonews. com/qingdao/2020－03/06/content _ 21365624. htm，2020－03－06.

［17］贾臻．青岛青年国际时装设计师大赛决赛举行［EB/OL］．青岛日报，http：//www. qingdao. gov. cn/n172/n1530/n32936/191121155724396017. html，2019－11－21.

［18］打响统计“十大攻坚战”精准助力全市 15 个攻势［EB/OL］．青岛政务网，http：//jgdj. qingdao. gov. cn/n24264050/n24264327/n24，2019－11－28.

［19］刘文剑．青岛打造国际时尚城　一心三圈高端消费显雏形［EB/OL］．http：//news. qingdaonews. com/qingdao/2014－08/01/content_ 10598082. htm.

［20］共论时尚产业新发展，引领时尚之都新潮流——《上海时尚产业发展报告（2017）》在沪发布［EB/OL］．http：//www. xinhuanet. com/fashion/2017－11/15/c_ 1121958513. htm.

［21］沈俊霖，孙欣．青岛纺织服装的“中高端求索”［EB/OL］．青岛日报，http：//www. qingdao. gov. cn/n172/n1530/n32936/171106085955802310. html.

第六篇 “十四五”时期中国时尚产业发展策略研究

第十二章 绿色发展背景下的我国时尚产业发展

绿色发展作为我国五大发展理念之一，对国家的发展和建设具有战略性、纲领性、引领性的作用。时尚产业贯穿生产、生活领域，紧贴人民群众日常的物质生活和精神生活，对绿色发展理念的反映尤为显著和重要。放眼全国，当前在时尚产业的各个领域、各个层面上，绿色发展已经成为了相关各方的一致共识，并开展了全面、深入的推广和落实行动。我国时尚产业从设计要求、技术工艺、产业模式、消费理念等产业链各环节上进行的绿色创新，已经取得了非常可观的成就，彰显了我国作为负责任大国的使命担当，赢得了国际社会的普遍尊重和广泛赞誉。

然而与我国作为发展中国家的整体境况一致，我国的时尚产业总体上处于发展不充分、不均衡的状态。时尚产业面临着产能结构不合理、“三品”发展不足、国际化发展层次水平偏低的问题。绿色理念对于我国时尚产业，既是必须遵从的发展要求，也催生出了发展的新要素，成为了推动产业转型升级的新动能。放眼未来，我国时尚产业必须坚持以供给侧结构性改革为主线，大力推进“三品战略”，推进绿色理念与产业发展实现全方位的交流融合，坚定不移地走高质量发展的道路。

一、绿色发展已成为我国时尚产业的一致共识

（一）绿色发展理念在我国有深厚的文化基础

中国文化里，素有“天人合一”的思想。据《史记·殷本纪》记载，商汤之时打猎就有“网开一面”的做法；《周易·文言传》说道“夫大人者，与天地合其德，与日月合其明，与四时合其序……先天而天弗违，后天而奉天时。”纵观中国几千年的经济、人文发展历程，都是反对竭泽而渔、滥砍滥伐的。这些思想体现着朴素的绿色发展理念，对我们今天的生产、生活方式仍然产生着深远的影响。

此外，中国传统文化向来提倡节俭的品德，“一粥一饭，当思来之不易；半丝半缕，恒念物力维艰”，以及俗语所谓的“新三年、旧三年、缝缝补补又三年”，这些生活理念虽然不完全适用于现代生活方式，但它们所体现的珍惜资源、节约物力的思想，对于纠正当下社会的浪费之风，防范过度向自然环境索取的做法，都是大有裨益的。

（二）绿色发展体现全球时尚产业的流行趋势

时尚与绿色并未存在天然的亲近关系。现代的绿色发展理念成为一种普遍的社会发展共识，成为人们要求对社会生活方式全面进行规范的潮流性理念，乃是近现代以来的事情。工业革命以后，人类对自然资源的过度索取以及对自然环境前所未有的破坏造成了一系列的恶果。水土流失、土地荒漠化、生物多样性减少、全球气候变暖、“三废”污染严重等现象灾难性呈现，越来越多的人开始意识到环境和生态的重要性，提出了绿色发展、可持续发展的理念。现如今，全球社会已经普遍接受了这样的一种观念，世界各国必须改变现有的经济发展模式，并在全人类中倡导一种环保的、可持续的生活方式。正是基于此种现实，时尚与绿色理念开始走向深度融合，全球时尚界开始主动寻求拥抱绿色的时尚表达方式。

当前我国凭借着庞大的劳动人口规模及广阔的国土资源、丰富的自然资源要素等，发展成为了世界上规模最大的制造业大国，进出口规模不断增大，是名副其实的“世界最大的工业品供应国”。世界时尚产业的绿色流行趋势，当然也全面、深刻地影响到了我国制造产业的工艺流程、产品标准和消费理念。绿色发展成为了各行各业当前最主流的发展理念和发展要求，以纺织服装产业为例，中国纺织工业联合会对我国产业提出的三大新定位中，其中一个就是“以责任为导向的绿色产业”。

（三）绿色发展是我国时尚产业必须遵从的发展理念

党的十八届五中全会提出“创新、协调、绿色、开放、共享”五大发展理念，将绿

色发展作为关系我国发展全局的重要理念，作为长时期我国经济社会发展的基本理念，体现了国家对经济社会发展规律认识的深化。“保护生态环境就是保护生产力，改善生态环境就是发展生产力”，把生态文明建设放在现代化建设全局的突出地位，融入经济建设、政治建设、文化建设、社会建设各方面和全过程，并从树立生态观念、完善生态制度、维护生态安全、优化生态环境，形成节约资源和保护环境的空间格局、产业结构、生产方式、生活方式等方面，对推进生态文明建设作出系统论述、提出明确要求。

《工业绿色发展规划（2016－2020年）》提出，要全面落实制造强国战略，坚持节约资源和保护环境基本国策，高举绿色发展大旗，紧紧围绕资源能源利用效率和清洁生产水平提升，以传统工业绿色化改造为重点，以绿色科技创新为支撑，以法规标准制度建设为保障，实施绿色制造工程，加快构建绿色制造体系，大力发展绿色制造产业，推动绿色产品、绿色工厂、绿色园区和绿色供应链全面发展，建立健全工业绿色发展长效机制，提高绿色国际竞争力，走高效、清洁、低碳、循环的绿色发展道路，推动工业文明与生态文明和谐共融，实现人与自然和谐相处。

中国制造业坚持绿色发展，是为了建设美丽中国，也是对维护全球生态安全的庄严承诺，彰显了我国作为负责任大国的使命担当，赢得了国际社会的普遍尊重和广泛赞誉。

（四）绿色发展在我国时尚产业中有完备的政策体系

我国环保事业的国家主管部门是环保生态部，涉及时尚产业生产、制造、贸易的主要部门还有国家发改委、工业和信息化部、科技部、商务部、质检总局等。此外，相关的行业协会也是重要的参与力量，如中国纺织工业联合会、中国服装协会、中国化学纤维工业协会、中国印染行业协会等。本报告重点介绍几个由国家相关部门和行业协会发布的重要政策文件和发展规划。

1.《绿色制造工程实施指南（2016－2020年）》

由国家发改委、工业和信息化部、科技部、财政部等联合印发，目的在于加快推动我国生产制造绿色化，全面构建绿色制造体系。文件从“绿色制造技术创新及产业化示范应用”、“传统制造业绿色化改造示范推广”、“绿色制造体系构建试点”、“资源循环利用绿色发展示范应用”等方面，进行了具体的工作部署。同时，该文件还结合行业现状调研和现有先进技术的效果预测，确定了相关工作的具体发展目标。

2.《工业绿色发展规划（2016－2020年）》

由工信部发布，旨在加快推进生态文明建设，促进工业绿色发展。该规划提出要以传统工业绿色化改造为重点，以绿色科技创新为支撑，以法规标准和制度建设为保障，具体通过推进绿色产品、绿色工厂、绿色园区和绿色供应链建设，全面推进绿色制造，加快构建我国绿色制造体系。

3.《关于促进绿色消费的指导意见的通知》、《关于建立统一的绿色产品标准、认证、标志体系的意见》

2016年初，10部委联合印发《关于促进绿色消费的指导意见的通知》，将在2020年前推动大幅提高绿色产品市场占有率；2016年12月，国务院办公厅又发布了《关于建立统一的绿色产品标准、认证、标志体系的意见》，为提升绿色产品质量，引领绿色消费指明具体路径。

4.《固定污染源排污许可分类管理名录（2017年版）》

2017年，生态环境部发布的《固定污染源排污许可分类管理名录（2017年版）》，率先对火电、钢铁、有色金属冶炼、焦化、石油炼制、化工、原料药、农药、氮肥、造纸、纺织印染、制革、电镀、平板玻璃、农副食品加工15个行业核发排污许可证。

5. 行业组织的各类发展规划和协定

2016年，中国纺织工业联合会配合政府有关部门制定了《纺织工业发展规划（2016—2020年）》，并发布《纺织工业"十三五"科技进步纲要》，为行业提供了系统科学的发展蓝图与路径。以此为统领，结合各分行业特点与现状，制定发布了棉纺、化纤、服装、印染、家纺、毛纺、麻纺、长丝织造、针织、纺机等子行业的"十三五"发展指导意见。中国纺织工业联合会社会责任办公室启动了对《中国纺织服装行业企业社会责任管理体系CSC9000T》的修订与升级工作。

2018年12月，中国纺织工业联合会与31个全球品牌和纺织企业，以及10家行业机构共同发起签署联合国气候变化框架公约（UNFCCC）《时尚产业气候行动宪章》。该宪章于12月10日波兰卡托维兹第24届联合国气候变化大会宣布，旨在携手全球纺织产业链，共同倡导绿色、低碳、循环、可持续的发展方式，构建新型世界纺织产业命运共同体。

二、近年来我国时尚产业在绿色发展上取得的进步

（一）设计领域的绿色创新

绿色设计（Green Design）是20世纪80年代末开始出现的一股国际设计潮流。这种设计强调在保证产品应用功能的同时，要积极满足环境保护的相关要求。绿色设计针对产品的整个生命周期，在产品制造、消费、回收的各个环节都把产品的绿色程度作为设计工作的主要目标。绿色设计反映了国际时尚行业对于环境生态破坏问题的重视，同时也体现了设计师的职业道德和社会责任意识。

当前，在我国服装行业，很多设计师已开始从设计理念、面料选择、使用工艺等方面考虑绿色消费和环保因素。绿色设计在服装设计中的应用体现了设计思想的科学性和可持续发展性，它使设计具备了环保意识，具备了以自然为本的自然主义精神。行业内出现了一批新型的时尚产业生态平台，通过面辅料中心、打样中心、未来工厂、绿色营销等方面提供可持续发展的时尚产业研发中心，打造可持续的生活方式。

珠宝首饰行业的绿色设计，体现在对原材料的有效和科学使用上。珠宝首饰的选材不

再局限于不可再生的金、银等贵金属以及贵重的天然宝石等，各种棉、麻、竹、木以及各种人工合成材料也被广泛应用到珠宝首饰的设计当中。绿色设计理念的推广不仅保护了有限的自然资源，减少了在开采中对自然环境的破坏，也增加了珠宝首饰产品的品种类型，降低了产品的价格，满足了更多消费者的需求。

在化妆品行业，化妆品的包装设计一直是商家竞争的重要手段。商家往往追求包装材料的独特性，把较多的心思和精力花费在化妆品包装上，出现内包装、外包装、中包装相结合的包装，包装垃圾庞大，对生态环境造成了极大的破坏。当前通过国家制定一系列政策、对商品包装进行严格监察、控制以及社会上环保理念的影响，在化妆品包装设计上已经出现了绿色设计的良好趋势，如选用材料尽可能采用天然材料、高性能先进材料、低成本材料、可降解材料、可循环利用材料、绿色环保无公害材料等。在绿色包装研制和开发过程中，材料作为包装设计的重中之重，广泛使用绿色材料，可以大幅减少生态环境的压力。

（二）技术工艺的绿色创新

在纺织服装行业，当前以高品质、高性能、生物基纤维为代表的材料技术的发展推动了产品的品质提升与品种丰富；小浴比间歇式染色、全自动筒子纱染色、数码喷墨印花及数码喷墨印花与平网圆网结合技术、泡沫整理、针织物平幅印染等少水染整技术，大量节省了生产用水量；推广冷轧堆、棉织物低温漂白等高效低耗技术，高效节能电机及智能空调系统、节能型烘干定形设备，锦纶 6 纺丝环吹风技术、印染太阳能热水系统、智能蒸汽节能系统，大幅度降低了产业能耗；服装智能制造、服装智能仓储系统带来了行业生产效率、制造柔性的大幅提升。此外，通过挖掘和弘扬中国传统手工艺，对苗绣、蜡染、掐丝等中国少数民族传统服饰和手工艺进行推广应用，进行时尚转化，也促进了健康的生态链，有利于纺织服装产品市场的可持续发展。

在化妆品行业，天然美妆产品成为美妆和个人护理行业的头号增长点，其中生物发酵类化妆品凭借其天然、安全、高效的特性得到了消费者的青睐，同时，也为化妆品行业开拓了发展空间。众多的中国品牌对植物萃取类、海洋提取类、东方草本类产品加大了研发力度，“绿色天然”成为了化妆品原料市场上最强劲的风向。在配方方面，降低非必要物质添加量，必须要用到增稠的配方减少水用量做浓缩配方或无水配方，以及采用冷配方的冷配工艺设计，都起到了节约能源的作用；采用管道式完成工艺设计，也起到了减少工艺排污的效果。

（三）产业模式的绿色创新

管理创新是时尚产业提质增效的必由之路，是化解行业难题的重要一招。以信息经济、分享经济为代表的管理新理念、新措施，在化解过剩产能，促进行业分工，会聚资源创意，减少重复建设，推动绿色环保等方面正在大幅加快我国时尚产业的升级发展。

信息经济在纺织行业的各个方面得到了广泛推广。在决策分析环节，人工智能开始应用并渗透到设计、研发、生产、运营、管理、服务等纺织产业链的各个阶段。以 ERP、

CRM、PLM 为代表的管理信息系统开始广泛应用到行业企业，有效支持着企业日常经营管理。在营销服务环节，庞大的网络规模，为纺织服装行业发展提供了巨大的市场空间和创新平台，D2C、C2B、分享经济、网红经济等行业新模式、新业态、新尝试不断涌现。

分享经济正成为行业创新的热点领域。一是产能共享，以整合行业闲置产能，实现机器、设备、科研设施等资源能力的共享为主要内容，代表企业有淘工厂、南极电商；二是产品共享，以服装租赁和纺织品服装回收利用为主要内容，代表企业有 LE TOTE、魔法衣橱等；三是创意共享，以设计创意、产品研发等领域的众包为主要内容，代表企业如 Threadless。

（四）消费领域的绿色创新

由于近年来，服装服饰行业产能水平的飞速提升，全世界人民能以相对其他消费品更加低廉的成本获得服装服饰产品。这是全世界解决民生问题的进步，但也在环保方面带来极大的负面效应。为遏制住过度消费、非环保方式消费的不良势头，全球的有识之士纷纷呼唤全球居民对纺织服装产品进行理性的、可持续性的消费。联合国环境规划署于 1994 年在《可持续消费的政策因素》中最先提出了可持续消费的定义：“提供服务以及相关产品以满足人类的基本需求，提高生活质量，同时使自然资源和有毒材料的使用量最少，使服务或产品的生命周期中所产生的废物和污染最少，从而不危及后代的需求。”

当下在时尚消费品领域，人们的可持续消费理念已经有长足的进步。麦肯锡 2017 年对中国消费者的调研报告称，已有 45% 的受访者表示愿意为环境友好型产品多承担一定的成本。由《华丽志》发布的《2017 年度中国时尚消费调查报告》显示：有 28.7% 的“80 后”、“90 后”高端消费者会因为品牌注重环保等社会责任，而更加关注品牌甚至产生好感。《2018 伊利中国可持续消费报告》也称，我国消费者可持续消费的意识正在快速进步，消费者群体中有可持续理念的人员比重已经超过九成，他们各方面的环保生活习惯正在逐步形成。

当前人们践行可持续消费的主要方式之一是减少过度消费。通过倡导“慢时尚”，提高产品品质、设计经典款式、提高产品耐用性能以延长服装的使用寿命。如果所有人对服装的使用时间能提高 10%，那么理论上对环境的破坏程度也将对应减少 10%。用帆布袋代替塑料袋购物即是典型案例之一。2008 年“限塑令”颁布后，环保袋开始被大量用以购物使用，随着人们对它使用频率的提高，环保袋的种类和样式也得到重视，被丰富和提升起来。

此外，服装服饰行业还通过开发修补、退货、分享、租赁、转卖和定制服务，以及鼓励消费者采用更环保的方式护理衣物，如减少洗涤剂的使用，减少热水洗涤衣物、高温烘干的时间等促进终端市场的绿色消费。“闲鱼网”等购物网站对家具、服装、化妆品、生活用具、饰品等二手货的转卖，也有效提高了时尚产品的使用率，有利于环保事业的发展。

三、我国时尚产业推动绿色发展需要解决的问题

当前，我国正处于落实制造强国战略的关键时期，是实现工业绿色发展的攻坚阶段。资源与环境问题是人类面临的共同挑战，推动绿色增长、实施绿色新政是全球主要经济体的共同选择，资源能源利用效率也成为衡量国家制造业竞争力的重要因素，推进绿色发展是提升国际竞争力的必然途径。我国工业总体上尚未摆脱高投入、高消耗、高排放的发展方式，资源能源消耗量大，生态环境问题比较突出，形势依然十分严峻，迫切需要加快构建科技含量高、资源消耗低、环境污染少的绿色制造体系。

（一）产能结构有待继续优化

近年来，我国以"三品"战略为中心大力推进制造业供给侧改革，产能结构已逐渐得到优化，全方位迈向高质量发展道路。但是制造业强国建设非一日之功，我国各类时尚产业仍然比较普遍地存在产能结构不合理的问题，产品品种有待继续丰富，产品质量有待继续提升，产品品牌有待建立和推广。

在珠宝行业，加工能力过剩、珠宝市场过剩、珠宝产品过剩三大过剩问题依然困扰、制约着行业的发展。2018 年及 2019 年，由于化妆品跨界品牌的兴起（如故宫口红、大白兔香水等），中国化妆品产量增速明显，2018 年产量为 117 万吨，2019 年产量约为 124 万吨。从中国整个化妆品行业来看，化妆品市场一直是一个供大于求的状况，每年化妆品过剩的产能都要通过出口来消化掉，由于化妆品市场需求的相对稳定性，这种供大于求的状态也将一直保持下去，近年我国化妆品行业产销率均在 75% ~85%，并在一定程度上有上涨的趋势①。2019 年纺织业（不含化纤、服装）和化纤业产能利用率分别为 78.4% 和 83.2%，全年纺织行业规模以上企业工业增加值同比增长 2.4%，增速低于 2018 年 0.5 个百分点。产业链各环节中，化纤和长丝行业增长平稳，全年工业增加值增速分别为 11.9%、15.6% 和 6.9%。

（二）产品质量有待持续提升

在我国珠宝首饰产业，珠宝产品的质量问题主要表现为以假充真、以次充好，尤其在旅游珠宝市场表现突出，这些乱象严重损害了消费者的权益；国内很多珠宝产品缺乏良好的设计，外形、设计、工艺等方面非常相似，难以满足消费者的个性化需求；贵金属商品存在饰品质量、印记、贵金属纯度、有害元素等方面的问题；翡翠等产品缺乏统一的标准

---

① 2019 年中国彩妆行业市场现状及发展前景预测［EB/OL］. 中商情报网，https://www.askci.com/2019-09-16.

和有效的市场监管。

我国化妆品行业起步晚，产业发展水平同发达国家相比还有差距。欧美日韩等国通过不断整合多学科资源和优势，已在皮肤健康产业相关基础研究及其应用、交叉研究领域取得诸多突破，创造了巨大的经济效益、社会价值和文化影响力。而国内消费者对于中国化妆品原料的信任度还比较低，有些企业甚至把中国的化妆品原料出口至国外，把原料贴上“进口”标签，以获得竞争优势。

近年来，我国纺织工业科技进步加快，服装、纱线、面料制造水平已处在世界先进行列，不少国际知名大众品牌、高端品牌都由中国制造。但是由于纺织服装产业存在大量管理不够规范的中小企业和家庭式作坊，中低端产品、同质化产品的生产规模还占据很大的市场份额，纺织行业中低产能、同质化的生产方式消耗了大量能源，也给环境造成了污染，目前尚处于进一步规范的进程中。

（三）品牌建设有待大力推进

在珠宝品牌方面，国内珠宝市场格局基本上呈三足鼎立的状态，即外资品牌、港资品牌、本土品牌。外资品牌长期占据高端市场，品牌价值高，对消费者具有强大的吸引力；港资品牌大多打的是“传统文化牌”，如中国人的“喜文化”、“婚庆文化”等，具有比较高的性价比，在中低端市场具有较大的市场占有率。本土品牌的现状较为混乱，很多本土珠宝企业还没有做品牌的意识，品牌价值水平较低。

长期以来，我国化妆品行业国际品牌居多，尤其在高端彩妆市场，几乎被国际品牌所垄断。2018 年，中国网购用户对于化妆品的搜索，最关注的是欧美品牌；2019 年，中国消费者最常用的化妆品仍然是来自欧美的品牌。国际化妆品品牌凭借其在全球范围内形成的品牌优势、日积月累的人气口碑、稳定的产品质量以及成熟的渠道铺设等优势，在中国高端市场上赢得了庞大且稳定的客户群，对本土品牌造成了很大的竞争压力。国际市场方面，中国化妆品品牌在高端消费类市场占有率仅为 2%。并且，在全球市场销售额超过 10 亿美元的化妆品公司里，没有国产品牌的身影。在化妆品产业的全球市场份额中，欧莱雅、宝洁、联合利华、雅诗兰黛和资生堂约占 52.4%，市场规模排名前 20 的企业中，外资企业占据了约 80%，本土企业只占约 20%①。

2019 年，中国的服装产业规上企业累计完成服装产量 244.72 亿件，据中国服装协会测算，2019 年我国全社会服装总产量约 433 亿件②，中国的服装产品远销世界各地，市场占有率在国际市场上占有绝对优势。但是我国出口的服装具有自主品牌的还比较少，以代工模式的产品为主，尤其缺少具有高知名度的国际品牌。

---

① 珠宝行业发展遇阻　商业模式亟待转型创新［N］. 中诺珠宝招商网，http：//m. zb580. tv/.

② 我国化妆品消费全球第二，为何产业发展却面临困境？［N］. 科技日报，http：//digitalpaper. stdaily. com/.

四、推进我国时尚产业绿色发展的方向和路径

（一）推进时尚与自然生态实现交互式融合

随着当今社会工业化程度加深，生活压力变大，人们已经对呆滞、拥挤的城市生活感到厌倦，萌发了返璞归真的欲望，因此贴近自然的风格理念将成为社会的时尚主流，并对当今时尚设计的灵感产生重要的启迪作用。“天有时，地有气，材有美，工有巧，合此四者，方可为良也。”

我国时尚产业推动绿色发展，不仅可以起到绿化环境、建设人类美好的生态家园的目的，在产业的发展过程中、在产业的发展方式上通过充分取材于自然，并借鉴自然的各种表达方式，还可起到丰富时尚元素、推动时尚发展的作用。

我国时尚产业要着力塑造诚信、质优、创新、绿色的新形象，注重丰富产品内涵、提升产品质量、丰富产品的特色，体现产品的人文关怀，不断丰富中国制造的文化内涵，提升中国时尚产品的美誉度。一方面，时尚产品的设计师们要勇于选用天然材质的产品原料进行设计创新。通过对天然纤维、天然木材和石材等的良好利用，满足人们追求自然、健康、环保的消费需求。另一方面，通过营造一种不慕虚饰的、原始的、纯朴自然的美，要引导消费市场的健康发展，发扬爱护、保护环境的精神理念，乐意继承和发扬传统工艺的民族风格。

（二）推进时尚与绿色科技实现多边融合

时尚产业具有产业链长、生产加工环节众多的特点，在当前全球绿色发展的大背景下，时尚产业要充分应用物理学、生物学、化学等学科的最新发展成果，积极发展一系列的时尚产业绿色科技。

在化妆品行业，将生物工程技术与过程系统工程结合，可以提高生产总量，降低生产成本，提高化妆品质量和稳定性，实现化妆品生产过程的有效控制；促进皮肤健康产业与互联网技术、人工智能技术对接，可以实现功能活性分子的快速高效筛选。在纺织服装行业，通过对 3D 技术的应用，可以推进毛衫生产一体成型的技术和设备，提升毛衫的舒适性和美观程度；通过促进纺织材料技术与生物技术的交叉融合，以培养细菌的方式，可以获得环保、新颖的纺织品材料；通过对纳米技术的吸收应用，在纺织面料领域可以研发出一系列用途广泛的功能性产品。

（三）推进时尚与传统绿色工艺实现输入式融合

传统的时尚产品生产制作全部靠手工完成，虽然生产效率低下，但积累了千万年的宝

贵经验，对于发扬民族文化、和谐融入自然生态，具有一系列的优势。当前的全球时尚产业，迫于环境保护的压力，多方寻求符合绿色发展的时尚表达方式，传统工艺和材料是其中的一个重要突破口。

一方面，传统产业里具有可贵的工匠精神可资现代工业生产借鉴。诚如许多当代设计师提倡的，为应对耗竭资源的快时尚，需要在行业里提倡讲究品质和可持续的“慢时尚”，充分考虑到产品的生产、使用、回收全过程，把时尚产品当作一件艺术品，满足消费者长期的使用功用和审美效果。另一方面，传统产业里具有许多取材于自然、取法合乎自然的产品制作工艺。例如，我国各民族的传统服装，都有顺应当地环境、气候和资源的特点，在天然纤维应用、矿植物染色、刺绣等方面都有丰富的经验和文化内涵。现代服装设计和制作，要注重去发现和借鉴这些传统工艺，让它们在与现代技术条件和审美理念的结合中，重新焕发出光辉。

（四）推进全产业链绿色发展实现一体式融合

时尚产业具有产业链长、分工环节多的特点，过去的产业上下游之间缺乏透明、标准化的环保对接体系，致使产业环保方面形成了不少症结。推动时尚产业的环保进步，需要价值链中的所有人联动起来对整个系统进行变革才能获得成功。为有效推进全行业的环保工作，探索跨供应链的环保协作机制，需要打通产业供应链，制定细分领域的环保标准，明确各个产业环节的责任，以便以信息查询、追溯的方式推动产业环保的进步。当前，许多时尚行业知名品牌为能有效控制产品的绿色品质，及时进行销量和产量的高效匹配，已纷纷启动对供应链的整合与把控。除此之外，各品牌之间结成联盟共同推进产业绿色发展，也发挥了非常积极的作用。

我国时尚产业要进一步促使产业链上的相关企业联合，形成包括原料供应企业、配套企业、业务外包企业、物流运输企业、商品流通企业、相关合作单位等的全供应链式产业联盟，通过创建品牌、整合资源，组织管理好整条供应链，实现稳定、高效、绿色发展的目标；要高度重视培育和引进标杆性的领军企业和科技实验室，加强学科的交叉融合及专业人才培养，增强校企合作；要建设和发挥好专业市场的功能，凭借强大的招商运营管理团队，依托发达的交通路网，以现代化仓储物流为基础，以展示博览为先导，形成一个以集中供应、批量采购、信息交换、展示体验、贸易商洽、电子商务和现代物流为一体的智慧化商贸流通服务基地，以此承载产业上下游的对接、交流功能。

（五）推进产业不同区域的绿色标准实现统一式融合

当前，世界主要各国都有自己不同的环保法规，在时尚产业的标准也是纷繁复杂。例如，在服装服饰行业，美国纺织品的测试标准主要有 AATCC 标准、ASTM 标准、CPSC 和 FTC 强制性标准等。英国是现代纺织业的发源地，纺织标准体系相对更加完善，有 CBS 和 BSBN 两套标准体系。欧盟纺织品的测试标准大多数与 ISO 标准相同。日本对纺织品服装贸易也有一套严格的产品质量标准体系，如日本工业标准（JISL）、产品责任法（P/L）。

由于科技的进步，时尚产业的新技术、新品种还在不断问世，这为产品的技术认定、环保标准认定工作提出了挑战。一方面，各地的政府和行业组织需要加强产品绿色标准体系的建立，积极完善标准的制定。另一方面，为便于环保标准的普及和认知，以及利于企业在不同国家进行贸易，时尚产业环保标准需要逐步实现规范、统一。我国时尚产业的各个门类和领域，要加快标准的建立和统一，以全球领先的技术和环保标准为引领，推动我国时尚产业的高质量发展和国际化发展。

（六）落实、推广产业绿色发展的社会责任

时尚产业作为劳动密集型产业、文化创意型产业和重要的民生产业，承担着提升人民生活水平、带动相关产业发展、拉动地区经济增长、建设良好生态、促进社会和谐等责任。因此，推动我国时尚产业发展，要以人为本，做好行业发展自律工作，落实好产业对社会、产业地区、消费者、企业员工等的社会责任。

1. 落实对员工的社会责任

各类时尚产业企业要积极建设健康、舒适的工作环境，消除各种工作安全隐患，通过利用先进的技术和设备，降低工人的劳动强度。企业要完善职工的各项福利、保障，重视对员工进行培训和教育，为职工提供良好的成长空间，让员工能积极地参与企业的发展，能合理分享企业的发展成果。

2. 落实对行业的社会责任

要引导企业注重诚信经营，遵守法律规范、市场规则、行业公约，公平地参与市场竞争。要加强企业的品牌意识，高质量、负责任地为消费者提供产品与服务。要规范融资行为，提升企业运营品质，加强财务管理，负责任地进行融资，加强资金的利用效率。要积极参与行业标准建设、创建区域品牌的活动，在促进产业和地区的整体发展中获得企业自身的成长。

3. 落实对产业地区的社会责任

各类时尚产业企业要积极增加就业，依法纳税，加强对产业地区公共建设、社会援助事业的支持。要结合企业实际的人才需求，加大多层次创新人才的培养力度，促进时尚产业与地方文化相互生发，形成具有区域特点和产业特点的文化景观。整体推进时尚产业与配套产业、生活设施、生态建设的融合，确保产业地区人民全面、均衡地享受产业发展成果。

生态文明是人类社会与自然界和谐共处、良性互动、可持续发展的一种文明形态，是工业文明发展到一定阶段的产物，其实质是建设以资源环境承载能力为基础、以自然规律为准则、以可持续发展为目标的资源节约型和环境友好型社会，形成人与自然和谐发展的现代化建设新格局。当今世界，绿色已经成为世界发展的潮流和趋势，绿色经济、循环经济、低碳经济等概念纷纷被提出并付诸实践。党的十九大明确提出，要建设人与自然和谐共生的现代化，既要创造更多物质财富和精神财富以满足人民日益增长的美好生活需要，也要提供更多优质生态产品以满足人民日益增长的优美生态环境需要。必须坚持节约优先、保护优先、自然恢复为主的方针，形成节约资源和保护环境的空间格局、产业结构、

生产方式、生活方式，还自然以宁静、和谐、美丽。时尚产业具有产品品类多、产业链长的特征，每个环节都与生态环境关系紧密，推动时尚产业绿色发展对于实现污染防治意义重大。我国时尚产业在绿色发展方面已经做出了卓有成效的努力，今后还要继续大力推进绿色化发展，明确和落实各相关方面的责任，致力于把我国时尚产业打造成以责任为导向的绿色产业。

（郑治民　中国纺织工业企业管理协会）

本章参考文献

［1］中国纺织工业联合会．2018－2019中国纺织工业发展报告［M］．北京：中国纺织出版社，2019.

［2］中国服装协会．2018－2019中国服装行业发展报告［M］．北京：中国纺织出版社，2019.

［3］中国化学纤维工业协会．2018－2019中国纤维流行趋势报告［R］．2019.

［4］中国纺织工业联合会．2017－2018中国纺织服装行业社会责任发展年报［R］．2018.

［5］中国纺织工业联合会．2018－2019中国纺织服装行业社会责任发展年报［R］．2019.

［6］朱钇儒．浅谈绿色服装设计［J］．文艺生活·文艺理论，2015（3）．

［7］伊利集团．2018伊利中国可持续消费报告［R］．2019.

［8］为了环保时尚圈做了哪些事？［EB/OL］．海报时尚网，http：//www. haibao. com/.

［9］可持续时尚的消费需求已被唤醒［EB/OL］．中国服饰，http：//www. 31yh. com.

［10］华丽志，杨涛声．联合国会议：如何解决“用水大户”时尚行业环境污染问题［EB/OL］．https：//www. 021news. cn.

［11］珠宝行业的未来到底是怎样的呢？［EB/OL］．金投网，https：//www. cngold. org/2019－12－26.

［12］深圳市黄金珠宝首饰行业协会．深圳珠宝产业发展现状分析报告［EB/OL］．中国经济网，2019－01－11.

［13］前瞻产业研究院．2019年中国珠宝首饰行业市场规模及市场竞争格局分析［J］．中国产业信息，2020（6）．

第十三章
“十四五”时期我国时尚产业区域协同发展策略研究

综观世界各国时尚产业的发展历程和区域布局，时尚产业发展具有要求经济和文化高度交融发展的本质特征。我国幅员辽阔、区域发展不均衡的特点，与时尚产业的发展规律共同塑造了我国时尚产业的区域格局。当前我国时尚产业呈现以数个大都市为龙头，以东部经济发达地区为产业主体，以中西部地区为支撑的基本形态。全国时尚产业的研发创意、市场营销等核心环节主要分布在以大都市为中心的各级城市体系中，而生产加工的基础环节主要依靠县、镇（乡）区域形成的产业集群完成。

随着我国推进“中部崛起”、“西部大开发”等国家战略，以及全国经济社会的进一步发展，时尚产业将呈现向中西部延伸扩张的态势。中西部地区在资源开发、生产加工方面的作用和地位将进一步得到强化和提升，在研发设计和市场消费领域的发展水平也将逐渐得到提高。我国发展时尚产业的区域对策应遵循产业发展的基本规律，因势利导，突出不同地区的资源优势，同时强化不同产业区域间的联动发展，加快形成“以国内大循环为主体、国内国际双循环相互促进的新发展格局”，积极推进产业升级发展，努力提高在国际产业价值链上的分工地位。

一、我国时尚产业的区域布局情况

（一）总体概况

尽管不同学者对时尚产业的定义存在各方面的差异，但对时尚产业的文化属性和商业属性都具有普遍共识。文化是时尚产业的灵魂，而商业是时尚产业赖以生长的土壤。时尚产业需要同时具备相关的文化和商业属性，并从二者身上不断获取发展的能量，在二者的结合变化中形成创新。我国作为世界文明古国，在生活理念、生活方式、生活用品等不同层面上都具有久远、卓越的文化力量，在不同历史时期也都形成过强大的经济和商业影响。但是由于在近现代社会，中国长期处于积贫积弱的状态和战争的硝烟中，现代意义上的时尚产业起步较晚。

自改革开放后，我国逐步发展商品经济、市场经济，社会思潮转变，消费文化流行，时尚产业开始步入了历史性的大发展时期。经过 40 余年的发展和积累，目前我国已经是世界第二大经济体，是全球最大的消费市场。时尚产业在我国蓬勃发展，成为了成功引领经济升级，大幅创造社会财富，快速提升人民生活水平的大型产业。

目前，我国时尚产业发展进入了世界时尚产业的第二梯队，在消费市场、生产制造能力等方面具有了强大的发展优势，正向着品牌建设、文化创新、科技含量提升等方向不断迈进。但是我国时尚产业的发展时间总体上还较短，发展不够成熟，这与我国作为发展中国家的经济属性一致，不平衡、不充分特征还十分突出。

2020 年以来，受新冠肺炎疫情影响，全球经济呈明显下行趋势，我国政治、经济的外部环境不稳定性不确定性增强。从中长期来看，当今世界正经历百年未有之大变局，对我国各方面的发展问题必须从持久战的角度加以认识，加快形成以国内大循环为主体、国内国际双循环相互促进的新发展格局。我国时尚产业在此发展背景下，有必要积极提升产业发展认识，加快产业升级步伐，推进产业结构优化调整，争取早日建成产业链完整、产品附加值高、创新能力突出、经济带动能力强大的先进时尚产业体系。

（二）产业的横向布局特点

我国当代的时尚产业与我国市场经济的发展同源同流，也与我国目前的经济区域格局呈现高度一致的特点。主要的产业体量分布在东部等经济发达地区，尤其是北京市、上海市、广州市、深圳市等超级城市成为了产业发展的核心区域。中西部等经济相对落后地区，目前主要在资源要素供给、市场需求拓展、生产加工配套等方面具有一定优势。

1. 大城市是产业龙头

大型城市引领时尚新潮流。上海市已成为亚洲最时尚都市，并进入世界时尚都市之列。青岛市、武汉市、成都市、大连市、北京市、深圳市、广州市、杭州市、厦门市都是极具文化符号的时尚都市，引领了国内时尚文化、时尚生活、时尚消费的新潮流，并与世界时尚潮流充分接轨。综合来看，在众多各具特色的城市中，北京市、上海市、广州市、深圳市的时尚产业类别多样，对全国的辐射能力和引领能力也最为强劲，是我国时尚产业的核心地区。

（1）北京市。北京拥有得天独厚的历史文化底蕴和国际化大都市的时尚产业资源，发展时尚产业是北京进行城市规划建设的重要内容。2004 年，北京市政府与中国纺织工业联合会宣布共建北京时装之都；2012 年北京市加入联合国教科文组织“创意城市网络”，成为“设计之都”。在多年的发展中，北京市以“全国政治中心、文化中心、国际交往中心、科技创新中心”为发展定位，促进了时尚产业快速发展的态势。当前的北京，由于城市功能升级，已经逐渐转移了纺织、制衣、成衣批发等产业，但是在时尚产业的人才培育、设计创意、科技研发、会展发布、终端消费引领方面，是全国的时尚中心。根据《北京市“十三五”时期文化创意产业发展规划》，到 2020 年北京的文化创意产业占 GDP 比重将达到 15% 以上。

（2）上海市。上海是中国时尚业的重要发源地，也是中国时尚品牌培育诞生的摇篮。自 1843 年开埠以来，上海很快就成为了我国对外交流的中心城市。作为长三角地区的经济、文化中心，上海市拥有广阔而富庶的经济腹地，繁荣的商业、中外交融的文化，促使上海市成为了我国的第一时尚城市。早在 20 世纪二三十年代，上海市就被称为“远东的巴黎”，是世界级的时尚中心。进入 21 世纪以来，与时尚产业密切相关的各类文化、娱乐、休闲、体育、传媒、会展等设施相继建成，前卫时尚、接轨国际的一系列节庆活动相继举办，上海市已经具备大力发展时尚产业的良好条件和难得的后发优势。以化妆品产业来说，上海市周边的华东区域集聚了我国大量的化妆品生产及服务配套企业。在此基础上，上海市在奉贤区打造了东方美谷产业园区，汇聚了国内外优秀的化妆品企业，科丝美诗、百雀羚、伽蓝、上美等一大批优秀的化妆品企业都在这里安家落户，形成了强大的产业集聚。

近年来，上海市正在加快经济社会发展方式的转变，以建设时尚之都、品牌之都、设计之都为目标，探索推进时尚之都的功能、载体、人才和品牌的四位一体的建设，当下的上海已成为亚洲最时尚都市，进入了世界时尚都市之列。

（3）广州市。广州是我国的“千年商都”，也是高度国际化的大都市，是历史悠久的港口与传统广东文化的核心，广州市的时尚产业在全国闻名遐迩。广州市作为珠三角地区的中心，其产业影响能力辐射全国、全球。广州市的服装产业可以细分到牛仔、女装、男装各个类别，服装企业及关联企业在 3 万家以上，有 3000 个以上的服装服饰品牌，产量规模遥遥领先于其他城市。广州市还是我国汽车产业的重镇，年产汽车 300 万辆以上，产量在全国领先。广州市拥有商业网点 10 万多个，曾 5 次被福布斯评为中国大陆最佳商业城市第一位。广州市还是中国最大的皮具皮革、箱包鞋类、时尚配饰的生产基地之一，广州市及周边地区聚集了周大福、六福、周生生等近 2000 多家钻石加工、首饰镶嵌和销售企业，在全国占有非常大的比重（王先庆，2019）。此外，广州还是我国最具影响力的会展城市之一，拥有广州国际服装节、美容美发展等国内外知名的大型展会，直接引领时尚消费文化；广州市拥有展览面积近千万平方米，举办享誉全球的中国进出口商品交易会等活动。

当前，以广州市为首的珠三角9市将联手港澳打造粤港澳大湾区，成为世界四大湾区之一。根据《粤港澳大湾区发展规划纲要》，广州市要充分发挥国家中心城市和综合性门户城市引领作用，全面增强国际商贸中心、综合交通枢纽功能，培育提升科技教育文化中心功能，着力建设国际大都市。广州市的时尚产业在此基础上将继续深化发展，发挥更大的辐射和引领能力。

（4）深圳市。深圳是我国率先进行改革开放的经济特区，是一座新兴的国际城市。在时尚产业方面，深圳市在众多领域居全国主导地位。深圳是我国服装产业最发达的城市之一，不仅在女装领域牢牢占据全国绝对引领地位，男装也在全国高端服饰占有一席之地，全行业的经济总量一直名列我国大中城市前茅，服装的品牌数量和上市企业数量在全国位居第一。

深圳市的黄金珠宝首饰业是深圳市传统优势与新兴时尚文化创意产业的典范，是罗湖区的特色产业，盐田区的支柱产业；深圳全年黄金、铂金实物提货量，占上海黄金交易所实物销售量的70%；制造珠宝首饰成品钻的用量，占上海钻石交易所成品钻石一般贸易进口量约90%；全国翡翠镶嵌、玉石镶嵌规模以上的制造企业；深圳黄金珠宝首饰业是中国珠宝首饰制造交易中心和物料采购中心以及信息交流中心。当前，深圳时尚产业形成了集服装、家具、钟表、黄金珠宝、内衣、皮革、眼镜、化妆品以及工艺美术等为一体的大产业体系，正在向技术高端化、创意多元化、产品时尚化、品牌国际化的方向发展。

2019年2月，中共中央、国务院印发《粤港澳大湾区发展规划纲要》，要求深圳发挥作为经济特区、全国性经济中心城市和国家创新型城市的引领作用，加快建成现代化国际化城市，努力成为具有世界影响力的创新创意之都。《深圳市时尚产业高质量发展行动计划（2020—2024年）》提出，到2024年深圳形成2~3个千亿级和若干个百亿级结构优化、国际化程度高的产业集群，初步奠定深圳国际化区域性时尚产品制造与消费聚集区地位，初步建成亚洲领先、全球知名的新锐时尚产业之都。

2. 东部地区是产业主体

我国东部地区包括河北省、北京市、天津市、山东省、江苏省、浙江省、上海市、广东省、海南省、福建省、台湾省、香港特别行政区、澳门特别行政区。20世纪80年代深圳特区的开放，带动了珠江三角洲地区的改革发展；90年代浦东新区的开发开放，带动了长江三角洲和长江流域的改革发展。珠三角、长三角迅速跃升为中国经济最活跃的“两极”。东部地区包含了我国经济最为活跃、经济体量最大的城市群：京津冀城市群、长江三角洲城市群、珠江三角洲城市群、海峡经济区城市群。

由于在经济、教育、科技、文化、消费等方面，东部地区都具有明显优势，我国的时尚产业也呈现出了以东部地区为主体的分布特征。大部分的时尚产业门类，都高度聚集在东部地区的某些省份，尤其是在创意设计、科技研发以及市场营销等环节均以东部地区为大本营。

（1）纺织服装行业。我国纺织行业75%左右的生产力分布在东部地区，其中浙江、江苏、山东、广东、福建5省又占东部10省的90%以上。全国204个纺织产业集群地区分布在全国的20个省份，以长江三角洲、珠江三角洲、海西地区和环渤海三角洲为主，其中浙江、江苏、广东、山东、福建沿海5省最集中，5省集群数量占全国的3/4，浙江省41个、江苏省39个、广东省27个、山东省26个、福建省15个。纺织产品产量主要分布在东部地区，尤其是印染布，东部10省产量占全国的95.8%。布产量占全国75.7%，服装产量占全国76.1%。全国纺织服装产业集群，按东中西三个区域划分，东部地区有集群163个，占比80%；中部地区有集群30个，占比14.6%；西部地区有集群11个，占比5.4%（见图13-1）。

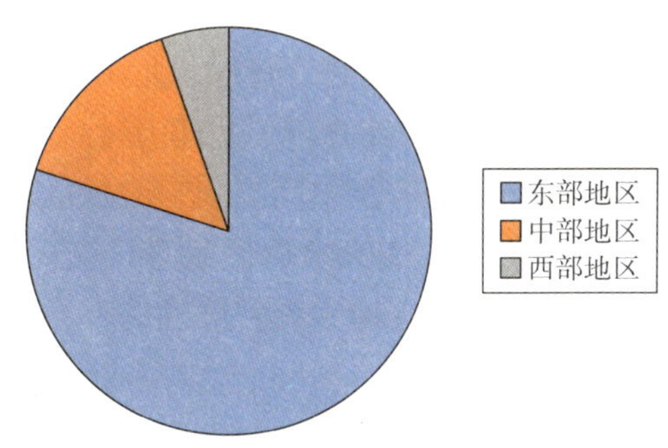

图13-1 纺织服装行业东、中、西部地区集群数量比例

（2）化妆品行业。我国化妆品生产企业主要集中在华东和华南地区，集中度达到84.16%。其中，华东地区合计1446家，占比27.79%；华南地区合计2933家，占比56.37%。分省份来看，截止到2020年5月20日，广东省化妆品许可生产企业数最多，占比约为55%，其次是浙江省，占比约为11%，排名前五省市获许生产企业合计约占国内总数的79%（李佩娟，2020）。

（3）珠宝首饰行业。全国拥有18000家珠宝零售企业，共有64000家门店，大多数企业规模较小并且品牌知名度较低。境内的珠宝首饰企业分布相对集中，主要分布在以深圳—番禺为代表的珠江三角洲地区（简称珠三角地区）、以上海为代表的长江三角洲地区（简称长三角地区）和以北京为代表的环渤海地区。广东省居全国珠宝首饰生产量和出口量的首位，上海、浙江、福建、北京等省市也是珠宝首饰行业集中地区。

（4）美容美发行业。我国各地区美容美发行业发展水平差异较大，呈现东部沿海地区格局开放、增速较快，而西部地区发展相对薄弱的格局。其中，东部沿海发达地区由于人口较多、经济发展水平较高及人均消费能力较高等原因，在行业发展水平和细分程度上已经与日本、韩国、欧美等发达国家达到一致。但在东北、西部等经济欠发达地区受到经济环境的限制，行业发展水平明显低于东部沿海发达地区。2016年，受到国家宏观政策的影响和推动，部分在东部沿海地区发展的企业和从业者在低成本和市场发展潜力的吸引下，逐渐转向东北、西部等经济欠发达地区及三、四线城市投资、从业。

3. 中西部地区是产业重要支撑

我国中部地区包括山西、安徽、江西、河南、湖北、湖南6省；西部地区包括内蒙古、广西、重庆、四川、贵州、云南、西藏、陕西、甘肃、青海、宁夏和新疆6省5区1市。中部地区承东启西、连接南北，生产要素富集、产业门类齐全、工业基础坚实、市场潜力广阔，具备较强的承接产业转移能力；西部地区具有广阔的发展空间、巨大的市场潜力和突出的资源优势，是我国重要的战略资源接续地和产业转移承接地。

在时尚产业方面，中西部地区具有剩余劳动力的资源优势，长期以来以外出务工的方式对东部地区的产业用工形成了强大的支撑作用。在中西部地区，部分省份因为原材料优势，在时尚产业的布局上，还以资源供给、原材料加工等形式，成为全国时尚产业的重要一隅，如2019年新疆的棉花产量达500.2万吨，占全国总产量比重达84.9%；2019年广西壮族自治区蚕茧产量居全国首位，达到37.4万吨，比重达51.89%。经过多年的产业转移，时尚产业在生产加工、批发贸易等环节也在中西部地区逐渐形成了聚集，出现了一些新兴产业集群，如郑州、襄阳、荆州、株洲、赣州、九江、南昌、赣州、信阳等纺织服装产业集群。中西部地区，在婚庆、节庆等方面，尤其为时尚产业的消费提供了强大的市场空间，如在珠宝消费总额中，因婚庆带动的珠宝销售超过五成，而越是相对不发达的市场（如二、三线城市），所占比例越高；对于生日、纪念日庆祝、节日尤其农历新年、情人节等，中西部地区在服装服饰、珠宝首饰、美容美发等方面均起到了重大的市场推动作用。

（三）产业的纵向布局特点

时尚产业因其对经济发展水平有一定层级要求的特点，以及对文化、创意资源要素的集中需求，在不同级别行政区域上也呈现了不同的布局特点。

1. 超级大城市是全国时尚策源地和交流中心

在全国城市中，北京市、上海市、广州市、深圳市因其超群的经济、文化、政治、教育、科技实力，以及与国际社会发生广泛、普遍、深入的联系，已是名副其实的国际性大都市。这几个城市的时尚产业，不仅体量庞大，而且具有高端、前沿的特点，对全国乃至全球产生着强大的辐射作用，是全国时尚策源地和交流中心。

从时尚产业的生产环节来看，这些都会城市具有最发达的文化、教育事业，是全国时尚产业高端人才的培养和输送基地；同时，这些地区的时尚产业主要集中在创意设计、品牌经营、科技研发等高端环节，处于微笑曲线的两端。从时尚消费的角度看，这些都会城市聚集了全国最为集中的富裕阶层和中产阶层，对高端时尚产品具有最强大的消费需求和消费能力。此外，这些都会城市具有全国最发达的会展经济，承载着全国时尚产业在产业交流、会展发布方面的主要功能，如在上海举办的春秋两季“中国国际纺织面料及辅料博览会”，在广州举办的“中国进出口商品交易会”以及“北京时装周”、“深圳时装周”等时尚产业相关活动，对全国时尚产业产生着全面深入的引领带动作用。

2. 省会及区域性中心城市是时尚中转枢纽

我国的各省份的省会及部分副省级城市，通常是该省的政治、经济、文化和金融中心，有的省会城市由于经济尤其发达甚至是邻近各省的区域中心。这些城市承担着引领全省、服务全省的特殊功能，在发展时尚产业上具有显著优势，表现出了集聚性、辐射性、先导性、带动性等特征。

从时尚产业的生产环节来看，这些省会及副省级城市具有发达的文化、教育事业，是全省时尚产业高端人才的培养和输送基地；同时，这些城市的时尚产业，主要经营该省时尚产业的创意设计、品牌经营、科技研发等高端环节，产业链价值地位较高。从时尚消费的角度看，这些城市聚集了全省最集中的富裕阶层和中产阶层，对高端时尚产品具有强大的消费需求和消费能力。从时尚产业的市场渠道方面看，省级及副省级城市是全省时尚产品的中转枢纽，是各大时尚品牌设立销售和服务分支机构的主要地区。

此外，由于我国地大物博，具有丰富多彩的地方文化和居民生活特性。各地的省会及副省级城市还体现着不同省区的时尚特点，是该省地方性、民族性时尚文化的主要策源地和大本营。例如，成都市的时尚文化体现在市井生活方面，全市拥有近万家茶馆，泡茶馆、看川剧成为了四川地区的一种时尚生活方式；又如，作为十三朝古都的西安，根据历史文化资源特点，重点打造“博物馆之城”、“音乐之城”、“书香之城”、“抖音之城”、“网红城市”，以古今文化交融的形式，打造了一条特色的时尚产业发展道路。作为轻工业大市、旅游大市、电商大市，杭州因势利导将时尚产业的重点放在了发展设计服务业、现代传媒业、动漫游戏业、文化休闲旅游业、艺术品业、文化会展业等方向；其中余杭区又重点发挥服装和家纺产业的优势，大力打造时尚全产业链集群，致力于成为“东方的米兰”。

3. 县（市）及乡镇区域是主要生产加工基地

县（市）及乡镇区域是我国城镇化的前沿阵地，是推进工业化发展的基础地区。历年来，通过大力振兴地方特色工业经济，我国县（市）及乡镇区域出现了一大批特色明显的时尚产业集群。另外，县（市）及乡镇区域容纳着我国数量庞大的城镇居民，他们是时尚产业的重要消费群体，对时尚产业的发展起到了强大的支撑作用。

以纺织服装产业为例，截至2019年底，全国范围内与中国纺织工业联合会有试点共建关系的纺织产业集群已达204个，集中在地、县、镇三级区域，其中产业基地县（市）28个，名城77个，名镇99个（见图13－2）。

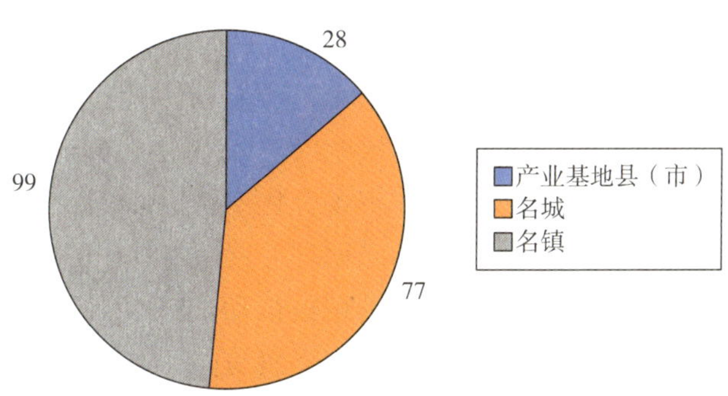

图13－2 纺织服装行业集群类型（按行政区域划分）

这些集群地区是我国纺织服装产业进行生产加工的主力，也是原材料流通和成品批发的主要市场所在地。这些集群地区，在产业发展中形成了比较完整的产业链和供应链，打造出了特色明显的区域品牌。其中广为人知的地区有桐乡市濮院镇的毛衫、诸暨市大塘镇的袜子、鄂尔多斯市东胜区的羊绒产品、常熟市的秋冬装产品、海宁市的皮革产品等。

4. 广大乡村地区是时尚产业的重要消费市场

截至 2018 年底，我国的乡村常住人口有 56401 万人，占全国总人口的比重达 40.42%。在当前全球疫情暴发，国际政治、经贸关系震荡的形势下，着力提高农村人口的经济收入，激发农村居民的消费需求，开拓农村消费市场，是推动形成以国内大循环为主体、国内国际双循环相互促进的新发展格局的必然举措。广大乡村地区，是我国时尚产业渠道下沉、开拓市场的重要阵地。

从纺织服装产业看，服饰和家纺用品是人民生活的基本需求，农村的广大人口资源是保障我国纺织服装产业长期稳定发展的基石。当前，我国农村人口的消费水平还有待进一步提升，纺织服装产业要顺应农村消费市场的变化，做好供给侧结构调整，为人民的幸福生活提供充分保障。从珠宝首饰产业看，农村在婚庆、节庆上有强烈的消费需求，珠宝首饰是传统习俗的必备品，农村市场是产业中低端市场的主要阵地。从美容美发产业看，农村市场是近年来产业增长的重要源头，也是国内品牌成长的营地，在未来具有强大的发展空间。

二、我国时尚产业发展面临的形势和需求

（一）国际贸易格局发生重大变化

当今世界正在经历百年未有之大变局，新冠疫情在全球范围内的流行，单边主义、贸易保护主义等逆全球化势力抬头，国际贸易冲突升温，尤其是美国发动对中国的战略遏制，造成了全球政治、经济格局的动荡，加重了未来的不可预期性。全球时尚产业的分工格局将在变动的大格局中加快重塑，国际竞争将日渐激烈，国际贸易关系更趋复杂。

我国时尚产业与国外市场具有直接或间接的广泛联系。一方面，以纺织服装产业为代表的出口贸易量较大的产业，需要快速适应市场变化，稳定外贸、外资基本盘，重新调整市场结构，寻找新的发展空间，在国内国际双循环发展新格局中立定脚跟。另一方面，以美容美发产业为代表的进口量较大的产业，要积极推动“三品战略”，提升本土品牌对各个层次市场需求的满足能力。我国时尚产业在国际贸易、产业对外交流中，需要充分发挥“一带一路”的作用，促进资金、技术、人才、管理等生产要素与发展中国家以及西方发达国家的交融合作，通过推进更高水平的对外开放促进我国时尚产业行稳致远发展。

（二）提质增效进入历史关键时期

我国经济已由高速增长阶段转向高质量发展阶段，正处在转变发展方式、优化经济结构、转换增长动力的攻关期。

时尚产业依靠初级产品加工获利，靠规模和出口驱动增长的时代已经结束，时尚产业的发展亟须进行新旧动能转换，亟须提升产品的附加值水平，亟须提升民族品牌的影响力。

面对新的产业竞争形势，我国时尚产业需要着力构建高端产业体系；加快供给侧结构性改革，推进“三品”战略；通过提升科技水平、时尚设计能力、品牌价值和绿色发展水平，增加产业附加值，扩大在全球产业中的市场份额和引领能力。

（三）产业区域布局寻求优化整合

我国东部地区经济发达，人口密集，市场份额大，科技和创新资源集中，占全国时尚产业总量的主体部分。中部地区在全国具有明显的交通优势，农村富余劳动力充足，原材料资源丰富。西部地区的土地资源具有明显优势，部分省份农村富余劳动力充足，民族特色文化资源丰厚，新疆、内蒙古等地是主要的棉花、羊毛等原材料产地。

全国时尚产业在政府、行业协会的引导下，通过市场的资源配置效应，积极进行产业区域的调整部署。在东部地区因土地供应不够、人力资源匮乏的部分企业，需要合理、有序地向中西部地区进行转移。我国不同区域的产业集群，基于各自环境与资源特点，需要形成高度互联、互补的发展状态。

（四）资源要素地位发生深刻转变

我国时尚产业在初级生产要素方面的竞争优势正在逐步丧失。全国纺织产业的用工资源已经普遍出现了短缺现象，中西部的劳动工人出现了回乡就业的潮流，东部纺织集群地区招工难、用工成本攀高问题尤其突出，产业劳动力的廉价优势已基本丧失。不同经济地区之间，工业用地的价格呈现出了巨大差幅，东部经济发达地区建设用地指标非常紧缺，资源供给和空间保障的矛盾十分突出，成为制约发展的一大障碍。我国时尚产业内整体上缺少资源整合能力强大的龙头企业，尤其是在国际市场上缺少有全球影响力的民族品牌。

当前，现代通信、信息、人才、管理等高级生产要素的地位和作用正在日益加强。国际间产业竞争加剧，消费模式转变，时尚产业面临向智慧化生产、模块化生产、柔性化生产转变的迫切要求，以数字化、信息网络为基础的新型基础设施建设成为产业升级发展的基础能力。当前时尚产业的升级发展，核心在于创新驱动，技术与知识型人才成为其中的关键因素，产业下一步发展需要重点引进和培育一大批科技创新、产业管理、市场开拓等方面的专业人才。管理提升与技术进步成为了企业发展、产业升级的重要力量源泉。总体上，要实现时尚产业竞争力源泉从以低成本投入为主转变为以创新驱动和优化资源配置为主。

三、我国时尚产业的区域发展策略

（一）推进国际时尚大都市建设

依托北京、上海、广州、深圳等超大城市现有的时尚产业基础，推进国际时尚大都市建设，使之成为全球主要的时尚产业核心城市。

1. 提升时尚产业在城市规划建设中的地位

制定系统、完善的时尚产业引导和推进政策，做好时尚产业的中长期发展规划。在各个超大城市战略新定位的背景下，加快时尚产业升级发展，构建高端、前沿、完善的时尚产业体系。突出各城市的时尚特色，促使这些城市形成具有全球影响力的产业生态。促进各大城市时尚产业业态发展，着力提升产业文化内涵，使之成为传统文化元素和现代时尚符号汇聚融合的地区。通过创意设计、科技创新和品牌运营，推动各大城市的时尚产业向产业链、价值链的高端环节迈进。

2. 强化对全国时尚产业的引领作用

发掘中国传统优秀文化，提升文化自信、品牌自信，形成有中国特色、世界影响、时代特征的时尚生态。探索新时期的新型举国体制，鼓励体现中国传统文化和现代风貌相结合的中华时尚产品的创新设计与应用。推动能够体现中国时尚话语权的重点时尚周、重点展览会、高层次国际会议等平台的搭建。通过大型会展、全国性时尚周等活动赛事，推动时尚效应在全国范围内的普及和传播。积极承接和支持其他地方性的时尚宣传和发布活动，助推全国时尚产业发展。发展时尚产业总部经济，强化对全国时尚产业的统领和引导作用。

（二）建设区域性时尚枢纽城市

1. 分级打造区域性时尚中心城市

结合不同的行政区划、地理位置、文化特色，在全国的省会城市、副省级城市、地级城市分级打造区域性时尚中心城市。促使各个区域性时尚中心城市，既成为承接和传递全国时尚潮流的节点，又成为地方时尚文化、细分产业的策源地和大本营。例如，促进武汉、西安、沈阳、成都、杭州等区域中心城市对我国中南、西北、东北、西南、东南等地区的时尚引领能力，成为国家行政区域上的时尚中心城市；促进南宁、昆明、哈尔滨、西宁、拉萨、呼和浩特等省会城市，对各自省区不同民族文化、地方文化资源的整合能力，成为全省的时尚中心城市。在各省的地级城市中，建设辐射县乡两级的区域性时尚中心区域，成为服务县乡两级时尚产业的重要营地，以及促进城乡时尚消费的产业据点。

2. 强化对区域时尚产业的引领和支撑

坚持高标准规划、高品位建设，在不同层级的区域性时尚中心城市，打造若干环境优美、现代时尚、品类聚集、服务优质、具有时尚风范的地标式时尚大道与时尚消费街区。聚力建设各城市的核心商圈，推动建成区域性时尚产品消费聚集区。强化对中低收入群体的消费服务，推广在大卖场、超市以及专营店等渠道的销售模式，加大对电商产业发展的支持。强化对本土品牌、快时尚等时尚产品的引进和推广。

建设良好的产业服务环境，在人才引进、创意研发、品牌发布、展示交易等方面加强对生产制造型产业集群的服务支持；加强对区域内时尚产业的梳理和引导，制定完善的管理和推进政策；建立健全对知识产权侵权行为的预防、预警和应对机制，严厉打击对时尚品牌、创意设计涉及的商标权、专利权、著作权等知识产权的侵权行为；切实加强对时尚企业与设计师的知识产权保护。

（三）加强时尚产业集群建设

1. 推动集群专业化发展

以先进发展理念为引领，积极推动时尚产业在县（市）和乡镇区域的产业集群建设，实现专业化、规模化、体系化发展。推动集群地区产业的规模化发展，成为产业领域的专门化生产基地。推动集群产业专业化发展，形成专业化的分工系统与协作网络，引导企业走“专、精、特、新”发展路子。加强集群产业的服务和配套建设，建成良好的基础设施和完善的产业配套体系。推动集群地区龙头企业发展，实现技术、人才、文化服务机构聚集发展，在科技、品牌、商业模式等方面形成强大的创新能力，在技术层次和创新力上形成强大的引领带动作用。加强对集群地区产品质量管理标准和质量控制体系建设，引导集群企业向高质量标准方向发展。促进企业不断开发高性能、多功能、高性价比、生态化的产品，优化产品供给品质。

2. 强化产业协同发展

促使集群内外产业链上的相关企业联合起来，形成包括原料供应企业、配套企业、业务外包企业、物流运输企业、商品流通企业、相关合作单位等的全供应链式产业联盟，通过创建品牌、整合资源，组织管理好整条供应链，达到稳定、高效发展的目的。促使集群内企业向合作研发、联合设计、市场营销、品牌培育等高端环节延伸，在合作中提升企业自主发展能力与核心竞争力。发挥好专业市场的功能，依托发达的交通路网，以现代化仓储物流为基础，以展示博览为先导，形成一个以集中供应、批量采购、信息交换、展示体验、贸易商洽、电子商务和现代物流为一体的智慧化商贸流通服务基地，以此承载集群地区之间产业的对接、交流功能。

3. 推进集群区域品牌建设

深化时尚产业终端消费品牌、加工制造品牌培育试点工作；推动培育专精特新“小巨人”和制造业单项冠军，引导企业专注科技创新和质量提升，提升产业集中度。支持行业优势品牌企业、龙头骨干企业牵头，加强诚信、共赢、负责任的供应链和产业生态体系建设。建立行业龙头企业培育库，对在国际国内有较强影响力的企业给予奖励和扶持。

通过国家品牌战略、财税政策激励等举措扶持优秀自主服装品牌开展国际创新合作、时尚交流与发布，提升时尚话语权，增强国际市场影响力。加大宣传、推广，提升行业和消费者对区域品牌的认可度。

（四）推动区域间产业联动发展

1. 完善产业布局政策

结合产业发展动态，对各类区域布局、产业转移相关规划、指导意见等及时进行修订，确保产业政策符合产业发展需求，发挥好政府的规划和指引作用。针对新问题、新情况适时研究发布新的指导性文件，予以有效指引。指导各级地方政府做好主体功能区、产业布局、产业转移等方面的政策解读和宣讲工作，引导和鼓励骨干企业跨区域发展，扩大产业转移投资。

2. 加强中西部地区产业发展扶持

促使国家有关科技创新、中小企业、转型升级等方面的财政专项，结合产业转移需求适当向中西部地区倾斜，扩大资金分配比例。承接产业转移的地方政府结合自身财政状况，研究出台财税政策优惠原则，并有针对性地对转移投资企业给予支持。充分保障各种优惠政策，特别是地方政策切实落地，并具备良好的连续性和稳定性，为转移投资提供可持续发展环境。简化企业享受财税优惠的行政手续，确保政策快速、有效落实到位。

3. 推进区域产业分工协作

深化东中西各区域之间的产业协作，建立更加有效的区域协调新机制，打造多层次、立体化的专业分工体系和产业生态系统，增强企业跨地区、跨国界、跨文化经营管理能力和全球资源整合能力，推动形成特色鲜明、优势互补、区域联动、协同发展的产业布局。促使国内产业集群之间形成良好的产业关联，弱化或消除低水准的同质竞争，增强集群间的产业互补功能，使集群间的发展始终处于互相借力、良性竞争的状态。在陆海内外联动、东西双向互济的全面开放新格局下，统筹国际国内资源要素和发展条件，一盘棋谋划和促进“走出去”与国内产业转移，推进时尚产业区域结构调整。

加强顶层设计、总体规划，加强供应链管理，优化全国的时尚产业布局，达到优化区域产业结构、增强区域产业竞争力的目的。促进不同区域产业的互补合作，实现产业链上纵向、横向相关区域间的联动发展。通过健全市场机制、合作机制、互助机制、扶持机制，继续发挥珠江三角洲、长江三角洲、环渤海地区对内地产业发展的带动和辐射作用。加强对中西部地区产业的支持，形成东中西相互促进、优势互补、共同发展的新格局。打破行政区划的局限，促进生产要素在不同区域间自由流动，开展多种形式的经济协作和技术、人才合作，创建各类产业联盟。

（五）以创新为驱动做好国内大循环

随着国民生活水平的提高，以及互联网、大数据、智能制造等新兴技术的蓬勃发展，人们对时尚产品品质及携带的文化内涵的追求日益提升，个性化、多元化、绿色化等新消费浪潮迅速兴起，这为中国时尚产业的发展提供了重要机缘。我国时尚产业要与时俱进，紧贴人民追求美好幸福生活的需求，以国内大循环为主体，优化市场供给，全面提升产业的服务能力。

1. 丰富产品有效供给

遵循绿色发展和错位发展原则，推进产业供给效率，实现壮大规模、提质增效的目标。鼓励和支持时尚产业企业深度挖掘用户需求，适应和引领消费升级趋势，在产品开发、外观设计、产品包装、市场营销等方面加强创新，积极开展个性化定制、柔性化生产。培育和弘扬精益求精的工匠精神，引导企业树立质量为先、信誉至上的经营理念，走以质取胜的发展道路。开展国内外中高端产品质量品质比对，逐步缩小与国际标准差距。规范产品检测程序，加强产品质量、知识产权保护等方面的市场监督和执法，严厉打击侵权行为和假冒产品，维护品牌企业合法利益，形成积极创新的产业氛围。

2. 提高创意设计和品牌发展水平

在各产业区域建设一批创意设计中心，推广应用“众包”等新型创意设计组织方式，培育一批网络化创新设计平台。促进文化创意与产业融合发展，提高时尚产品的文化附加值。

引导企业加强品牌战略管理，鼓励创建自主品牌；促进品牌与文化创意产业、高新技术产业融合，提高品牌产品附加值和性价比。依托博览会、新品发布秀、创意设计大赛、创意设计专题讲座、设计师个人展览等平台，定期举办优秀设计师评选和学习交流活动，营造浓厚的创意设计氛围。

3. 增加中高端消费品供给

发展个性化、时尚化、功能化、绿色化消费品，推出一批科技含量高、附加值高、设计精美、制作精细、性能优越的精品。发展中高时尚产品的有效供给能力和水平，适当减少低端消费品比重，促进产品向高性价比优势转变。鼓励企业加强对天然材料和新型生态环保型材料在智能服装、体育用品等领域中形成广泛应用，提升时尚产品的安全健康性能，促进时尚产业的健康多元化发展。提倡绿色设计，充分考虑时尚产品的生产、使用、回收全过程，推动优质制造。

（六）促进产业实现高水平国际化发展

1. 坚持开放发展

树立全球化的战略思维，准确把握国际时尚产业发展新趋势，培育和强化新的竞争优势，在开放合作中提升产业的创新能力和全球竞争力。积极探索国际合作新模式，通过全球资源利用、业务流程再造、产业链整合、资本市场运作等方式，在世界范围内寻求要素的最佳组合和资源的最优利用，整合和集成世界性的创新资源。推动时尚产业国际合作由以加工制造环节为主，向合作研发、联合设计、市场营销、品牌培育等高端环节延伸，在合作中提升产业自主发展能力与核心竞争力。

2. 积极提升国际产业价值链地位

围绕全面提升在全球价值链分工中的地位制定发展战略和发展政策，通过提供有利的投资环境和基础设施条件，不断提高参与全球价值链分工的能力和水平。调整产业政策，加强对品牌创建、技术创新、市场开拓关键环节的支持，避免由于关键技术被卡脖子而带来的经营风险。培育一批时尚产业的跨国公司，增强对全球价值链的控制力，努力构建我国跨国公司主导的全球价值链。不断提升我国企业参与全球价值链分工的能力和水平，强化本地企业生产能力，通过产品升级、过程升级、功能升级、产业链升级实现企业升级，增强其在全球价值链分工中的增加值和获取能力。在产业区域培育和引进标杆性科技实验室，用市场化的机制吸引大专院校、科研机构、大企业来到集群开拓发展，以开放合作提升、带动产业发展水平。引导跨境电子商务全面发展，推进贸易高质量发展。保障好国家安全、网络安全、交易安全、国门生物安全、进出口商品质量安全和有效防范交易风险。

（郑治民　中国纺织工业企业管理协会）

本章参考文献

［1］吴维海．新时代区域发展战略［M］．北京：电子工业出版社，2018.

［2］陈文晖，熊兴，王婧倩．加快发展时尚产业以推动北京建设全国文化中心的建议［J］．中国纺织，2019（1）．

［3］王先庆．广州打造国际时尚之都的战略与对策［J］．城市观察，2019（4）．

［4］刘锟．上海发展时尚产业优势何在，该从哪里突破？［N］．上观新闻，2017－11－16.

［5］深圳市黄金珠宝首饰行业协会．深圳珠宝产业发展现状分析报告［EB/OL］．中国经济网，2019－01－11.

［6］商务部服务贸易和商贸服务业司．中国美容美发行业发展报告［R］．2017.

［7］李佩娟．一文了解2020年中国化妆品行业市场规模与竞争格局分析［J］．前瞻经济学人，2020（6）．

［8］前瞻产业研究院．2019年中国珠宝首饰行业市场规模及市场竞争格局分析［J］．中国产业信息，2020（6）．